ある歴史学者・教育者の人生

――戦後七十年の歩み

大谷敏夫 著

朋友書店

鹿児島大学時代（1986年）

人文研前（2016秋）

自宅にて（2018年3月）

一堂に会する（1987年6月）

後列左より兄（隆）、著者
前列左より妹（滋子）、弟（恒雄）、母（操）、姉（康子）

まえがき

私が生まれた一九三二年二月は、その前年の九月満州事変が起こった直後であり、やがてこの年の三月に満州国が建国することになるという日本の大陸進出政策が積極的になる頃に当たっていた。そして五年後の一九三七年七月には日中戦争が勃発し、その戦火が拡大していくうちに、今度は一九四一年十二月に米英を敵とする太平洋戦争に突入していくというまさに戦争の時代に少年時代を過したのである。それが一九四五年八月に日本が連合国に降伏して戦争が終わると、戦後日本を占領したアメリカの政策によって日本が民主国家に生まれ変わるのであるが、この戦中から戦後の大きな転換の中で、翻弄された少年時代にあって、一体何が信じられるのかという懐疑心がこの時代の率直な気持ちであった。

しかし戦後の民主主義の時代、戦前・戦中の軍国主義にない明るさがあり、青年期に入った私はそれを教育の中に生かそうとしたのである。

本著の最初のその一「戦後の歩み」は、私がこの時代に教師になろうとしたこと、そして教師になってから経験したことを中心としてのべたものである。第一文「学生から学校教員へ」は、私が大学院博士課程在学中に書いた草稿をもとにしており、その時の思いを記したものである。この草稿を記述した一九七〇年は、大学が封鎖されて授業が受けられない状態にあった。大学紛争はなぜおこったのかという素朴な疑問が生じ、ここから私は自分が学んできたことや、教えてきたことなど学校教育についてふりかえろうと思ったのである。第二文「中学教師時代」は、私が教師として勤務していた十二年に、教育の現場で生徒達のつくる雑誌にのせた文と、その頃書いていた日記の一部をとりあげた。この頃私は教師であったが、歴史には特に関心をもち、歴史物語りを主題とした映画は、ほとんどすべてみていた。第三文「戦後教育に思う」は、教師であった自分が戦後の教育をどのように考えていたのかということについて、還暦の年にある会で話した内容を集約してまとめたものである。第四文「戦争が残したもの」は、大学院時代、私がもっとも心にのこる戦争がもたらす悲劇についての話である。最後の第五文「現代教育に思う」は、現在の教育改革の中にあって、自分にとって一番関心のある世界史教育について思っていることをのべたものである。

その二「鹿児島での思い出」は、私が一九七九年に鹿児島大学に赴任して、退職するまでの十八年間居住していた期間に、大学や地元の新聞に、日頃痛感している出来事や思いを載せたものをまとめたものである。㈠から㈣までの文は、私が在任中に締結された鹿児島と長沙との友好都市盟約や鹿児島の治水対策などについて書いたものであり、㈤「法文学部の思い出」は、私が勤務していた法文学部ことについてのべたものである。㈥鹿児島「南日本新聞」記事からは、「現代世相に一言」と題して、当時鹿児島の世相で問題になっていることをとりあげたものである。ここでのせた記事は、鹿児島市民の共感をよび、見知らぬ読者から多くの手紙を頂き嬉しく思った。

その三「鹿児島での友情と趣味」は、私の鹿児島時代にお世話になり交遊した人々との友情や趣味についてのべたものである。私はこれらの人々と時には天文館で酒食を楽しむこともあり、私にとって忘れられない日々であった。

その四「中国史への思いと研究」は、私の鹿児島での中国研究との係わりについてまとめたものである。ここでは私が鹿児島大学に赴任して以降、折りに触れて書いたものをとりあげている。㈠「鑑真と日中交流」は、聖武天皇の時に来日した唐の鑑真が上陸した地が、薩摩の南端坊の津であったこともあり、一文を書いた。ある夏の夕方、私と息子は徒歩でこの地を訪れた時、真赤な太陽が東シナ海に沈もうとしていた時であり、妙に感動したことをおぼえている。(二)「林則徐生誕二百年学術討論会に参加して」は、一九八五年、私はこの討論会に参加して講演をした時のことをのべたものである。その後、その返礼として、林則徐の御子孫である、林子東さんが鹿児島にみえ講演され、相互の交流を深めた。(三)「林則徐と包世臣」はこの二人の経世官僚と思想家が共にすぐれた能書家であることをのべたものである。(四)と(五)は現代アメリカの著名な歴史学者J・Kフェアバンクの著作「中国の歴史―古代から現代まで」の内容の要約とこの著作を訳し終えた感想をのべたものである。(五)と(六)はいずれも西郷隆盛についてのべており、鹿児島から明治維新を遂行した偉大な人物西郷隆盛がでたことと、特に彼の行動・思想が中国の変法・革命運動にも影響を及ぼしている点を明らかにした。

その五「恩師への思い」は、私が中国史研究者になろうとした時に、最も影響を受けた宮崎市定先生の歴史観について、「宮崎史学が教えるもの」(一)、(二)、(三)でのべた。ついで宮崎先生の他にも恩師として影響を受けた荒木、藤枝、佐伯、小野川、島田、谷川の諸先生と同期の溝口、福本先生のことについてのべた。

その六「中国史研究への歩みと成果」は、私が学術論文としてまとめたものについてのべたものである。(一)博士論文要旨「清朝国家体制崩壊過程に関する一視点」は、私が大学院に入った当初、阿片戦争の時に活躍した林則徐のブレーンであった魏源について研究しようと思っていたが、諸先生の指導もあり、その研究の時代を清朝が入関後国家体制を作りあげた順治から康熙の時までさかのぼることとし、それと共に清朝が欧米に開国した南京・北京条約以降の清末に至るまでに拡げる必要性を悟り、それを大学院修了時の「博士論文要旨」にまとめたものである。当時これを博士論文にするのに、要旨に基づく研究論文をつみ重ねることが求められ、それをようやくなしとげ、学位論文として提出したものが(二)「清代政治思想史研究」であり、これを著書として公刊することができた。次に私は清代思想史を経世学との関連で研究し、㈡「清代経世思想と経世学」として要約した。又木下氏の㈣『「清代考証学」とその時代』の書評を書いたのは、経世学と考証学の係りを明らかにするためであった。

その七「旅行記」は、鹿児島大学赴任後、学術研究のため、海外特に中国に出張した際に、現地で見聞したことを旅行記としてまとめたものである。百聞は一見に如《し》かずという言葉の通り、外国のことを知るのは、確かに現地に行ってみることであり、そういう機会を何回か与えられたことは誠に幸せであった。鹿大退職後、京都に帰ってからは、時々妻と共に、ヨーロッパや中国に行くこともあった。

その八「家族と趣味」の最初に、「大谷家のファミリーヒストリー」を書いた。これは昨今テレビでしばしば上映されることもあり、関心をもつようになったが、すでに少年の頃に父がしばしば大谷家の再興を言っていたのを思い出したからである。再興とはルーツを明らかにすることによって、自覚せよということであったが、確かにこの父の言葉がこの一文を書く原因になったといってよい。ここから私は母や妻のことを書いてみようと思った。私という人間が今日あるのも家族の助けがあったからである。私は晩年、自らが「漢詩の会」を主催し、仲間と共に漢詩を読むのも、また歌ごえの会に参加し、なつかしい名曲の数々を仲間と歌うのも、そこに生きている実感が味わえるからである。

今年は戦後七十年をすぎ、その間昭和から平成に変わり、それも三十年もたち、来年は次代が始まろうとしている。今回本著を公刊しようとしたのは、激動の昭和から平成へと時代が進んでいく中で、生きた人間の自画像をえがくことによって、この時代の人間存在の意義を提示しようと思ったからである。

目次

その一　戦後の歩み

1962年３月　卒業生とともに

1957年３月蜂ヶ岡中学校卒業生　2014年同窓会

(一) 学生から学校教員へ――●

私が終戦を迎えたのは、京都の私立立命館中学二年の夏であった。その日私は天皇のお言葉があるというので、家族一同集まって、近くに住む元京都師団長夫人を迎えてラジオの前に静座していた。やがてまもなくあの独特のゆっくりした話しぶりで、ポツダム宣言を受諾する旨通告せしめたりという天皇の言葉が流れてきた。ところが私はその意味するところがすぐにはわからず、ぽかんとしていたところ、師団長夫人が、「残念なことですね。これからはあなたたちがしっかりしなきゃ」と私たち兄弟の方を向いて話しかけたので、やっと戦いに負けたのだという実感が湧いてきた。この日より一週間ほど前、私は学校の帰り道で、友人に「日本は必ず勝つ」といきまいていただけに、まさか日本が負けるとは、夢にも思わなかったのである。終戦までの私の中学生活はまともな授業はほとんど受けず、農業動員と言って京都近郊の農家で草ぬきの仕事を手伝ったり、又学校の運動場を掘りかえした菜園で野菜やいもを作ったり、或いはその頃空襲に備えて京都市中の家が強制疎開させられたことがあったが、その後始末にでかけて釘を集めたり（これを鉄として軍に提供した）したものだった。たまにある授業と言えば、教練や手旗の練習であり、海軍帰りの若手の教官から手旗を忘れたと言っては運動場でびんたをくらわされたりした。このように私の中学生活は、敗色濃い日本の情勢と相まって暗く陰鬱な毎日であった。ただこのような苦しい中にも、日本の勝利を信じて疑わない子供心にもうえつけられた精神力のようなものだけが救いとなっていた。

ところが、終戦の日を境として私の生活は大きな転換をしたようだ。終戦後まもなく青年教員が中学生をつれて、こんな歌ももうすぐ進駐軍がきたら歌えなくなるから、今の内に歌っておこうと、くろがねの力という歌を教えてくれたが、町中は敗戦のショックもあって生気もなく、夕方になっても電灯をともす家も少なく、これからの多難な日本を暗示するような毎日であった。敗戦の年の十月頃、武装した米兵がわが京都にもやってきた。京都は焼け残った古都として第六軍の駐屯地となり、四条烏丸の大建ヒルが接収されて、そこに司令部が置かれ、クルーガー大将が着任した。この進駐軍の指令により、学校では多くの教師が公職追放となり、また戦時中使っていた教科書やその他の皇国史料が運動場に集められ、焼却された。また一部の教科書は多く墨が塗られて使われることになった。このころ出版事情は極度に悪く、新しい教科書の出版はおくれ、出てもパンフレット程度のものであり、しばらくの間授業も空白の状態が続いた。というのは、この頃の国民は食うことに精いっぱいであり、市内のところどころにある雑炊屋はいつも長蛇の列ができていた。学生はまた授業をさぼっては買い出しにでかけ、いもなどを京都近郊から、遠くは愛知県あたりまで出かけて買ったが、警察の取り締まりもあり、せっかく持って帰った物資を没収されることもあった。終戦後二、三年は特に食糧難はひどく、物価はうなぎのぼりにあがり、金は紙くずのようになり、官吏など奉職生活者の打撃は大きく自殺する者が続出し、我が家においても戦前官吏であった父親は、戦中から実業界に転じたが、戦後の急変で失職し、職を求める苦悶の日々が続いた。戦後はこんな混乱した苦しい時代であったが、戦前の日本に比べていろんな面で大きな変化が見られた。これを教育面から振り返ってみよう。

戦後の学校教育は戦中の国家主義思想から転換して民主主義思想が徐々に育っていったが、わが立命館中学においても、禁衛隊に象徴される戦中の国家主義体制から、民主主義のあかりが一つ二つとともっていったことが思い出される。それは幾人かの民主的教師の登場である。その中でも忘れられない人が、書道の秋山先生と日本史の松山先生それに漢文の白川先生である。まず秋山先生は我々の担任としてデモクラシーのよさをその心情面から教えてくれた人として印象深い。彼は古事記に出てくるイザナギ、イザナミ神話からセックスの一面をわかり易く話し、また「丘をこえて」やその他明るいホーム・ソングを歌ったり、ゼスチャーを入れたり、人生の喜びを十分注入してくれた。だが、秋山先生はまたきびしい一面ももっており、例えば人に書いてもらった字に対しては、これに落第点を与えるが、いくらへたでも努力して書いた字には、最高点を与えるなど、民主的な雰囲気の中にも規律のもつ意味を自然に会得させてくれた。私はこの先生に卒業前に書いて頂いた「貫徹」という文字をいまでも大事にもっている。

また松山先生は戦前の皇国史観を批判して、社会・経済史の観点に立って日本史の流れを実証的に教育した。特に、彼は戦争中賊臣として攻撃されていた足利尊氏の評価を逆転して、武士の政権を作るために後醍醐天皇に反逆したのだと説明したことは、それまでの皇国史観になれている私にとって非常な驚きであった。私はこの松山先生から歴史研究を主観的ではなく客観的にみる意味を学んだ。先生のあくまで自己の信念を守り通したその科学的歴史家としての意志の強固さの中から、私も歴史家としてのあり方を教えられた。

漢文の白川先生は四〇才ぐらいであったが、いつも羽織・袴姿で授業をされたいた。教材には「十八史略」をえらび、その最初の部分から暗誦することを重んじられた。これによって私は、漢文の学び方と共に面白さを知った。白川先生は独学で漢文を学習し、立命館大学の夜間を卒業、立命館中学校の教諭をへて立命館大学文学部教授となり、古代漢字研究の第一人者となって、京都大学から文学博士の学位を取り、九六才で他界するまで研究を続けた人である。

私は幼少の頃より、歴史・地理に関する関心は人一倍であったようだ。幼い頃の私の趣味としては父の赴任先が西ノ京・宮津・太秦・伏見桃山へと変わるにつれ、その地を探索して歩くことであった。そこには未知の世界へのあこがれといったものがあった。

戦争中学んだ日本の歴史はと言えば、歴史の時間の始めに神武から昭和に至る歴代の天皇の名を暗誦させられ、それから天皇中心の歴史が語られた。日本のような万世一系の天皇をいただく国は世界に類がないとのべ、日本人はこれを誇りにすべきだと教えられた。すでに私が小学校四年になった頃、日本は太平洋戦争に突入していたが、戦時体制が小学校教育にも波及してきて、国語・地理・歴史の教科書はすべて皇国主義により書きかえられていた。たとえば、国史の教科書の始めは天孫降臨に始まり「豊芦原のみづ穂の国は云々」という文章で、神国日本、天皇国家日本のイメージ作りが進められていた。そして大東亜戦争を聖戦と称し、日本はアジアの虐げられた民族を鬼畜米英から解放することにありとされた。そして日本の軍隊は神に派遣されたもので、鉄のような規律をもっているものとされた。それに対して米英は国全体がだらしなく、軍隊といえどもガムをかんだりダンスをしたりして、遊戯にふけっていると宣伝された。たが戦後公表された日本の軍隊の実態は全く教えられてきた事に反するものがあり、「人間の条件」「真空地帯」「野火」等の文芸作品に記された軍隊の非人間性、非人道性は全く見るに耐えられないものがあった。もちろん日本軍隊がみな残虐性を帯びていたものと私は言っているのではない。中には、戦争と人間性の矛盾にはさまれて苦しんでいた人々も多数あっただろうし、中国においても避難民等に暖かい援助の手をさしのべていた人もいただろう。しかし根本的には、日本軍隊が、大陸に進出していたその侵略性が日本軍隊を非人間的にしたのであり、それを抜きにしては軍隊の問題を考えることができない。

さて、国家主義体制の崩壊後、アメリカから輸入された民主主義の方針に従って、日本の各分野において種々の改革が進められたが、教育制度においても教育勅語にかわる教育基本法、それまでの複線型学校制度にかわる六・三・三・四の単線型へと大きな転換を示した。そして教科書はそれまでの皇国史観に基づく国定教科書より自由選択による民主的教科書となり、選挙による教育委員会制度、ＰＴＡの設立、また教職員組合の結成等々が進められていった。

この改革の線に沿って私は、旧制中学四年の時に新制高校二年に自動的に編入された。その翌年私は新制大学を受験をすることになったが、一次は京大文、二次は京学大とした。しかし、受験勉強もできておらず、一次は合格せず、結局二次に通った。当時ちまたには「青い山脈」が流行歌として流れ、またこの曲を主題歌とした映画「青い山脈」が上映され、中学教師になることにある種のロマンがあった。戦後の中学校は民主主義を実践する場として心に浮かんでいた。私は躊躇なく学校教師を職として選んだ。

1961(昭和36)年6月　蜂ヶ岡中学校 社会の授業

さて私は昭和二十九年、学校教師として京都市立中学に奉職した。ここで私は、教頭を始め校務主任と学年主任がすべて選挙により決定されるということを知った、すなわち学校制度の民主化は、こんな段階にまで進んでいたのである。しかしこれに対する教頭を中心とする一部のグループの反撥があり、職員会議は最初から紛糾した。当時、労働運動においても総評に反撥する同盟の結成、そして教育に対する中央の指導強化が進められてきたが、そのあらわれが教育委員の選挙制から任命制への切り替えであった。こんな時に、旭丘事件が起こった。わが中学分会でもこの問題が取りあげられ、旭丘支援行動が提起された時、学校長は市教委の要請ということで、支援に行く者は辞表を出していくこと、さらに組合脱退を迫った。そして十数人ばかりの組合員が脱退した。この頃より、教頭選挙制は立ちきえになり、教務・指導・研究などの主任なども学校当局の意向を反映する人物がなるようになった。昭和三十三年頃から、文部省は勤務評定を現場の教員に課すよう指導してきた。次いで昭和三十六年頃から全国画一の学力テストを強行した。一方では指導要領の改訂を行い、ホーム・ルームとは別に道徳教育の時間を特設するよう求めてきた。ホーム・ルームは戦後アメリカから導入されて始まったものであり、学級の問題を学級構成員が討議して多数決で決定する形をとっていた。だが多くのホーム・ルームでそれが形骸化し、それが教諭のレクチャーの時間になったり、自習時間になったりした。私の勤務する中学校で三年生の担任であったS氏がホーム・ルームの時間に数学の学習をしていたのを批判していたF氏が年末の忘年会でS氏のその行為をなじって殴打する事件があり、そのことが私に大変なさけないこととして強い印象を残したのをおぼえている。このS氏は、その後高校に転じ校長となった。この頃、文部省は指導要領の改訂を行って系統学習、知識の導入を重視するが、それとともに期待される人間像を育てるための道徳教育を実施するように指導した。また知能テスト、学力テスト、学校テストと、テストが続き、これに対応できない生徒の中から問題生徒を作り出すこととなった。昭和三十五年頃から生徒の問題行動は飛躍的に増え、その対策として補導体制の強化、カウンセリングの実施などが進められた。

組合においても教研活動もあったが、主力は経済闘争、政治闘争にウエイトがおかれ、教育制度の改善に取り組む活動は少なかった。

1956(昭和31)年5月
嵯峨釈迦堂にて

特に受験制度に対しては、それが生み出す諸々の問題を是正する運動は、現場の教師の中からほとんどおこらなかった。入試によってもたらされた偏差値によって格差が是認されることになり、それから脱落した者の人生まできまる点に問題があったが、それに対応する策はなかった。教師は聖職か労働者かという問題は、戦後教育史において常に問われていた。日教組が倫理綱領を採択した際、教師は労働者であると規定し、また教え子を再び戦争に送らないことが教育の使命であるとしたことがあげられる。これについては、私は教師が次代をになうすぐれた人材を育てる使命をもっている点では聖職といえるし、その一方教師が職場で働く人間として組合を結成し、労働時間や賃金要求など生活改善の要求を行なう点では労働者であると思っている。

これは戦前の教師が聖職の名のもとに組合もなくみじめな生活をしいられていた面もあったことによる反省である。それと共に教え子を再び戦場におくらない平和な国家になるような教育も大切である。よって受験制度の強化のみが学校教育の目的にされるのでなく、真の人格形成のいしずえになるような教育が求められるのである。

さて私は中学教師の後半、ほとんど補導係りとカウンセリングを担当した。相談室は連日問題生徒の集合場のようになっていた。私は授業と相談のあいまの時間を利用して、アメリカの心理学者ロジャースの『相談心理学』の本等を読んでいたが、時にはトインビーの『試練にたつ文明』の原書も読んでいた。

私はこの頃よりもう一度、大学院に入り歴史学の研究をしたいと思うようになったのである。そのためには、入試合格にとって洋書読解力が必要であったからである。昭和四十一年三月、中学校を退職し、念願の京都大学大学院に進学したのである。

（「ある日の日記より」一部補訂　一九七〇年）

㈡ 中学教師時代 ―日記と生徒会誌より――●

「スミス都へ行く」を見て

この映画はフランク・キャプラ監督の作品である。主演はジェームス・スチュアートとジーン・アーサであり、この顔ぶれを見ても普通のアメリカ的誤楽作品ではないと期待していたが、実際その通りであった。この映画のテーマは、民主主義国に於ける自由の象徴と考えられる国会がおよそ自由とはかけはなれた独裁が法の美名のもとにどんどん行われている実状を皮肉った映画なのである。僕はこの映画を見て、わが国の汚職国会と共に、吾が職場をも思い出し、どこでも同じだなあと思ったのである。

この映画では一人の正義感にみちあふれた青年が、この国会の実状に直面して、其をあばこうと努力するのである。この青年が最後の方で言う〝失われた正義を求めて〟という言葉を聞いて何か僕の眼頭が厚くなる思いがした。失われた正義、其はこの青年の場合は、アメリカ独立の指導者、ワシントン、南北戦争のリンカーンの行った行為其を言うのであろう。人民の人民による人民のための政治を求めて戦っていたリンカーンの姿にくらべて、現実の国会は何と腐敗しきっているのであろう。ボスの言いなりになる議員、無気力で貪慾な議員、それに現実の国

1961(昭和36)年　蜂ヶ岡中学校職員室

会は特権化しつつあるのではないか。しかも新聞はボスの言いなりになって、事実をまげて報道しているではないか。この映画の中で、町のボス、テイラーは、自己の立場があやふくなってきたのを知って、あらゆる策略をめぐらすが、その中で〝私は五時間で与論を作ってみせる〟と言って、ありもしない事を、新聞に書かせる場面があり、私はこれが現実であるとしたら大変なことだと思ったのである。

私は思った「真実を守る為には如何に勇気がいると」。また同時に上院議院ペインの言葉が胸をさす。「自己の身を守る為には、現実と妥協するより道がない」と。現実との妥協、現実への抵抗、どちらが人間としてりっぱな行為であろうか。

言わずと知れた事だ。其は現実への抵抗なのである。現在社会的に有名な地位についている人は大抵現実と妥協してきた人だ。けれども、社会を動かすものは、又、歴史の歯車を廻転さす人は、現実と勇敢に戦って抵抗してきた人だけなのだ。

フランク・キャプラは「オペラハット」「素晴らしき哉人生」など多くの名画を吾々に残してくれている。

しかし、最近このアメリカの良心も、沈黙を守っている。昨今のアメリカは、キャプラの主張とは正反対の方向に進んでいる。チャップリンは、言論の自由を奪った感のある現実に居たたまれなくなり、アメリカを去った。

アメリカの保守主義者達は彼を赤だと言ったといわれている。アメリカはワシントン、リンカーンの求めた方向に逆って進んでいる。吾々は、アメリカの良心に期待する。今一度、自由の女神がこの国を照らさんことを願うものである。

（「ある日の日記より」　一九五四年八月）

波切での生活

今年の夏は友人中辻君等と一緒に志摩半島方面に海水浴にでかけた。四、五日の滞在、自炊生活である。ここで僕が体験した、二、三の興味ある事実を筆にまかせて書いてみよう。

バスがこの町に近づくと坂道をのぼり始める。最初僕は、岡の上にこの町があるのかなあと思ったほど坂は急だ。バスはこの町の目抜き通りと思われる広い道を走り、町役場の前でとまった。こゝで僕は前日到来した中辻君以下三名と待合せになっている。バスからおりる。私は彼等の元気そうな顔を期待していたがまだきていない。なあに五分もすればくるさと心の中で思ったが、いささか心細い。僕はまづ気を落ち着けるため、懐《ふところ》からおもむろに光を取りだし、ぷかぷか〳〵と吸いだした。そしてこんな事を考えていた。たとへ彼等が今日現われなくても、狭い町だ、町役場で問い合わして、探してもらえば、すぐ居所もわかるだろう。こんな事を考えていると、向うから、すててこ一つになった三人が、ぞろ〳〵やって来た。来たなあと思って、もう一度よく見ると、中辻君はどこであつらへたのか知らないが、大きい麦わら幅をちょっと横手にかぶり、西部劇の役者のような姿でやってくる。僕は思わず、腹の中でくすりと笑った。四人は先づ、近くの氷屋で氷をくった。竹本君は氷にジュースをかけ、うまい〳〵と盛んにくっている。本当に今日は焼きつくように暑い日だ。四人はやがて氷屋をでて、また坂を降る。急な坂だ。僕はこの時ふと長崎を思いだした。

坂の長崎、ざぼん売り、という歌の文句があるが、この町も、いささかそれによくにている。ざぼん売りがやってこないかなあと思いながら歩いていると両肩に水をかついだ女の人が坂を降りてきた。そうだ、この町は水がないのだ。吾々は宿舎に着いた。もちろん宿舎と言っても、食料品屋さんの裏三畳の奥まった部屋だ。ともかく偉は、そこに落着くと、旅のつかれもでて、ごろって横になった。

さて晩になるとさすがに涼しい。これから滞在第一日目の夜の行事が始まる。ぶらっと町へでる。町と言っても、道の両側にばらばらと、いろいろな店が並んでいる位だ。誰かが言ったが、この町には氷屋が実に多い。やはり南国のせいだろう。ゆかたかけの人々がせかせかと通る。小さい町の割に活気に充ちている。同じ夏、日本海側の宮津へ行ってみたが、ここよりよっぽど町らしい。やはり太平洋沿岸という独特のふんい気が町に充ちているようだ。

吾々は、八時半頃から映画をみた。〝赤線基地〟〝里見八犬伝〟〝よい婿どの〟の三本建。都会だけでなく田舎でも、最近は三本建がはやっているらしい。どの映画も右の耳から入って、左の耳からでていくような他愛ない映画ばかりだ。映画をでると、十一時頃、僕等は宿舎に帰る。九時に起床、まづ一町先程まで水くみにでかける。二つの大きな水桶に水を一ぱい入れて、この町の誰もがするように肩にかついでみたが、とてもあがらない。うんうんとうなっているだけである。やはり僕等は都会人だ。経験が足らないんだとあきらめる。しかたがないので、一つの桶を、勝ちゃんと二人でかつぐ。それでも重い。持ってきた水で、米をゆすぎ、こんろでたく。おかずは前の店で適当なものを買う事にしている。今朝は、かぼちゃの煮たのと、とうふにかつをぶしをかけたのをたべた。昼から浜にでる。波は予想外に大きい。やはり太平洋だなあと一人合点している。しかも水しぶきをあげておしよせてくる波をみていると、何となく心も気も大きくなるような気がする。ずっと遠くへ目をやれば、水平線が一直線に円を描いたように連なり、ぽつぽつと白く光っているのは漁船らしい。雄大なるかな、太平洋の波を僕はそんな事を考えながら、じりじりやけつく暑い砂浜で、横になっていると、何か体にさわるものがある。すわ、一大事をおきあがると、竹本君のいたずらだ。長い海草をひろってきて、それでいたずらしているのである。僕は思わず笑った。

聞く所によれば、この町では、どこの家でも、一台はパチンコ台があるそうだ。現に今自分等がとまっている家にも、玄関に一台据えてある。僕はこれをみて〝この町ではパチンコ台が文化の象徴らしいなあ〞と言ったら竹本君が笑った。都会の流行がこゝまで及んでいる。しかもこゝでは其がしみとおっているという感じだ。都会的生活と、田舎的生活、それの交雑がはっきりこゝにみられる。田舎の都会化、これは切実な問題だと思った。私達はむしろ田舎の素朴な美しさの中に、本当の価値を見い出さうとしているのに、これは予想外であり、僕としては、不愉快でもあった。

（「ある日の日記より」一九五四年八月）

丑年をむかえて

今年は丑の年だ。そこで牛に因んだ話をしよう。高村光太郎に〝牛〞という詩がある。

〝牛はのろのろと歩む〞で始まるこの詩は牛があせらず、ねばり強くしかも情熱をもって進んでいくありさまを歌っている。牛には馬に見る様なはでな所はない。だから人は馬を機転がきき要領のよい人間にたとえ牛は地味であるが、おくての人間にたとえる。牛の歩みは遅いが決して後退しない。前へ前へと休みなく続ける。牛は西インドでは〝母なる牛〞と言われ神聖視されている。インドでは決して牛を殺さない。それには理由がある。牛の乳は人間の赤坊を育てる、牛により人がすくすく育つ。牛は人間の恩人であるという考え、其れに牛の眼光は人心を射通す洞察力がある。そこには神聖が感じられると。

日本では明治まで牛を四つ足と言って食べなかった。牛肉を食べる様になったのは西洋の食生活が輸入されてからである。栄養化のある牛肉は今日では食生活では欠かせないものとなっている。牛は、亦時刻を示す基準ともなっている。

〃東山三十六峯、静かに眠る丑三つ時〃という牛の時刻は午前二時から午前二時半迄を言う。この様に牛は今日の吾々の日常生活言葉の中にとけこんでいる。社会党の選挙公約であった〃牛乳三合論〃もその一つである。

新しい年をむかえて牛の意味を認識するのも亦意味があろう。私も光太郎の詩にある如く牛のねばりを今年は大いに発揮しよう。

（「ある日の日記より」一九六一年一月六日）

家庭訪問

戦後二十年も立つうと言うのに今だにバラック建の貧しい住居―きしくきしむ破れかぶれの戸―家具もない殺風景な部屋―そこに散らかっている内職の作品―、私はそこに教育以前の問題をみた。これは学校の先生ではどうにもならない政府の仕事ではないかと―だがそこに住む子供と親しく話す機会をもった時子供達が自分のよき理解者として先生を求めているのをみた。社会から見放された子供達―親に充分保護能力のない子供達―これらの子供の進む方向は全く暗闇と言ってよく、恐らく其の場限りの人生航路を歩むだろう―私はせめてこれらの子供達の期待に少しでも応じてやれたらと思うが―教育以前の問題は私達の代表を国会に送って討議してもらおう―私達にできることは子供を暖かく包んでやることだ―其を研究し実践するのが教育だと思う―家庭訪問は私に一つの反省を促した。

（「ある日の日記より」一九六五年五月）

月光

小学生の頃、私は国語の教科書でベートーベンの〝月光の曲〟の由来を習った。ベートーベンがある月光のさえわたる晩、貧しい町並を友人と散歩していたとき、みすぼらしい家の中から目の不自由な少女のひくオルガンの音が聞こえてきた。ベートーベンは家の中に入り、その少女のために〝月光の曲〟をささげた。その時ベートーベンは少女の目から涙が流れるのをみた。私はこの話を感動して聞いた。私はベートーベンの貧しい少女に対する限りない愛情をそそぐその姿を尊く思った。そしてその心情が月光という天地の清らかな光のもとにあらわれてるように思えた。唐の詩に月光にたくして自分の相手への思いを伝えるものがあるが、その心境はこのベートーベンと相通ずるものがある。ベートーベンは晩年耳がきこえなくなった後もすばらしい曲の数々を作った。そこには、音楽こそ人の心をなごやかにさせるものがあるという思いがあったのであろう。私は月光の曲を聞いた少女は、日本の童話にあるかぐや姫のように月光に照らされて昇天する姿を想像したのではないかと思った。

（「ある日の日記より」一九六五年九月）

高校野球

今年の全国高校野球選手権大会は私として、しばしばテレビの前にくぎつけになる好試合が多々あったが、特に決勝戦の松山商と三沢の十八回引分け試合は私にも貴重な示唆を与えた。というのは三沢太田投手の冷静な投球態度があり、又松山商の二度にわたる窮地を脱却したわざと精神力のつよさに特に感銘を受けた。翌日の再試合で三沢は松山商に破れたが、そのきっかけは初回の松山の三番打者のホームランであった。試合終了後、太田投手は記者のインタビューで「あれは私の失投でした。ナインのみなさまに申しわけなく思っています」と冷静に語ったが、閉会式の後、球場を去る時そっと甲子園の土を拾っているのをみた時、私は高校生としての彼の野球に対する真摯な態度を感じ思わず、拍手を送りたい気持であった。太田は顔立ち、スタイルと言い全く理想的な好投手であった。アナウンサーの解説によれば、彼の母は白系ロシア人と言われ、両親は今病院で療養中とのこと又彼は成績も抜群で、三沢三百人の生徒の内、十番位にあるということであり、この頭脳のよさが彼のマナーによくあらわれていた。私は長年高校野球をみてきたが、何かしら引かれるものを感じたのは彼がはじめてであった。

この太田とは別に私は今年の松山商のねばり強さに心より拍手を送りたかった。絶休絶命のピンチにおいこまれても、そこから必死にはいあがろうとする、その精神力こそ学ぶべきものがある。まさに吾が父がいった〝身をすててこそうかぶ瀬もあれ〟という格言を文字通り実行した。あの十八回延長の試合の十五回の一死満塁で打者のカウントが三ボールになった時に井上投手と松山ナインのみせた結束はまさに練習の賜物であった。

聞けば井上投手は一日に四〇〇球以上の投球練習を続けてきたとのことであり、又十球続けてストライクボールを投げる自信をつけていたとのことだが、ここに豊富な練習という努力と執念深さという精神力とが松山に生きる道を与えたのだった。私はこの決勝戦から幾多の人生の指針を得たような気がした。すぐあきらめるようなことはしないでおこうというのが私のスローガンとしてここに再びよみがえってきた。人生どんな不遇な境地にあっても必ず生きる執念こそもてばぬけ出せるものである。同時に私は太田投手の態度から、自分の行為を素直に反省して謙虚になり、明日のことを考えようという信念を得たのだ。

（「ある日の日記より」　一九六九年八月）

焚書坑儒《ふんしょこうじゅ》

昔、中国の秦《しん》の始皇帝は、乱れた世を統一して、皇帝中心の強力な国家を造ろうとした。彼は丞相《じょうしょう》（今の総理大臣）李斯《りし》の言を入れて、医薬やうらないや農芸以外の書は政治を乱す本であるといい、残らず没収して焼き、儒者《じゅしゃ》四百六十余人をあなうめにした。この事を焚書坑儒と言った。その時、儒教に関する書物もみな焼かれたはずだが、ある人が、壁の中に一部を隠し、これが前漢の時代にでてきて、論争をまきおこした。

儒者の中にも、迫害を逃れ、山中に身をかくした者もいた。始皇帝がいくら弾圧しても、どこかに儒教の伝統が残り、後になって、それが再び芽をふいてくる。始皇帝はまた、万里の長城を造って異民族の侵入に備え、阿房宮《あぼう》といわれる御殿を造ったり、全国を巡遊したりして、皇帝の威厳を示そうとした。始皇帝は、水ももらさぬ政治をしたつもりだった。しかし、このような事業を行なうために、人民を労役にかりたてたり又多額の税金をとって人々の怨みをかった。始皇帝が死ぬと、たちまち乱がおこり、項羽《こうう》と劉邦《りゅうほう》という二人の英雄が、秦をほろぼした、ところが皮肉な事には、この二人の英雄は、学問には縁もゆかりもない武人の出身だった。項羽は、「人間は自分の名さえ書ければよい」と言い劉邦は、「私は馬上にて天下をとったのであって、書物でとったのではない」と言った。

始皇帝は、書物を焼いて人民の思想をとりしまろうとしたが、秦を滅ぼしたのは学問や学者でなく、何の教養もない武人だった。この話は、誠意のない規則やおきてによって人間はしばることはできない事のいい例である。そしておそらくこの話は、今日にも通用するだろう。第二次大戦前の日本政府は中国大陸へ進出する政策を遂行するため、それに反対する学者・学問をおさえ、思想統制をきびしく行なったが、反面、軍部が台頭して、この軍部が日本を敗戦に導いた。戦後、憲法にも言論の自由を保障したが、正しいと思った事を何でも言え、自分に誤りがあればその誤りを率直に認め反省する中からこそ、健康で発展的な社会が約束されるのである。

（生徒会誌「蜂ケ岡」第九号　一九六〇年三月）

一輪の花

私が市バスを利用して大学へ通っていた頃の話です。宇多野線の鳴滝本町から祇園行に乗車するのですが、朝いつもみすぼらしい身なりの老人と一緒になります。その老人は乗車すると、きまって運転手に御苦労様とていねいに挨拶をし、運転台の側にある竹のつつに一輪の花をさすのです。この老人のちょっとした行いにより、どんなに車内は明るくなり、又なごやかになったでしょう。さてある日、宇多野に数軒が全焼した火事があった。その日の夕方、私は野次馬根性をだして火事の焼跡を見に行きました。折しも夕日が焼跡一帯を照らしていました。その夕日の照らす所に、火災をまぬがれた一軒のみすぼらしい家がありました。全く運のいい家だなあと思いながら私がその家の前にきた時、家の窓から一人の老人が顔を出しました。私はその老人をみてはっとして思わず頭をさげました。その老人こそいつもバスに花をささげるあの老人でした。その時私は何かしら救われたような気持になりました。そして人間の善行の尊さを、しみじみと考えました。ふとみると、老人の家の軒下には夕日に赤々と照らされた鉢植の花がきよらかに咲いていました。

（生徒会誌「蜂ケ岡」第九号　一九六〇年三月）

絹の道

昔、中国の絹は、
砂漠や草原の群がる内陸アジアを通り、
陸路はるばるとヨーロッパに運ばれた。
ひきかえて、西洋の珍しいものも
どんどん中国や日本に伝わった。

この道を、兵士が、隊商が、進むとき
それを襲う遊牧の民の群は跡をたたず
血なまぐさき争いがくり返された。
戦の終わった砂漠には人骨が空しく転がり
それを風が無気味にならしていく。

ギリシャのぶどう酒をのみ、遊牧民の笛を
吹きながら中国の兵士たちは西域の護りに
ついた、故郷に残した妻子を偲びつつ。

エキゾチックな匂いの漂う国境の町、
オアシス、荒涼とした草原、移りゆく砂漠
絹の道は、こういう天地をはてしなく続い
ていた。

草原の英雄チンギス汗は、この道を西に征
き、マルコポーロは東の豊かな国を求めて
さすらった。
この道も、海路の発達にいつしか忘れ去ら
れていた。

現代になって冒険好きの学者たちがこの道
を探険し、多くの貴重なものを発見して、
今更ながら昔のにぎわいに驚いたという。

新しい国家は鉄道、道路、ダム等の計画に

着手し、この道も大きく変わりつつある。遊牧民は定住の農牧民に砂漠、草原からは鉱産資源が採掘されようとしている。

絹の道が再び新しい時代の脚光をあびて、よみがえる日も間近い。

馬やラクダの鈴の音にかわって汽笛、警笛が砂漠の広野に高らかになり、オアシスにはビルがたつだろう。

日本で開かれるオリンピックには、聖火をギリシャから絹の道を一部通して送ろうという計画があるのはうれしいことである。聖火よ、夜も昼もこの道を明るく照らして走れ。

東西文化の交流、これは昔も今も人類のねがってやまないものである。

広く世界的視野にたち、すべてを考えてみよう。その時「絹の道」は、我々に、夢と理想を物語ってくれる。

（生徒会誌「蜂ケ岡」第十一号　一九六二年三月）

黄河の水

中国に黄河という大河がある。流域は、中国西域のはるかかなたから黄海にそそぐ四千百キロに及ぶ長流である。黄河はその名のごとく黄土層をとかしこんで黄色く濁っている。その水量のすばらしいことは、時に恐ろしい洪水をもひきおこすし、又一面静かになれば、平和な耕地に都合のよい肥料と水利を与える。そこで黄河を治める者は天下をとるという言葉ができた。是は黄河の治水を行なうだけの力量のある者なら、中国を治める人になれるという意味である。中国の伝説時代の禹《ウ》という人は、黄河の堤防を八年かかって築いた労がむくいられて天子になったと言う。この話は、人民の苦しみを助け生活を安定させる人は人民の感謝をうけ天下を治める資格があるという中国人の理想を現わしたものである。さて黄河の治水は、古代より堤防を高くしていくことにより行なわれた。だが一石の水に泥六斗を含むという黄河の流れは、下流の平地にくるとその泥が水と一緒に流れきらずに沈澱して河床を埋めてずんずん高くし、いくら堤防を築いても追いつかぬ有様、ある時期がくると、洪水は堤防の弱所を破って奔流し、下流平野一帯を水底に沈めて町をこわし人畜数十万の犠牲を出すという惨事をひきおこす。そのたび毎に水流は新しい低地を求めて河道をかえた。そしてまたその河道に堤防を築く。大体このようなくりかえしが、過去数千年続けられてきたが、時には別の方法で治水を試みたこともある。宋代(紀元後十一世紀)の人王安石の治水策である。その策とは、くまでのような道具で河底の泥をかきたてて泥をすくいあげそれを黄河の水に運搬させるのである。この策を実施するため彼は水深の測量、諸道具の実験研究を充分行なった。これにより河底にたまる泥土は確かに少なくなったと言う。所が彼の策に反対する者が多かった。当時中国では、濁っている黄河の水が少しでも澄めば天下泰平になるという迷信があったのに、王安石が泥をかきたてて大いに黄河の水を濁そうとしたからである。彼は自分の策を実施するためいろいろ努力したが、迷信には打ち勝てなかった。それに、今日から見て彼の治水策は充分科学性があるにしても、黄河のような大自然の威力の前にはもっと根本的な対策によらなければ効果はあげ得ないであろう。結局、大河の治水は総合開発の形を取らなければ不可能である。新中国は五ヵ年計画により黄河の治水に着手したという。現代の詩人はこの有様を次のように歌っている。

「黄河の水は奔流して東方に向かっている。河の流域は万里に及ぶ。水勢は急で波高くはげしくうなりながら流れている。」

と黄河の雄大な自然を描写して後、

「黄河を開いて堤防を築き堀をほりダムを築いて、流域一帯を豊かな土地とした。麦はこがねに実り、豆花の香りが漂ううるわしい季節となった。その日に、老若男女を問わず、皆で国家の前途を祝して喜び合おう。」

ここに黄河を治めそれを国家発展のエネルギーとした建設的な意気込みが見られよう。

黄河と云えばすぐ頭に浮かぶ僕の好きな詩がある。それは唐代の偉大な詩人李白の「将進酒」の一節である。

「君見ずや黄河の水天上より来るを
奔流海に到って復回らず
君見ずや高堂の明鏡白髪を悲しむを
朝には青糸の如きも暮に雪となる
人生意を得て須らく歓を尽すべし」……

大体の意味は「君よ遙か天上より流れ来るかと思われる黄河の水を見給え、一旦奔流して海に到ればもはや帰ることはない。人の寿命もまた之と同じである。又見よ、高堂に住む貴人も鏡を見てはわが髪の白くなるのを歎いている。朝に黒髪であったものが暮に雪の如く白くなる、誠に人生は暮れやすい。だから、やれる時に人生を大いに楽しんでおくがよい」と。

僕はこの詩を何度も何度も読んで暗誦してしまったくらいである。李白と言えば、自然をこよなく愛しわずらわしい人間社会をのがれて山中でしばしば桃花流水を眺めてわび住居をした人である。けれども彼は決して世捨人でなく、常に人間としての正しい生き方や幸福を求めていたのである。彼は各地を放浪しく美しい自然や過去の旧跡をみては、情熱のほとばしるままに作詩したという。そして、他の詩人が容易に題材に選び得なかった黄河という大自然をとらえて、そこから見事に人生の意義を導いたのである。僕は小事にくよくよしていたずらに立身出世のみを人生の目的のように考えている人に、この詩をよくすすめるのである。

「もっと大きい気持をもってただ一度しかない人生を健康に愉快に過ごそうではないか」と。

黄河は、過去幾千年絶えることなく流れている。幾多の洪水で人々を苦しめたこの河にも、今やダム建設の槌音が高らかに鳴り響く。黄河は未来に向かってたくましく前進する。唐代の詩人は黄河から人生を感じ、現代の中国詩人は黄河の開発によって人生を謳歌する。

黄河の魅力は絶大であり、詩人の才能は偉大である、そして、芸術は永遠であり、黄河もまた永遠である。

（生徒会誌「蜂ケ岡」第十号　一九六一年三月）

杉山問答

洛西高雄をさらに行くと、中川という杉の産地がある。冬ともなれば、まっすぐにのびた杉の枝葉に真綿のような雪がかぶさり、白くまぶしく輝く。杉林をざくりざくりと進めば、時々、バサリと雪のかたまりが地面に落ち、それが、木の間を吹きぬける風とともに寒々とした杉山に妙なる音楽をかなでる。

僕は、こんなある冬の日、ここに住む伯父を訪れて、早朝の杉山をいっしょに歩いた。伯父は、一本一本の杉を丹念に手でさわっては調べながら、「杉はそれを育てる人間の心の表われだ。」と言う、「よく環境を整え大事に育ててやれば良木に成長する。もし、幼木の間に枝うちを怠ったら、幹が曲がるし、虫害を防止しなかったら、発育が不充分になる。」等々。さらに伯父は言う、「この仕事は実に楽しい。だが、最近、この手数のかかる杉の世話をいやがって、若者たちは町の生活にあこがれて村を去って行く。かれらは、都会には人間の作り出した文明の粋が集まっていてすばらしい世界があるように考えている。」と。そこで、僕は伯父に言う、「若者が山を去るのは、山仕事の賃金が低いなど労働条件の問題や、せまい村によくある封建的な関係から離れて自由に活動したいという欲望なども、あるのではないか。」と。

だが、伯父の言う意味もわかる。テレビ・自動車・人工衛星など、文明の利器は洪水のように現われ、人間の欲望を満足させる。ところが、それでも、人間はまだ何かみたされぬものを感じる。例えば、アメリカで、ビート族と呼ばれる一連の若者たちが、文明の恩恵を充分に受けているのに、原始の姿にあこがれて自由奔放にふるまっているのなどは、一体、何を暗示するのだろうか。都会に生活する我々が休日には海や山へくりだす心理にも、何か共通するところはないか。中国の詩人たちは、自然の偉大さを歌い、自然とともにあることに生きる喜びを見いだした。文明の利器がすべてそろっていようとも、人間は精神的な満足を得られるものではない。真に人間の心をみたしてくれるものは、限りない恵みを与える自然そのものではないか。

僕は、伯父に、ぽつりと思い出したように言いかける、「若者たちは現実生活を考え、伯父さんは、人間を考えているのですね。」と。伯父は静かにうなずいて、木株に座ろうと言った。そこからは、今登ってきた中川の町が、ぼうっと朝もやにかすんで見えた。

（生徒会誌『蜂ケ岡』第十二号　一九六三年三月）

㈢ 戦後教育に思う──●

私は一九三二年（昭和七年二月一八日）生まれですから、今年は還暦です。壬申の年満六十歳です。この六十年の人生と私がかかわってきた教育の問題とを関連させてお話ししたいと思います。私が生まれた一九三二年は、満洲事変勃発を契機に日本が中国大陸に進出していった年であります。この年から日本は一九三七年の日中戦争（当時は支那事変と言っていました）、一九四一年の太平洋戦争（大東亜戦争）へと戦争が拡大して、一九四五年の敗戦に至るのであります。この戦争の拡大につれて日本はファシズム国家としてすべてのことが戦争目的のため統制されていきましたが、学校教育も当然統制されて皇国史観に基づく国家主義教育が施行されるようになりました。小学校も国民学校と名称が変わりました。

国家主義教育は教科の中ではもっとも歴史教育に顕著にあらわれます。明治憲法、つまり大日本帝国憲法が定めた主権在君、つまり天皇親政のもとに国家が統制されることにより、天皇の名のもとに大陸への侵略戦争が正当化されたのです。太平洋戦争の敗北でこのような戦前の日本の国家主義体制は崩壊しました。そしてそれにかわってアメリカ占領下において、主権在民の日本国憲法が成立し、平和と民主主義、それに基本的人権が保障されることになりました。教育も戦前の軍国主義教育から民主主義教育へと転換することになりました。私は中学二年の夏に戦争が終わりましたが、戦前の軍国主義教育を受けたものとして、この変化は大変大きなとまどいでもありました。戦後の日本人は総力戦で戦った戦争の痛手が大きく、経済も大きな打撃を受け、生活苦との戦いが始まりました。

それでも平和であることが何よりも日本人に安らぎを与えました。しかし世界は戦後再びアメリカを中心とする資本主義・自由主義陣営とソ連を中心とする社会主義・全体主義陣営とに分かれて、所謂冷たい戦争が始まりました。こんな中にあってかつて日本が戦った相手国である中国に、台湾に亡命した蔣介石政権にかわって毛沢東を指導者とする社会主義政権が誕生し、日本との交流は一時とだえました。

戦後私は、中学から高校へと進むにつれ、中学校の先生になって平和と民主主義をめざす教育者となろうと決心しました。その契機となったのは、いうまでもなく戦後の民主主義の風潮であり、直接的には映画であったと思います。その映画とは、今井正監督による「青い山脈」、後には「ここに泉あり」であったと思います。「青い山脈」の主題歌とロマン［明るさ］にみちた物語が私の心をとらえました。また「ここに泉あり」は戦後の苦しい時代に群馬交響合唱団を育てた話が青年の心に大きな希望を与えたと思います。またその頃、上演された数々のハリウッド映画も人生が自由で豊かなものだという楽しさを与えてくれたと思います。

昭和二十九年四月、満二十二歳、私は念願かなって京都市立中学校の社会科教諭となりました。因みに私の勤務した中学校は京都の西太秦付近にあり、今日映画村でにぎわっている所です。当時は大映・東映などの映画全盛時代であり、私の学校も多くの役者の子弟が入学していました。またサッカー王、釜本君も私のクラスにいました。当時の中学校はアメリカの学校制度、または思想の影響を受け、所謂六・三・三制度、そしてアメリカ民主主義教育とプラグマティズムが採用されていました。プラグマティズムでは問題解決学習が重視され、その一つのあらわれがホーム・ルームでした。私はホーム・ルームでは当時盛んであった歌ごえ運動に刺激されて、生徒と一緒に歌を歌ったものです。釜本君は、当時サッカー部に所属していましたが、ホーム・ルームには大変頑張ってくれた記憶があります。また戦後民主主義の一環として結成された教職員組合活動も盛んであり、私の就職した時は、組合加入率はほとんど百パーセントでした。しかし組合が教師の権利を守るということ以外に、政治的立場を表明するようになってから理事者側というか教育委員会や文部省との対決姿勢が濃厚となり、理事者側の分断政策もあって組合加入者から脱退する者も出てきて、教職の現場が次第に重苦しくなってきました。この背景には戦後の米ソの対立という構図があったものと思います。ただ一つ言えることは、現場の良心的な教師は戦後民主主義を尊重し、子供の人権を守るために努力していたと思います。しかし教育の現場に昭和三十三年頃から勤務評定が導入され、更に学力テストも実施されるようになると、教職員の中にはそれにそった方向に進む者が増えてきました。これにつれて戦後実施された問題解決学習、ホーム・ルームは単なるお題目となり、成績中心・知識偏重で、受験教育が重視されるようになります。これが四十年代、日本が高度経済成長に入るにつれ、この傾向が一層促進され、その結果学校教育についていけない生徒を多数生んでいくこととなりました。

昭和四十一年、私は十二年にわたる教育界を去って研究者になるべく転進しましたので、その後の学校の実態については、現場に残った私の友人を通して聞くだけとなりました。日本は豊かになりましたが、将来の日本を背負う青少年の教育はこれでよいのかという疑問をその後ずっともち続けて今日に至っております。

戦後教育をおしなべて見るとき、戦前から戦後にかけての価値観の転換で得たものは平和と民主主義、それに人権尊重といった思想や制度であったのではないだろうか。それが必ずしも定着したものになっていないのは何故かということが大きな問題だと思います。

その理由として、これらの思想や制度がやはり上から与えられたものであるという意識があり、自らが獲得してきたものでないということがあげられると思います。

その克服のために今後の課題として考えられることをあげれば、第一に国際社会の一員としての自覚が必要であると思います。交通機関や情報メディアの発達によって世界は大層緊密になってきています。特に貿易立国の日本にとっては他の国々との関係は大変重要になってきています。米の自由化、自動車産業、ハイテク等、日本に対する諸外国、特にアメリカの注文はきびしくなってきています。こんな中にあって日本の自立を図る道は、諸外国の事情をよく察し、諸外国をよく理解すると共に日本の立場をも主張できる国民を育てることにあります。ここから教育の果たす役割は大きいものがあります。第二に日本文化への再認識をもつということです。第二次世界大戦後、日本人の中には敗戦の経験から外国のものがすべてよくて、日本文化は取るにたらないものであるという風潮がありました。これは地域・学校・家庭のすみずみまでに及び、日本人が長年培ってきた風俗・習慣・伝統を否定する傾向さえありました。しかしこれは間違っているのであり、日本文化のよき伝統は保持しなければなりません。すなわち日本文化のもつ共同意識や公共意識、更に美意識などはむしろ尊重さるべきであって、極端な個人主義になると、それは単なる利己主義に過ぎなくなります。他人への思いやりなど集団を構成する重要な要素はむしろ引き継いで育てるべきでしょう。しかし私は決して戦前の日本が辿った道、即ち日本文化優先の思想を肯定しているのではありません。文化とはおそらく国際社会にあって相互尊重の中から生まれてくると信じているからです。

第三に戦後教育が体験してきた平和と民主主義、人権尊重の制度や思想はやはり教育の原点となるべきものとして今一度再確認することです。以上の三点を基礎にして、今後二十一世紀に向けて新しい日本文化を創造していくことが肝要であると思います。教育は一生のものであり、学校教育で終わるものではありません。教育を問うことを通して、今日の日本社会全体の仕組みや私たちの生き方全般を真剣に吟味しなければならないと思います。今日生涯教育の必要性が叫ばれ、大学でも社会人や高齢者の教育を行うことが言われるようになった背景には、以上のことがあるからと思っています。

（「ある日の講演より」　一九九二年）

(四) 戦争が残したもの——●

今から三十年程前、私は京都のある私立女子高校で世界史の非常勤講師をしていた。この高校で漢文を教えている初老の先生と親しく話をするようになったのは、私が当時大学院で中国近代史を研究していたことから、時々中国の話をするようになったからである。聞くところによれば、先生は戦前満州にいて満鉄に勤務していたとのことだった。先生は京都大学経済学部を卒業し、当時経済不況下にあった日本の青年の多くが志した大陸に向かわれたのであった。先生は敗戦の頃には、内蒙古のとある町の駅の助役になっていたとのことであった。先生について私が知っていた知識はそれだけであった。この先生がある日、私を先生の教え子の母親が営む木屋町のスナックに案内した。その日は客は私たち二人だけであり、普段の先生になくよもやま話に花を咲かせていた。そんな様子を見て私もつい気楽になり、先生の満州時代の話をもっといろいろ聞かせてほしいと思った。特に私にとっては、先生がいまもって独身であるのが不思議であったので、つい興に乗って先生はなぜ結婚されないのですかと余計なことを口走った。その時、先生ははっと私を見すえて、いや僕にも妻があった。僕の妻は白系ロシア人で、今で言うと国際結婚みたいなものだったよと意外な事を口にされた。先生は、それから一気にその妻との楽しかった頃のことを話し出したが、それがやがて涙声になり、終戦の混乱の時に日本に連れて帰れなかったことまで話され、わっとカウンターに顔を埋められた。このとき店のママが私に、あんたが悪いのですよ、そんなことをなぜ話させたのですか、もうそっとしてあげてほしい、と注意した。先生の心の扉を無理に開けようとした私は、なんと非情であったかと自分の心を悔いるのであった。当時、私はイタリア映画の名作、「ひまわり」を見て感動していた。この映画の筋は、第二次大戦中、イタリア軍の兵士として出征した男が、ロシア戦線で雪の中を退却する途中で凍傷のため動けなくなり雪の広野にほっておかれるが、この男を付近のロシア娘が助け、やがてこの女性と結婚することになる。しかしこの男には故郷イタリアに残してきた最愛の妻があった。この妻が終戦後、無理をしてロシアに赴き、やがて、ひまわりの咲くロシアの郊外の農村でようやく夫の消息を探しあてる。そこで見たのは、ロシア人の妻と子であった。そして夫の姿を駅で見かけ、涙もろともその場を立ち去る。これを知った夫が無理をしてイタリアまでかつての妻に会いに行くが、結局は、すでに結婚している夫とそのロシア人妻と子のことを思ったかつての妻は夫との永遠の別れをローマ駅でする。この最後の場面は、イタリア人妻に扮したソフィア・ローレンの演技のすばらしさもあって、見るものの心を強く打つものであった。

「ひまわり」が上映されてから三十年たった後、私は再び感動的な名作、山崎豊子原作の「大地の子」をテレビで見た。終戦時、残留孤児となった二人の幼い子供の苦労を重ねた生い立ちと、数十年後に再会した兄と妹の悲劇的な別れ、それと兄と父との苦悩に充ちた再会に至る苦難の人生を描いて、改めて戦争のもたらす悲惨さをえぐり出した作品であった。私はこの作品の中で、幼い日本人の孤児を我が子として慈しみ育てた中国人夫婦の愛情、また我が子が生きていると知って、深い懺悔の気持ちを持って再会した日本人の生みの親の気持ちがにじみ出ていて涙なしには見られなかった。このような育ての親と生みの親との愛情のはざまにあって青年が選択した道が、自分は大地の子であるので、ここ中国で生きていくと決意したラストシーンは大変感動的な場面であった。私はこの作品を見ながら、今から三十年前に満州の大地から引き揚げてきた老先生のことを思い起こしていた。この先生があの終戦の混乱期に残してきた妻子への思いは、当時満州にいた多くの人たちが共通に持っていた苦悩であったのではないかと、改めて痛感した。そして残された妻子が満州の大地で別れた家族のことを思い、またいつしか死んでいった者、孤児として生き続けた者等々の人々の思いを知るにつけ、悲惨な戦争を二度と起こさない平和な社会をつくっていくことの大切さを深く心に思った次第である。

（「ある日のエッセイより」一九九六年）

㈤ 現代教育に思う――●

わたしは還暦の年に、「戦後教育に思う」と題して叙述したが、それから二十六年たった満八十六才になった今年、学校教育のあり方について現在思っていることをのべよう。この間私は中学・高校・大学の教師を経験すると共に、大学では清代から近現代に至る中国の政治思想を研究してきた。この教育者と研究者の両面をもつ者として、特に教育の基本をなす学習指導要領と、それに基づく入試・教科書、そして教師の指導等々の問題には深い関心を有していた。今年、高校の学習指導要領改訂案が文部科学省から公表され、そこにはそれまでの受け身の暗記から主体的な学ぶに転換し、十八才を社会の担い手に育てるという目的があり、その為にカリキュラムと入試を同時に改めようとするものであるといわれている。地理歴史について言えば、一九八九年改訂の世界史必修から「近代化・大衆化・グローバル化」を軸に、日本と世界の近現代を「歴史総合」として、それを必修とするとあるが、その主旨はよいとしても、それを学習することと共に入試に適用することについては、多様な課題があろう。これまでの世界史は暗記に偏りがちで、教師が一方的に教えるタイプが多いというのが、中央教育審議会の指摘であるというのであるが、これについては、その原因となっていることも含めて、更なる検討が必要であろう。私はこれについて、昨年自分の見解をのべた。本著に収録している拙著『清代の政治と思想』の「序論」に私が戦後の中学・

高校・大学で経験した学校教育の実状と共に、特に世界史教育の担当者として感じたことをのべた。その際、特に教育審議会に上申した高大連携を進めてきた大阪大学の桃木至郎氏の見解については問題点をあげたが、中でも世界史が暗記科目となっている理由として歴史上の人物の削除を進めるとしてあげられた人物については、すぐ反論があり、修正されたと聞いている。幕末維新を推進した坂本龍馬についても、単にはねあがり人物にすぎないから削除するというのは、どうみてもおかしい理由であるが、その他の人物にしても同様なものがあろう。要はその人物が歴史過程の進展の上で果した役割を吟味する能力を身につけさせることが肝要である。龍馬に関しては、日本の近代化、大衆化、グローバル化に進む指針になる道を示した人物ともいえるし、これを削除する理由はない。次に新たに設置される「歴史総合」については、世界と日本についいって、現代的な諸問題の形成に関わる近現代史を考察するとあるが、まずこの主旨にそったカリキュラムと教科書作成が重要である。世界と日本は、日々過ぎていく。今が過去となり、明日が今、そして未来がある。

この歴史の因果関係をまず理解することが大切である。この中で近代と現代をわかつ起点を何かと考えると、日本の近代は明治維新から百五十年たった現在までとなると長すぎるので、その中で大きく変化した第二次大戦後の新憲法制定以降を現代とする見方が有力である。しかし昭和から平成に変った頃から現代とみる見方もあり、必ずしも一致していないが、要は今から未来も予測して現在のあり方を考えることが望まれる。

私は戦後から一貫して中国近代の歴史について研究してきた。これは今も変りなく続けている。本著所収「戦後教育に思う　二」を講演した一九九二年は、中国では、一九八九年の「天安門事件」から約三年たった後であった。その頃、私が就職していた大学の中国人留学生の中には、その衝撃を受けた者もいた。私はこの事件は、中国側の報道を信じ、一部の民主化を求める学生・市民が、その要求を取りさげなかったので、当局が軍を出動して弾圧したものと思っていた。その後の報道の中で、この運動のリーダー格であった劉暁波が共産党一党独裁廃止、三権分立、立法院直接選挙、人権の保障などをかかげ運動を続けたことにより、「国家政権転覆煽動罪」で懲役刑に処せられ、二〇一七年、獄中で病死したということを知り衝撃をうけた。そして、この欧米や日本でも実施されている近代国家での三権分立、議会選挙、基本的人権の保障がなぜ中華人民共和国では否定されるのかという問題は、まさにグローバルな世界になって一層問われることになろうと思った。中国が近代になって市場経済を導入し、今やGNPではアメリカにつぐ大国となり、一帯一路の構想により、中国の市場は中央アジアから西洋、更にアフリカにも拡大している。その上過剰人口のはけ口として、これら進出した地域に移民が送られている。中国では明から清にかけて冊封体制下に世界を構成してきた時期を重視としているともいわれている。

私が鹿児島大学に勤務していた時、指導した留学生の何人かは、日本文化について学ぶことを喜び、流暢な日本語で対話することを楽しみにしていた。彼等が中国に帰った後も、その友好関係は継続している。二〇〇〇年代に入り、中国から日本にくる観光客はうなぎのぼりに増加し、今や町中いたるところに中国人をみるようになった。それにつれ留学生も増加した。しかし、真の友好となるとまだほど遠いものがある。お互いの文化を尊重し、両国が平和的に共存できる関係を築いていくことが肝要である。

（二〇一八年　記）

『清代の政治と思想』序論より

研究者がそれぞれの分野で、研究のみに成果をあげたらよいというものでなく、その成果が教育に反映すべきものであるというのは当然の理である。ここで私は一般論として、長年培われてきたものが文化・教養として受けつがれていくものであると思っているし、それぞれの分野でそれを担っている人々がおられることは理解している。しかしここでいうのは、歴史教育のあり方についての問題である。歴史教育がその本来の意義を失って、受験の手段となっているとの批判がある。そのため受験生は古代から現代に至る歴史事項を可能な限り暗記する。私は暗記がよくないとはいっていない。歴史上の年代や事実を正しく知って、その時代の重要な出来事を知ることは大切である。ただ暗記するだけで点数を増やすことが目的となっていることがどうかといっているのである。また高校では選択制により世界史か日本史のどちらかを選ぶとか、または歴史よりも地理、公民を選ばせ、それが大学受験にも適用されている。特に理系の学部にこれが適用されている。詳細なことはここではのべないが、要は歴史教育が軽視されていたことは事実である。歴史教育は受験にかかわらず小中高へと一貫して行う必要のある課目である。歴史学が学校教育の現場で軽視されている理由として、一つには歴史を学んでも人生に何の役が立つのかという考え方がある。それよりも実際に役立つ仕事に就職できる授業科目が優先される。人は生れてから学ぶことによって成長する。その際その年代に応じたことを学ぶことが大切で、それを後年とりもどすことは容易でない。歴史も同様で幼児から少年、少年から青年へその時期に応じて学んだことがその人の歴史観を作ることになる。歴史を無用な学と考えている人はそれぞれの時期の歴史に対する見方が失なわれることになる。人生にとって歴史的な見方がなぜ大切かといえば、人間が成長する過程で自分がどの社会なり国家の一員であるかという自覚につながるからである。ここから人のそれぞれの時期に歴史を教える先生の役割りは重要になってくる。ここで私が歴史教育に携った頃から今日まで考えていることをのべよう。

私は大学卒業後、中学校社会科教員として数年間歴史教育に携っていた。戦前の歴史教育を受けて少年期を終えた私が戦後一番関心をもったのは、日本と朝鮮それに中国そして東南アジア諸国との関係であった。日中戦争がなぜ勃発したのか、その中国が国民党と共産党にわかれ、まもなく中国に毛沢東をリーダーとする中華人民共和国が成立したこと、また敗戦まぎわにソ連が中立条約を一方的に破棄して日本の支配地域に攻めこみ、北方四島を占領したり、外地に居住していた多数の日本人を抑留したこと、そしてそれまで鬼畜米英といっていたそのアメリカが占領軍として日本にのりこんできたこと、またアジア各地には民族独立運動がおこったことなど、これ等の事象がなぜ起ったかについて常に私の頭を悩ませた。戦前軍国史観で教育をしていた先生が、それを誤りだとみなし、自由・平等それに人権を尊ぶ民主主義教育に転じた。しかしこの戦後教育が先述した私の疑問には何等答えるものでなく、戦前真実として教えられてきたことだけが消え去っていったことを覚えている。しかし私自身が歴史を学び教育する責任を負うことになったことにより、特に日本をめぐる朝鮮や中国、そして戦後日本の教育政策の基本となる欧米流の民主主義思想を教示したアメリカの動向に関心をもった。アメリカは戦前の教育制度が日本の軍国主義に寄与したものとして廃止し、六・三・三制による教育制度を実施した。その一方で日本の革新勢力は、教育基本法を制定し、民主主義教育を実践しようとした。さらに京都では教育の機会均等の立場から高校三原則（男女共学、小学区制、普通科教育）を実施した。しかしこれ等の教育基本法や高校三原則を実行したのは、京都など数県であり、その京都でも私立学校では、受験優先の独自のカリキュラムを作成するなどし、現在ではこの高校三原則はほとんど実施されなくなっている。私はこの京都の教員として、社会科教育を行ってきたのであるが、特に歴史教育のあり方については、もっとも頭をなやませるものであった。当時中学校社会科教科書では、日本史を学習させることを主としていたが、朝鮮や中国との関係は、それぞれの時代での関連性で叙述されていた。古代では後漢と奴《な》の国の関係を示す「漢倭奴国王」という黄金の印や「魏志倭人伝」に登場する卑弥呼の存在などが記述されていた。それから近・現代に至るまでの日本と朝鮮・中国との関係をそれぞれの国の史書に基づいて記述されており説得力のあるものとなっていた。私はこれ等の記述を読む中で、歴史事実を客観的にとらえ直しそれを新しい時代の推移の中に生かすことが大切であると思った。つまり歴史事実は、過去から現代へ、そして未来へと続く因果関係の中にある。二十一世紀に生きる現在に起っている様々な事象の未来を予測する鍵は、歴史事実の中にあるという認識である。よく人は歴史を学ぶことは、現代直面している問題に何の役もたたないというが、私は歴史を知ってこそその国が危急に際した時、誤りを回避できる策を講ずることができると思うのである。ここでなぜ今日学校教育の現場で歴史ばなれが進んでいるのかという問題がある。その根拠の一つに歴史を学んでも人生に何の役にもたたず薬にもならないという意見がある。ここから小・中・高の歴史教育は縮少され、また大学でもカリキュラム改革が進んで歴史学のポストは削減されている。これに対し歴史教育のあり方を提言する案に、国際的見地から近・現代史を一体化としてみて、その相互関係などを重視し、現在に生かす教育にあるとするものがある。しかし歴史は上記したように過去から現在、そして未来へと続く連続性の中によりよい方向を見出すものであり、適当に切断してそこだけを強調する学問ではない。今日の世界をみても世界各地で起っている紛争は、一時的なものでなく、その遠因は過去にありそれが積り積って生じたもので、その原点に立ち返ってそこから解決策を見い出すことは肝要で、それこそ歴史を学ぶ中から見い出されるものである。

ところで最近私は桃木至朗氏の著作『わかる歴史　面白い歴史　役に立つ歴史』（二〇一二年四月　大阪大学出版会）を通読した。氏は東南アジア史を専攻する研究者であるが歴史教育に関心をもち、歴史学と歴史教育の再生をめざして執筆されたものである。氏は今日日本では深刻な歴史離れが生じ、このままいけば東洋史学を筆頭に、歴史学がスクラップの対象になってゆくことは目に見えているとのべ、その要因として高校での世界史教育の問題があると指摘している。そこで氏がとりあげた一九九九年に公布された学習指導要項の改訂に対して、受けとめ側の教育現場での問題点を指摘した上で、近年の「教育改革」は、科目間の関係、中高間や高大間の関係でも矛盾を顕在化させてしまった。現在中学校の歴史は大枠として日本の歴史を教える科目で、外国史は日本史に関連したり影響を与えた動きだけを教えるしくみになっている。高校の「世界史必修」はこれを前提に行われているものである。ところが現在の高校のカリキュラムは、学校ごとの個性を出させる文部科学省の方針と各校の受験戦略の相互作用によって、おそろしく多様化しているとのべ、これが結果として世界史の履修者をへらしているというのである。世界史Bは全世界の歴史を古代から現代まで、ひととおり扱う教科書で、それに対してAは近現代史を中心に大づかみな基礎知識を教えることを主眼としているが、現在の高校では世界史Aだけ学ぶ生徒が多数をしめている。氏は以上の状況を改善するには、高大連携によって、お互いの仕組や教育内容について十分理解すること、特に大学側の教養課程の授業を組み直す必要があること、次に高校やそれ以下のカリキュラム、大学入試制度を変えること、世界史・日本史統合科目を高校において必修化、センター入試もこれを必修科目とする。次に歴史だけ、社会科だけという範囲でばかり対策を考えない。特に日本語教育のあり方を考える点をあげている。

私は今回桃木氏が現在の歴史教育の問題点を指摘し、その改革案まで提示されている点について賛同するものの、そのため高大間の連携のみに重点を置き、中高間にも同じ問題があるとのみ言っている点についてのべたい。

私自身京都の公立中学校に勤務していた経験からいえることは、当時にあっても歴史教育担当者の交流はほとんどなかったのは、一つには中学校と小学校教員を養成する大学は教育系大学（旧師範）に一任され、高校教員は公立私立を問わず文学部のある大学出身者が就任していたこともあり、免許も教育系大学は社会科と設定され、ここから交流の必要性がなかったことによっている。ただ教育系大学を卒業して、高校の世界史教員となることをめざす者もいたが、免許状二級と設定され、文学部出身者にくらべて不利であった。それぞれの大学には、同窓会組織もあり、これは出身大学者の結束を固めるのには役立ってはいたが、他大学出身者と横の連携をするには効果がなかった。戦後の教育改革は六・三・三制により中学と高校を分断したため、歴史教育においても一貫したカリキュラムが組めなくなった。この弊害を察知していた私立学校では、一九六〇年代以降、続々中高一貫校に変更し、さらに小学校まで設置し、それに応じたカリキュラムを組むようになった。これ等の私学が受験教育に力をいれ、東大・京大を始めとした国立大学に多くの学生を入学させ、それに対して六・三・三制を忠実に遵守していた公立学校は、著名な国公立、私立大学にも入学できなくなった。ただ今日でも公立学校は原則として中学校卒業後、高校進学になっており、ここに分断があるので、カリキュラムの上では、中高は別途のものになっている。中学校の社会科で教える日本史の歩みの中で、それとの関連で教える世界史と、高校で日本史・世界史として独立した課目として系統的に教えるとものとは、内容的にずいぶん違っている。中・高教員の連携がうまくいかないのは、それぞれの教員のかかえている課題が別であるからである。それと中・高教員は教育系大学とそれ以外の文系学部の大学卒業生が大半を占めているので、大学で学んできた内容も違っており、交流はうまくいかない。それでも戦後の一時期は、中学から高校、高校から中学教員になる例もあり、交流が可能になったこともあったが、今はそれさえなくなっている。次に大学と高・中学校の交流となると、これはほとんどむつかしい。桃木氏は、歴史学の専門研究者が歴史教育に関与しないわけにいかないとのべているが、これは事実だとしても、いかなることをやればよいかと言うとなかなか名案がない。私が在任中、年一回文化祭の時などに、大学教員を招いて、シルクロードに関する話をしてもらうなどしたが、これら講演を聞いた学生の中で、将来歴史学を研究したいといった者もいる。桃木氏がのべているのは、自らが実践している阪大と大阪の高校間の交流のことを言っていると思うが、それが全国各地に拡がっていけばそれなりに成果があがろう。しかしこれは大学と高校間で可能であっても、大学と中学間では、不可能に近いだろう。中学校ではそれこそ教育学者に任せておいたらよいという考えのもとに、いろいろ調査など行われているが、世界史教材となるとほとんど取りあげられないだろう。桃木氏が中・高校教員の年令構成が高齢化していることや、十分な研修の保証がない点を取りあげ、内容が激変した教科書だけ渡されるので、それに対応できない点をあげているが、それはその通りだと思う。しかしこのような現場教員の構成になったのは、その事実を十分察知していなかった教育行政の問題があるし、特に私がここまでのべてきた戦後成立した中・高教育の分断、それに応じた教育系大学と文系大学の分離、またそれに応じた免許制度、それに中・高での職階制や教員評価制の導入などが背景となっていたことも考える必要があろう。

次に高校世界史教育の問題である。私は先述したようにこれについては、中学社会科教育と連動したものでなければならないと思うが、この点についてはここではふれない。桃木氏は高校で世界史教育にたずさわる教員の取り組みについてのべているが、この教員を指導するのが大学での史学担当の教員である。

ところで氏は、現在の日本では、大学教員は全体として「研究」「教育」「社会貢献」という三本柱の活動が要求されるが、歴史学の専攻や学界は、理系とくらぶれは組織的な教育・社会貢献などの点で大きな遅れをとっているという。そして高校世界史では現在、世界のあらゆる地域の歴史を教えることが望まれているが、この教員を指導する大学の教員には、それぞれの専門分野の研究があり、古代から現代まで通史として教育することができていないという。この点に関しては、私が指導をうけた宮崎市定先生は、専門分野が清朝であっても、古代から現代まで概説できる学習を行っておくべきだと言われたこともあり、この問題は以前から論じられていた。

ところで氏は、新しい歴史学の躍動と題して、最先端の歴史研究とは、現代世界の変動に対応するものでなければならないとし、世界史はそれを構成する各国史の単なる総和ではないし、地域社会史はそれが含まれる一国史の単なる下位区分ではないとのべ、この観点に立って、アジア（アフリカ）停滞論と「オリエンタリズム」の克服をめざすあらたな試みが必要だとのべ、それを氏が研究する東南アジア史と関連の深い明清時代史の最近の研究成果を例にあげて説明している。そこには農業生態学の見地から従来の江南開発史を書きかえた研究を始めとして、銀を媒介として十六世紀以降の「世界経済」と結びついた中国経済や地方市場構造の研究、そこでの銀の流れや人の動きなどを通じて、中国を東アジアの地域世界の動きの中で位置づけた研究、琉球王国の位置づけ、近世の華夷秩序などの研究などをあげている。これ等の研究からみえてきたといわれる氏が提示した中国国家、社会像についての見解につき私見をのべよう。まず氏が「権威こそ超絶的だが実際には社会をゆるやかにしか統合・掌握できない弱い国家権力」「公共機能を果たす制度化された中間団体もない」「国家の権威を利用して搾取のかぎりをつくす地方役人と地縁・血縁や賄賂から宗教まであらゆる手段にすがって生き延びるしたたかな民衆」「それでも国家・社会の壊れないようにしている華夷意識や儒教・漢字文化など普遍性の高い諸装置とさまざまな社会的・経済的仲介者などの重層的なネットワーク」が明清の国家・社会の実体であるとみていられる点であるが、これについてはいささか理解に苦しむものがある。中国では専制君主のみに自由があり、民には自由がないとこの時代を評したヘーゲル的なアジア国家・社会停滞論に基づく研究は、今はほとんどないが、その前提にたっての専制君主と民との関係、そこには中間団体とみられるものはないという研究もあり、それに対して地域共同体の存在を肯定する見解もあり、これ等については今後の研究課題でもある。

ただここでは氏があげた国家権力を利用して、搾取のかぎりをつくす地方役人と規定している点については今日の研究では国用・民生の安定につくした経世済民型の行政官もいたことは明らかであり、明清の行政官を氏のように一方的に規定するのはどうかと思うものである。

また民衆を氏がのべているような面だけでみることについては、民の一面的な見方であり、民がおこした運動が世直しにつながることもあっただろう。

しかし何よりも私が疑問をもつのは、氏が儒教や漢字文化について、国家・社会がこわれないための装置としかみていない点である。

儒学（朱子学）が宋朝以降の近世国家になって体制教学として機能していた点は明らかである。しかしこの儒学が明清の交替期や清末になって体制変革の思想にもなったことも事実であり、これ等についてはすでに島田虔次氏や溝口雄三氏等によるすぐれた研究がある。

私自身経世学の研究を通じて、この政治、社会の変動に対応する面もみてきた。

私は明清国家・社会の研究は、政治・経済・社会・文化・思想などすべての面から行うべきだと思っている。

ところで氏が現今の世界史はそれを構成する各国史の単なる総和であると批判されている点であるが、総和とは各国史を寄せ集めてまとめているだけで、各国の地域間の交流とか、それが与えた影響とかをみるに至っていないことを言っていると思う。すなわち歴史にはたてと共によこの連携をみることであろう。これについては私も同意するが、現教科書の問題点については、記述内容が余りにも多岐にわたっているものや、詳細すぎる説明文があるものは整理する必要があろう。しかし歴史学にとって最も基本的な課題は、過去を学ぶことによって現在を知り、そこから未来に向う方向性を見い出すことであろう。十九世紀以降、国民国家が成立したが、その後、グローバルな世界になっている今の状態から過去を見ることが大切である。この中で国民国家がグローバルな世界になって、どのように変遷し、どのような課題をもっているかを学ぶことが大切である。

（『清代の政治と思想』朋友書店　二〇一六年）

その二　鹿児島での思い出

(一) 鹿児島の地理と歴史——●

鹿児島は地理的・歴史的にみて中国大陸とは非常に密接な関係があるところである。まず地理的にみると鹿児島のある九州南部は、東シナ海を隔てて中国大陸の浙江・福建各省の沿岸に連なっている。東シナ海はアジア大陸の一部とみなされ、広い大陸棚が拡がっている。かって陸地であっところナウマン象など大陸に生息する動物が往来していた痕跡があり、その骨が日本列島の各地に散在している。ここが海となったのは、比較的新らしく第四紀洪積世であり、歴史時代に入るごく前である。この東シナ海南部周辺は照葉樹林帯に属し、樫《かし》・椎《しい》・楠などの広葉樹が分布しており、これらは舟の材料となったものもある。またこの一帯は高温多雨であり、今日では米作地帯となっている。ただ九州南部に連なる南西諸島は、かつては米作よりもたろいも等を主食としていた。この南西諸島をへて海上から原日本人が渡来したものと思われるが、この原日本人に米作技術を伝えたのは、福建・浙江に居住する中国人であったとも思われる。そしてこれら中国人が貴重なものとして重んじたのが、南西諸島を始め南海の島にて産出する子安貝であった。この子安貝は、春秋・戦国時代の中国では貨幣として用いられたこともある。このように東シナ海を中心として早くから中国と日本の交流の跡がみられるが、これが文献に確にあらわれるのは、中国では唐代、日本では奈良時代のことであり、それは遣唐船の往来からである。そして遣唐船の根拠地として薩摩の坊津が登場し、かの鑑真がこの地に上陸しているのである。

このように大陸との交流の窓口となった南九州は、其後も大陸との往来が続き、特に中国では明から清にかけて、日本では室町から江戸初期にかけて中国から渡来してきた人によって一層その関係は緊密となるものである。島津藩はこれら渡来人を貿易や学術の責任者として起用し、その基礎を強固にするのに役立てるのである。このように東シナ海は、中国と日本を結ぶ海上の要として存在していた。ここから文化的にみても東シナ海周辺の人々の生活習慣に共通性がみられ、その一つに海の安全を守る信仰として発達してきた航海神ともいえる媽祖神がある。媽祖神はもともと福建の福州近郊の土着の信仰であったものが海神に変容したものであり、笠沙の野間岳にもそれがみられる。鹿児島には、また中国名を伝える地名（唐湊、唐仁原……）が多く残っており、一方福建・浙江地方の言葉の中には日本語に近いものがかなりあり、これは今後の研究課題となっている。また民具等にも類似したものをみかけることもある。このように歴史・地理・文化等凡ゆる点からみても、東シナ海周辺は一つの文化圏を形成しており、海洋文明としての共通性を有しているのである。

（鹿児島大学「海の手帖」編纂委員会編『海の手帖』一九九〇年四月）

(二) 鹿児島 長沙 友好都市盟約によせて——●

鹿児島市はこの十月三十日を期して中国湖南省の省都長沙市と友好都市になる。そこでこの機会に湖南省と長沙市の簡単な歴史をのべることにしよう。

長沙の歴史は古く、古代にあっては楚の中心として栄え、ここから憂愁の詩人屈原があらわれた。漢代になると前漢の皇帝は、ここを長沙王国として功臣呉氏を封じた。この呉氏側近の軑侯（だいこう）の墳墓馬王堆が一九七二年四月発掘されて内外各地の注目をあびた。

宋代になると中国最大の哲学者といわれる朱熹が長沙郊外の嶽麓山（がくろくさん）のふもとにある書院で講学し、朱子学を大成した。また明末清初には、長沙南方の衡陽に王船山という学者があらわれ、彼自身隠者として一生を終わったが、そのざん新な政治哲学は清末になって再評価され、中国革命に寄与した。

しかし湖南省が政治・文化の面で注目をひくようになるのは、近代になってここから時代をゆり動かすような人材が続出したからである。そのさきがけをなしたのが、邵陽（しょうよう）県出身の魏源である。彼は同県出身の開明的大官であった陶澍（とうじゅ）の紹介で林則徐の幕友（政治顧問）となった。林則徐はイギリスのアヘン密輸を取り締まり、それを契機に始まったアヘン戦争の責任者であるが、決して頑固な排外主義者でなく国際的感覚では当時の中国ではもっとも進んだものをもっていた。この林則徐が広東にいたころ集めた海外に関する資料を基にしてアヘン戦争敗北の直後に編集された書物が魏源の『海国図志』である。

この書は単なる海外紹介書ではなく、中国が今後列強の中にあって国家を維持発展させていく道を模索していたところに特色があり、そのための三策をあげている。その一、「夷を以て夷を攻める」とは、当面の敵、イギリスに対抗するために当時イギリスと敵対関係にあった列強の力を借りようというものである。その二、「夷を以て夷を款す」とは通商面でイギリスを孤立させようというものである。その三、「夷の長技を師とす」とは、軍事的敗北を喫した事実を率直に認め、今後、外国の軍事・産業技術の導入を図って富強につとめるというものである。この三策のうち、一と二はその後列強相互の力関係が推移したこともあって有名無実となるが、三はまもなく中国の現実的課題となって洋務運動として推進されることになるのである。

この運動の中心人物は、やはり湖南省出身の曽国藩・左宗棠（とう）であった。両者の海外に関する知識は『海国図志』から得たものである。両者は太平天国運動を鎮圧した人物として、現代中国では評価は悪かったが、最近特に左宗棠ついては、その対露政策が見直され、中国の西方、新疆省の領域をロシア帝国の侵略から守ったものとして評価されている。この洋務運動期（一八六〇〜一八九四年）には、日本と中国との交流が深まる一方で、朝鮮問題をめぐって対立が生じ、日清戦争となった。これはその後の両国の人民にとって不幸な歴史の始まりとなった。

ところが日清戦争後、中国では日本の明治維新にならって近代化を推進しようとする変法論者があらわれた。これら変法派の活躍した舞台が湖南省であった。ここには洋務期に日本大使をつとめた黄遵憲（こうじゅんけん）をはじめとした開明的大官が集中しており、その庇護のもとに変法派知識人の梁啓超（りょうけいちょう）らがここで維新を断行しようとした。これは保守派の巻き返しのため失敗に終わったが、その改革思想はここの人々に伝承された。

中華人民共和国の指導者毛沢東が生まれたのは長沙近郊の湘潭（しょうたん）であるが、彼は同省出身の先人の著作を青年時代好んで読んだといわれている。

ところで湖南省において、特に近代以降はぐくまれた思想が、遠く離れた日本にも影響を与えていたことを指摘しておきたい。『海国図志』は幕末の日本に輸入され、海外事情紹介書として主に開明的な大名によって購入された。島津久光もその一人で、その玉里邸には数部保存され、士族教育の教材としても利用された。西郷隆盛もこの書を愛読していた。佐久間象山、吉田松陰もしかりである。

梁啓超はこの事実に注目しこれらの人々がこの書に刺激されて、間接的に尊攘（じょう）維新の活劇を演じたとのべている。また西郷らは、魏源のことを遠く離れた顔も知らない異国人であるが、国の将来を憂うる点では同じであると共感の意を呈している。すでに司馬遼太郎氏も指摘しているが、西郷は左宗棠との間に何らかの関係があったようである。西郷の朝鮮・満州・ロシア認識の根底には、左宗棠の影響があったのではないかと思われる。このように西郷の思想には、開明的な湖南人の影響が随所に見られ興味深い。

『海国図志』によって海外に対する目を開かれたのは、西郷一人だけではない。ここ鹿児島にもこの書を学んだ多くの人々が、明治日本の創建にかかわることになった。このように考えるならば、湖南と鹿児島は、その風土・産物より以上にその相互の歴史の中に深いきずながあったといえよう。


（『南日本新聞』一九八二年十月二十九日）

(三) 鹿児島治水対策に思う

今回の鹿児島治水対策の一環として歴史的建造物である石橋撤去をまのあたりにして思い浮かんだことを書いてみよう。論議の一つ、石橋撤去の可否についてはここでは置いておき、ただこれとの関連で論じられている治水策について少し思うことをのべてみよう。

治水については、総合治水の立場と行政側の河川工事優先の立場とが衝突して、議論がかみあわず平行している感がある。この論議の過程の中で思い浮かんだことは、黄河の治水について同様なことが論議されていた点である。

黄河の治水は伝説時代の禹のころにさかのぼる。禹はそれまでのその場を取りつくろうような河川の治水をやめて根本的な河道の設定に尽力した。そのため禹は気候・地勢等を調査しあらゆる角度から治水を検討したので、河道設定のため十数年以上も要したという。その間禹は調査のため現場に赴き、寝食を忘れて治水に熱中した。禹はこの治水の功績によって国王に推薦された。これは伝説時代の話ではあるが、中国では為政者の心構えとして代々伝えられ今日に至っている。すなわち水を治める者は天下を治める資格があるということである。禹が確定した河道は山東省の北側に流れ禹道ともいわれ、そのうち済水は現河道とほぼ一致している。

黄河は中国が歴史時代に入ってからもいく度か氾濫（はんらん）を繰り返した。氾濫の理由は当時の為政者の一時的な弥縫（びほう）策によることが多かった。すなわち治水の根本を省みず、氾濫の起こる下流で一時的に河道の幅を広くするとか、河道を深く掘って泥水をさらうとか、さらには堤防を高くするとかしたために、上流で水かさが増すと、逆に下流で泥がたまり天井川となって河は氾濫したのである。その結果、中流の鄭州付近で大氾濫を起こし、河道が山東省の南側にある淮水の水路と合流して海に注ぐことになった。このような流路になった明・清時代は黄河はしばしば氾濫を繰り返したので、これを憂えた清末の学者魏源は河道をもとの禹の故道に戻すことを提案し、それとともに中流での水流の調節を提案するのである。

その策は、中流付近に適宜遊水池を造ること、また下流に分水道を造ることにあった。この魏源の策は入れられなかったが、黄河は彼の死後まもなく大氾濫して、彼の予言どおり山東省の北側、すなわち禹の故道に復するのである。現在の黄河はその後、上流に水量調節のダムを建設し、以前のような大洪水は起こらなくなったのである。

黄河の治水と鹿児島の治水は、自然・地形・歴史すべてを含めて同一に考えられないとしても、その治水の根本に対する考え方では大いに参考になるものがある。すなわち根本的な治水を考えないで一時的に治水をおこなったとしても、それはあくまで一時しのぎであり、後年に洪水のつけを残すような結果になりはしないかということである。今こそ総合的な治水に向けて衆知を集めて対策を講ずることこそ肝要であろう。

次にこの治水についての行政側の対応のことである。今回の行政側の対応は、官治優先の考えが先行し、民治を軽視しているように見える。

これで思い出されるのは、清末中国革命の父孫文が、地方自治のあり方について日本の明治政府が地方自治を行政に取り入れたことは評価しつつも、それが官治優先で民治の点では問題があるとし、重要な行政課題においては、民の行政への直接参加の必要ありと提言し、その点スイスの直接民主制を参考にして地方自治を実施すべきであるとのべていることである。

孫文は地方自治こそ国家建設の基礎であり、それを担うのは地方の住民であるとしたが、具体的には、住民が行政に参加する手段として、行政を担う人々を選挙する権利と罷免する権利をあげるとともに、住民が公意をもって一種の法律を創制する権利と、住民に対して不法な法律は公意をもって廃止または修正できるいわゆる複決権をあげている。孫文がこれらのことをのべたのは、明治末年であり、日本においては地方首長は中央政府により任命されていた時代のことであったが、第二次大戦後日本は大筋において孫文の主張した方向に地方自治は進んでいたといえる。

しかしそれが文字どおり機能していたかと言えば問題があろう。それは何よりも日本人の意識の中に官治優先の思想が残り、いつのまにか行政もその道をたどっていたように思われる。筆者は現今の地方行政がすべて官治優先であると言っているのではない。民治優先で進められた行政もあったことは事実である。しかし今回の河川治水、そして石橋論議においては、何か住民の合意がなされないままに進められているように見えてしかたがない。本当はこのようなすべての鹿児島市民にかかわる問題については、ねばり強い行政と住民の合意形成の努力がなされるべきであろうと思う。地方自治は民主主義の学校といわれたが、これが単にお題目に終わらないよう願うものである。

（『南日本新聞』一九九五年二月二十日）

(四) 鹿児島文化について思うこと――●

私が鹿児島大学の教官として当地に赴任したのは四十七才の春であった。京都生れの京都育ちであった私は京都を離れたことは一度もなかったのにこの年から定年の六十五才までずっと鹿児島に居住することになった。この間大学の仲間だけでなく多くの市井の人々と交遊を重ねることができた。定年後は京都に帰り昨年古希を迎えた。今改って鹿児島時代のことをふりかってみるといろいろな思いがこみあげてくる。そこでこの紙面を借りて特に鹿児島の文化の問題についてのべてみよう。

文化と一口に言ってもそのきり口は多様であり、その焦点を何にするかはなかなかむづかしい問題である。そこで私が鹿児島滞在中に経験した文化活動と称するものに限って感想をのべることから始めよう。鹿児島には西郷隆盛顕彰会というのがある。この会が『敬天愛人』という雑誌を発行し、西郷隆盛に関する資料や論文を掲載していたが、私もこの会のメンバーから要請されて「西郷隆盛と中国」と題して一文を発表した。それにしても西郷の盟友であった大久保利通については、その銅像が近年になって高麗川畔に建てられたものの足跡を顕彰するに至っていないのは何故だろう。大久保は明治政府育成の功労者であったが、その目的を達成する為には盟友の西郷を死にまで追いやった。西郷は明治維新の功労者であったが全く私心のない人物であったので明治政府から身を引いてしまった。

このいさぎよさが人々の共感を呼んだのであろう。明治政府にあって薩摩出身者は政府の要職につき官僚になる者も輩出した。その関係で鹿児島の人々は今日に至るまで東京志向が多い。特に男性がそれである。もっとも業種によってそうでないものもあるが、概して東京に行くのは出世の道と考えられた。

ところで鹿児島での文化活動の一貫として私が関係した中国文化を語る会として太白会があった。この会には鹿児島在住の歌人が参加していた。太白会というのは李白の号に因んでつけられた名称であり、李白の詩の観賞だけでなく中国文化に関することを何でも気楽に話し合う場であった。私はこの会を通じて鹿児島には非常に秀れた俳人が多数おられることを知ったのである。私には桜島に立つ林ふみ子の句碑のあることは知っていたが、これほど俳句会が盛んな所であるとは思わなかった。その一人瀬角氏は今では俳句だけでなく鹿児島対岸にある垂水市の歴史・文化の研究に邁進しておられる。また鹿児島には明治の黒田清輝以来多くの画人も輩出しており、これは当地のすばらしい自然環境も影響しているのである。

詩や画これは文化のさいたるものである。鹿児島ではそれを守り育てようという気風が確かにある。太白会では終了後会員が焼酎を飲みながら懇親会を行っていた。焼酎は鹿児島の風土・人情にあった飲物としてこれほどよいものはないだろう。関西でも焼酎を飲むことがあるが、これは単なる飲酒であって文化ではない。飲酒と言えばワインの味も忘れられない。鹿児島ではワイン会があり、ワインを楽しむメンバーが月一回会合をもっている。

ここにつどうメンバーはワインの妙味と共にそれぞれの近況を話し合ったり、時には歌を歌うこともある。これらは鹿児島のように中都市ならではは出来るものであろう。また当地はフォークダンスも盛んであり、私も星友という会に参加していた。ここでは上手下手は関係なく皆が各々楽しむことができた。

（ある日の日記より　一九九五年三月）

(五) 法文学部の思い出

私が法文学部に赴任したのは、一九七九（昭和五四）年の春だった。その前年の秋、京都大学文学部の助手であったが、無理をしたせいか直腸がんを患い入院し、大手術をしてその年の暮れに退院したばかりであった。鹿大赴任がきまった際、私はこの新天地で健康に留意し、教育に専念する人間になろうと決心した。法文学部は旧制七高の伝統を受けつぎ、ここから多くの人材が育っていることを聞いていたので、そこに赴任できることに喜びを感じた。当時法文学部は、法学・経済・文学（史学を含む）の三学科から構成されていたが、私は大学院で東洋史学を研究していたこともあって、文学科の一員となった。私は中国清朝の政治思想を研究していたが、特に清末アヘン戦争の時代が研究の原点であった。

鹿児島大学時代（1987年）原口さんたちと共に

鹿児島は明治維新を推進した土地であり、ここから西郷隆盛を初めとして人材が輩出したが、ここに赴任したことにより、このことについても研究を深めたいと思った。

七九年三月、就任に先だって鹿児島を訪れた際、戦前京都大学で東洋史学を研究し、七高に赴任され、その後法文学部の教授となって退職された増村宏先生と、私より先に鹿大に赴任して、同年島根大学に転任することになっていた同学の島居一康先生とが歓迎の宴を開いて下さった。そこでさつま料理と焼酎を頂いた。これ等は京都育ちの私にとっては、はじめての経験であったが、その後の人生にとってなくてはならない好物となった。住居は紫原にある鹿大宿舎であったが、そこから見える桜島は美しく、時々噴煙があがるさまは、一幅の絵のようにみえた。四月、法文学部教授会で学部のメンバーに紹介され、同日の夜、真鍋先生を中心とした何人かの先生と天文館の酒場で会食した。そこで私は先生にうながされて「祇園小歌」を披露したが、先生は鹿児島にもすばらしい歌謡があると言われて、「おはら節」など歌われた。私はその歌のうまさに感動すると共に、先生の厚意に感謝した。その後先生はしばらく教授会の際、私のすぐ横に座って頂き、法文学部の直面する議題にアドバイスをして下さった。私の所属する人文学科には日本史の碩学五味先生がおられた。先生は私の在任中、図書館長・学部長等の重職につかれたが、その一方薩摩島津氏の研究者として、資料の蒐集・研究を丹念に行われていた。お人柄は温厚・篤実であり、学生達にも慕われていた。先生はよく私に鹿児島の歴史・文化などの話をして下さった。また、哲学担当の吉川健郎先生は、京都大学で田辺先生の門下生であったが、ハイデッガーの研究をしておられた。在職中の先生は、学生の指導に熱意をもっておられ、その門下生からは現在広島大学で研究者として活躍している有馬君等逸材を育てられた。五味先生と吉川先生は同世代で仲がよく、私も誘って頂きよく天文館で

鹿児島大学法文学部にて、卒業生と共に（1989年３月）

酒食を共にした。宴がたけなわになると、三人共々得意の歌をうたった。両先生からはお宅にも招いて頂き馳走になったこともあった。その他西洋史の川井先生や心理学の田中先生など多くの先生にも招待して頂いたこともあり、その手厚いおもてなしに感動したが、そこには同じ大学・学部・学科に勤務する者として、その友好を深めることが、お互いの研究・教育効果をあげることになるという考えがあった。私が赴任した直後、ゼミの学生が歓迎会を開いてくれたが、そこは大学の近くにある騎射場の酒店であった。その席で学生がキープしていた一升びんの焼酎を取り出し、それで乾杯することになった。私はそれに驚いたが、学生達は酔いが進む中で、鹿児島・鹿大に関するいろんな話をしてくれ、最後にみんなで腕を組んで、七高の寮歌を歌ってしめとした。その時、私は学生の中に七高の気風があると思い、私も斉唱した。

　法文在職十年後、法文学部に大学院が設置されると、学部から進学する者の外、他大学からの入学者もいた。私は大学院の授業科目は、アヘン戦争以後における近代日中関係史としたが、これは当時日中国交回復後、鹿児島が中国湖南省の省都長沙と友好都市となり、相互の都市で学術交流をすすめて協定が結ばれることによって、湖南からの留学生か来日したこともあって、それに応える意味もあった。因みに鹿児島が長沙と友好都市になった理由は、両市とも共に近代になって維新を推進した人材を出したことに、その類似を見たからである。中国からの留学生は日中交流史を一層学ぶという目的をもって大学院に

1997年　卒業生とともに

進学した。大学院が設置されたことにより、学生達にとってそれぞれの研究が深化したことは確かである。ただその中味となると、まだまだ検討する余地があろう。

平成に入った頃、私は大学改組の委員として教養部廃止に向けての共通教育のあり方について連日取り組んだ。時には深夜に及んだこともある。委員の一人、経済学科の毛利先生とは、これを機会にそれぞれの人生を語ったこともある。先生は退職後病気でまもなくなったが、委員として誠実に改革の問題に対応されていたことを思い出す。法文の改組は私が停年で退職した直後に実施されたということである。大学の改革は、実学尊重で、それなりの意義があっただろう。又、教養部を廃止して、それに所属する教員がそれぞれの学部に移ったことも当然であろう。しかし私が思うのは、学部卒業後すぐ実職に役立つ教育のあり方はよいとしても、かつて教養という名で集約されていた分野が、全くむだであったとするのは、一考の余地がある。

私の人生にとって何よりも大切に思っているのは、人と人とのつながりであり、そのような思いを深める人との出合いであった。

（「鹿児島大学法文学部　五十年史」二〇一五年十月）

㈥　鹿児島「南日本新聞」記事から――●

経世済民

中国は政治優先の国である。これが長年にわたって中国を研究してきた私の結論である。中国では、古代から

「経世済民」という言葉があった。これは世を経（おさ）め民を済（すく）うということであり、世を治めるとは政治である。特に清代では経世学が一つの学問分野にまでなった。この「経世済民」という用語を縮めて「経済」と言った。従って「経済」とはまさに政治であった。

明治になって欧米の Political Economy という用語が入ってきた時、日本の学者がこの 用語の漢字として「経済」という語をあてた。この用語が清末の中国に入り、中国でもエコノミーの意味として使用するようになった。しかし中国ではエコノミーの意味で使う「経済」はあくまで学術用語であり、中国人は基本的に「経済」とは経世すなわち政治と考えているのである。

ところで現代中国で政治は共産党指導の社会主義、経済は市場経済と言っているが、これは明らかに政治優先の思想である。また社会主義の名のもとに個人の自由・人権を主張する民主化運動を弾圧するのも政治優先の論理が先行した結果である。すなわち私の自由よりも公の自由ということである。経世済民とは全体の民を済うための政治であり、特定の個人を済うのではないという考えである。

経世済民という用語は幕末の日本でもしばしば世直しの論理として使用された。しかしその用語は、明治以降ほとんど使われなくなった。日本では欧米から近代的政治・経済のしくみを取り入れる過程の中で、それに該当する政治・経済という用語を作成した。経世という用語は現代日本で久しくおめにかからなかったが、数年前自民党の大派閥が一時使用したことがあり興味深く思ったものである。

（『南日本新聞』夕刊「思うこと」一九九四年十月八日）

恥と面子

中国人は恥と面子（めんつ）を重んずる。面子とは体面のことである。これらはいずれも人間関係によって生ずるものである。恥の概念は古代社会から存続していた。春秋時代、斉の管子は、「礼義廉恥は国の四維」と言ったが、この思想は、その後の中国の為政者の心がけるべき基本的な倫理となった。中国では欧米のキリスト教のごとき神の信仰はなかった。このことは神に対して罪を告白するという意識を生じなかった。それよりも他者との関係による人倫の道を貴んだ。人に対して礼儀をつくすことと人に対して恥じない行為をするということが人の守るべき道とされた。

面子は為政者の心構えというよりもすべての民に浸透した生活習慣であった。特に明清以降の近世国家になって庶民が経済活動の面で重要な役割を持ってくるにつれ、この言葉が盛んに使われるようになった。相手の面子をつぶしては、中国人との交渉はなりたたないということである。しかもこの心理を今や上は高位高官から下は最下層の人に至るまでもっている。恥と面子とはもともとその起源を異にしていたが、共に人間関係によってなりたったものであるから相互に関連したものとなった。例えば人前で恥をかかせることはその人の体面をけがしたことになるということである。

面子の問題は個人間の関係ならまだしも、国と国との外交となるとややこしい。現代中国は事実上人民共和国と台湾の二国に分かれている。日本は政治上人民共和国を承認しているが、経済などでは台湾との関係は依然として強固なものがある。しかし今回のアジア大会での台湾行政院の副院長参加問題になると政治が顔を出す。日本が中国と台湾の体面を維持して外交を行うには、この事実を冷静に受けとめ、双方に恥をかかさない外交を探ることが必要であろう。

（『南日本新聞』夕刊「思うこと」一九九四年十月十五日）

思い出の名画

人からあなたの思い出の名画は何かとたずねられたら、私は「カサブランカ」と答える。

この名画を最初見だのは、戦後であり高校三年生の時であった。映画の筋は、第二次大戦下の北アフリカ、フランス領カサブランカが舞台であり、ハンフリー・ボガート演ずる酒場の主人と、アメリカ亡命のため旅券を求めて訪れたレジスタンスの闘士の妻となっているイングリッド・バーグマン演ずるパリのころの恋人との再会をめぐるラブロマンスであるが、映画全編をつらぬくタッチのよさと主演俳優の演ずる見事な芸に感動した。

大人になりかけの高三の私にとっては、男女の世界の微妙な感情はよくわからなかったが、バーグマンの美ぼうとボガートのかっこよさにはひかれるものがあり、私を一挙に映画ファンにした。その後カサブランカは今日まで上映されるごとに何度も観賞したし、今はビデオを買って家でも見ている。そしてそのたびごとにこの名画の心うつシーンに感動し、高三や若いころにはわからなかったところも理解できて、いつみても新鮮な印象がある。

ある映画評論家が映画館こそ学校であったと言ったが、私もそう思う。高校のころから今日まで数えきれないほどの映画をみてきたが、名作をみると思わず涙ぐんだり、拍手したりするのである。

その時、私は映画に感動できる自分を幸せと思うのである。私も映画から人生を学んだ。これは今後も続くであろう。

それにしてもこの名画の中で、ボガートとバーグマンの間にかわされるセリフの数々は、大人の恋を教えてくれるものがあった。またドイツ軍の娼婦《しょうふ》になっていたフランスの女性が、フランス国家を歌うシーンなど、いつまでも心に残るものがある。

（『南日本新聞』夕刊「思うこと」一九九四年十月二十二日）

儒教

儒教を宗教と見るか倫理とみるか両論があって今日でも意見が分かれている。最近、加地伸行氏は、儒教の本質は死と結びついた宗教であり、それは日本人の生活の中に深く根を下ろしているとのべ、儒教を単に倫理として理解しその上古い封建的なものとみることに対して疑問をなげかけているが、検討に値する見解である。ただ私は加地氏の論点に対して、儒教を宗教とのみ規定するのは同意できないで、やはり倫理としての側面を重視するのである。

中国にあっては清末から民国初めにかけてそれまでの王朝支配体制を支えていた儒教に対する大論争が展開し、王朝の崩壊とともに儒教は一時否定された。それに代わり国民党は三民主義、共産党はマルクス主義により思想統一を図ったが、儒教の礼教的側面は底流として中国社会に存続していた。

ところでここ数年来再び儒教が注目されるようになった。それは一つには台湾、韓国をはじめとする儒教圏諸国の経済発展がめざましい事実によるものである。一方社会主義中国においてもその土地改革は儒教の公地公民の延長であるとも考えられる。しかし何よりもこれらの国々にあっては、儒教の礼教的側面が尊重されており、それが家族・地域・国家のあり方にも及んでいる。

ところで日本となると戦後の経済発展が儒教と結びついていたと論じた人はほとんどないし、むしろ儒教が否定されたところに戦後の日本の発展があったという。しかし日本人の生活習慣や死生観も含めてすべてそのように言い切ることができるだろうか。儒教は否定されるものでなく、その中にある思想をくみ取って現代に生かすことこそ肝要である。

（『南日本新聞』夕刊「思うこと」一九九四年十月二十九日）

自転車道

夕方職場を出てバス停をめざして歩道を歩いていたら、突然背後からきた無灯火の自転車がさっと私のすぐそばをかけぬけていった。あぶない、と思わず叫んだが、自転車はふり向きもせず暗やみの中に消えていった。そしてまもなく次の自転車も同様に通りすぎていく。

みれば塾通いの中学生か高校生らしい。何をそんなに急いでいる。歩道を自転車道と思っているらしい。マナーなどあったものでない。こんなことを考えていると、次は女子高校生らしい無灯火の自転車である。男も女もみなルール違反している。

歩道がこんなに歩きにくくなったのは、ここ数年のことで、これは車道を走る自動車やバイクが増えたことと関係している。以前は確かに自転車は車道の側を通っていたが、それがあぶないことがはっきりしてきて歩道に進出してきた。これは法規上認められているらしい。しかも自転車には制限速度がないからか歩道を猛スピードで走ってくる。その結果一番弱い立場にある歩行者がぎせいになる。こんなばかげたことがあろうか。

そこでできれば自転車道がほしい。これは夢であろうか。数年前私はヨーロッパを旅行したことがある。確かドイツの中小都市であったか、車道・自転車道・歩道に分けられていたのを見たことがある。ヨーロッパでは市の方針で必要ならばそれを実行する。何よりも市民の生活を優先する考えが基本になっているからであろう。

鹿児島市もその点では団地に公園を造ったり広い通路を建設したりして、それなりの努力は認められるが、かんじんの市民がルールなりマナーを破るとなると、これはどうにもならないことである。

一人ひとりがマナーを守ってこそ住みよい町になろう。

（『南日本新聞』夕刊「思うこと」一九九四年十一月五日）

李白と白居易

中国の詩人の中でだれが好きですか、と問われたら私は李白と白居易（白楽天）と答える。もっとも唐詩はほかにもすてきなものがあり、いくらかの詩は暗誦《しょう》している。唐詩には人生と自然を詠んだものが多くあり、それが私の心を引きつけるのである。

李白の詩で特に好きなのは、「将進酒」の一節である。

君見ずや黄河の水天上より来るを。奔流して海に到って復回《また》らず。

君見ずや高堂の明鏡白髪を悲しむを。朝には青絲の如きも暮には雪と成る。

人生の得意須《すべか》らく歓を盡すべし。金樽をして空しく月に対せしむる莫《なか》れ。

とあり、ここには李白の人生観と自然観がにじみ出ている。何と雄大な心境だろう。一度きりの人生、それ楽しまないでいるのはおしい。酒だ酒だ。こんな感じがする。

白居易の詩では「琵琶行」が好きである。九江に流された詩人が月夜に舟上で聞いた琵琶の音色に感動し、そのひき手がかつて都で一流の歌妓（ぎ）であったが、今は零落して当地に来ているという身の上話を聞き、だれよりも涙を流して感動したという詩である。そこには人生に対する切なる思いが満ちている。人間にとってどうにもならない宿命みたいなものを白居易は見事に詩にしている。白居易はよっぽどデリケートな心の持ち主であったのだろう。

李白の豪快さと白居易の繊細な感情、これは共に私が好むところである。李白の自然に対する思いがもっとも率直に表れているのは、「山中問答」である。この詩は李白が青山の中に隠遁《いんとん》生活をした時の心境を詠んだものであるが、彼は山中を俗界と異なった別天地であるといったのである。酒をこよなく愛した人が山中の自然に親しむ、こんな李白にひかれる。

（『南日本新聞』夕刊「思うこと」一九九四年十一月十二日）

戦後五〇年

来年は戦後五十年になるので、一つの区切りとして太平洋戦争について思いおこし戦争の反省をしようとする動きがある。この戦争については、それこそ政治家も歴史家もすべての国民が一度原点にたって考え直さなければならないであろう。

私のこの戦争に対する思い出の原点は、戦争末期のあるささいな出来事であった。中学一年生の私は農業動員といって京都郊外の農家に行って労働に従事した。しかし実際のところ農業を知らない都会の少年には芋を袋につめこむ程度のことしかできず、たいして役にたたなかったと思われる。

一日の労働が終わって国鉄の小さな駅に集合した際に、私は数人の同級生が一人の同級生の背中を棒でもってなぐりつけている光景をみた。よく聞くとこの少年が数個の芋をかくしもっていたというのである。リーダー格の少年は、貴様は学校の名をけがしたとか、国民の命を守る大切なものを盗んだ非国民とか言っているのである。この少年は地面に土下座して大つぶの涙を流して謝っている。私はその時なんぼなんでもひどすぎると口の中でつぶやいたが声にならなかった。

この少年とは時々よく話していた仲であり、母一人子一人、しかも彼は脊髄《せきずい》をわずらっていたのである。こんなことがあって数ヵ月、この少年は友人ともほとんど口をきかなくなり、その後学校へこなくなったので心配していたが、まもなく脊髄の病で死亡したことがわかった。このことが私にとってつらい思い出となり、戦時下のもつ、ある非情な光景としていつまでも忘れ難いものとなった。戦争が人の心を非情にする、これが戦後私の平和を願う心と行動の出発点となった気がするのである。

（『南日本新聞』夕刊「思うこと」一九九四年十一月十九日）

阿片戦争

阿片（あへん）戦争とは一八四〇年にぼっ発した清朝とイギリスとの間の戦争である。この戦争に敗北した中国は南京条約を結んで開国するが、これ以降、それまでの中国を天朝として周辺の国々を夷狄（いてき）とする中華的世界観がくずれるとともに、一方では列強に不平等条約をおしつけられて植民地化の道を進めることになったものとして重要な意味をもっている。

私が阿片戦争に関心をもったのは、第二次大戦末期に上演された「阿片戦争」という映画を見てからである。当時米英と戦っていた日本の戦意高揚を目的として作られた映画であったが、この映画の中で市川猿之助演ずる林則徐がとてもりりしく、声高らかに「阿片を燃やせ」というセリフをのべたシーンは、小学生の私に忘れられないものとなった。

戦後私は日本がかつてのイギリス同様中国に侵略行為をしていたことを知り、大変ショックであったが、この少年の思い出が契機となり大学で阿片戦争を研究しようと思ったのである。

ところでイギリスの侵略に断固抵抗した林則徐については、中国・台湾とも文武両道に秀でた愛国者として評価しているし、また欧米の進んだ軍事・産業技術を正当に評価し、その導入を図るとともに、列強との平等互恵の貿易を模索していた点でも開明的官僚とされている。私も以上の点で林則徐を高く評価している。

しかし中国と同じ様に、欧米列強の進出に直面した明治日本において、国家を守るために尽力した人物に対する日本の歴史家の評価がそれほど高くない点については、いささか疑問をもっている。小村寿太郎、東郷平八郎など彼らの外交・軍事についての研究が深まることを望むものである。

（『南日本新聞』夕刊「思うこと」一九九四年十一月二十六日）

ある体験

今から十数年前の秋、私は京都のF病院に直腸手術のため入院していた。かいようということであったが、かなり病状は進行していて、あと半年もおくれていたら命を落とすほどの重病であった。四十代半ばの働き盛り、なんでこんな大病にかかったのだろうと思うと、ついふさぎこんでしまう毎日だった。こんな中で多数の友人が見舞いにきてくれたが、うれしい半面、自分の病状を思うと、元気な人に対するねたみのようなものさえあった。

手術の前日、見舞いにきたN大学勤務の友人は、最近私が書いた論文を大変すばらしかったともちあげ、それについての難しい質問をしたりしていたが、それさえむなしい気分であった。ところがこの友人が帰りがけに、雑誌プレイボーイを手渡し、君はまじめ過ぎるので、たまにはこんなものを読むとよいと置いていった。私は彼が帰った後、プレイボーイを取りあげページをめくると女性のはだかの特集でありきれいな肌をみていると何か生きる意欲がわいてくるのだった。

術後のある夜、病室を見回る夜勤のナースがやってきたとき、私は目をつぶってねているふりをしていた。すると突然ナースの長い髪の毛がぱらぱらと私の顔面になめらかに当たった。ナースはキャップをしていなかったのである。その時、私の体中に熱い血がかけめぐり不思議な生の喜びを感じた。うす目をあけると懐中電灯で顔を照らすナースのやさしいまなざしがあった。

現在、医学において治療技術の面で長足の進歩がみられる。しかし病気は字のごとく気を病むことで精神的な面もあり、この両面があいまって病は完治するであろう。この私のささいな体験の中で、人間が生きる喜びを感ずるとは何であるか学んだような気がするし、説教よりも友人や医者とナースのちょっとした思いやりがどれだけ大切であるかを思ったしだいである。

（『南日本新聞』夕刊「思うこと」一九九四年十二月三日）

大器晩成

大器晩成とは、大人物はすぐにはできあがらなく、のちになって大を成すということであるが、中国では古代の『老子』や『呂覧』といった書物にみえており、とてつもなく大きい仕事をする人のことをいっている。

その一方では、運、根、鈍という言葉があり、物事が成就する三要素としてあげられている。運とは運気をいい、めぐってくる機会をいう。運気は人生に幾度かめぐってくるが、その機会をつかむことが大切である。根とは根気をいい物事に耐えぬく気力である。鈍とは物事ににぶいということであるが、ここで使う意味は、物事にじっくり対処することである。

人の一生には節目節目があり、それにうまく対処できなければ、幸運をみのがしてしまうことになる。しかしそれに対処するには、根と鈍が必要である。根気よく努力し、腕をみがいておくことである。要領よく立ち回ることがすべてだという考えでは、その進むべき道を誤ることになろう。

人間の才能には個人差があり、それの発揮できる時期はさまざまである。理系・文系に適した才能もあろう。自分の才能がどこにあるかそれを見きわめることが必要であろう。そのためには人生のよき師をもって指導を仰ぐことも大切である。この点教育の分野に携わるわれわれの責任は大きい。

大器とは結局人生の晩年にあって、どんな仕事を完成したかということによってきまるものである。その仕事の内容は人さまざまであり、その人が得意とする分野では、他の人か及びようがないところに至って大を成すことになる。若いころ進学・就職など受験に失敗して自分には人生の希望がないとあきらめることなく、自らの才能を発揮できるよう運・根・鈍につとめることが肝要であろう。

（『南日本新聞』夕刊「思うこと」一九九四年十二月十日）

いじめ事件が問うもの

中学生が遺書を残して自殺するというショッキングなことが、このところ続いている。その原因のほとんどはいじめにあるという。なぜ最近こんなにいじめが多くなったかとつくづく思う。

いじめの原因については、多くの人がそれぞれの立場からのべているが、それはいちいち妥当であろう。すなわち偏差値教育の行きすぎによる輪切りのために落ちこぼれた子供たちのやり場のない行動、高度経済成長のため物質的には豊かになったが倫理・精神面での教育がおろそかにされたこと、学校・社会両方とも児童相談に関する施設の不十分なことなどがあげられている。

これらの議論のなかで私かいつも思うのは、何か事件が起こるとあわててそれに対応しようとする点である。普段からいかなる事態にも対応できるようなシステムを作っておくことが必要だし、そのような思想を大切にすることである。これには現場の先生が忙しすぎるという意見もある。それもそうであろう。しかし現在教育にとって何か一番大切かという基本的なことを考えることである。

私は戦後十数年間教育現場の経験がある。その当時の教師集団は、教育問題について真剣に議論を重ねた。学級にあっては日々ホームルーム活動を盛んにし、子供の問題に取り組んできた。このことによって、事件を未然に防げたこともある。この時にあっても、一部の先生は受験効率を高めるために、ホームルームの時間をつぶして数学の補習をし、教師集団のなかで問題になったことがある。

学校教育がすべて受験優先になると人間教育がおろそかにならないかということである。ただ私はここですべての先生が受験優先の指導をしているといっているのではない。

教育現場にあって人間教育に誠心こめてやっておられる先生も知っている。教育が国家百年の計であるという考えに立って、日本の未来を担う人材を育ててほしい。

（『南日本新聞』「南点」　一九九五年七月十七日）

科学技術と人材教育

今日科学技術は高度に発達し、人々の物質生活は限りなく豊かになっている。かといって、人々の精神生活は必ずしも豊かになったとはいえないし、むしろ精神の荒廃のため人間性が失われていく現象すら見えている。

科学技術の成果は高度な技術を駆使して新たなる物質を作り出すことに成功した。その中には、人類を死滅させる恐ろしい化学兵器の数々もあった。核兵器、細菌兵器、サリン等はまさに科学技術の成果が生み出したものである。

第二次大戦中、アメリカの物理学者は、人里離れた西部のある秘密の場所で核兵器を生産していた。またドイツ・日本でも細菌兵器・毒ガス兵器の開発を行っていた。これらが戦争という名のもとに許されていたのである。

核兵器が日本の広島・長崎に使用され、その被害の大きさに、人類は二度とこのような破滅兵器を使用しないと誓ったのである。しかしその後の世界は、大国が核兵器を開発し、それを国家防衛という名目のために容認している。

科学技術を人類の幸福のためにのみ使用する英知をもたなければならない。そのためには人間教育こそ肝要であろう。人間教育とは、人々が真の平和と正義を信念としてもつ思想を育てることである。しかもこれは一国のみならず国際社会においても達成されなければならない。

今日世界の情勢をみると各地で紛争が絶えないし、大国はまたその国際社会での地位を確保するためにのみ奔走している感がある。しかしよく言われることであるが、第二次世界大戦における唯一の原爆の被爆国日本は、核兵器のみならずあらゆる恐ろしい兵器の廃絶を主張していくべきである。

同時に、人々の心に巣くう戦争を志向する精神を取り去る人間教育の高揚もあわせて取り上げる必要があろう。

（『南日本新聞』「南点」　一九九五年七月三十一日）

集団心理の中の異常心理

人々が集団で行動するとき、個人の思想や行動が埋没されることが多々ある。たとえば中国にあっては、一時期、紅衛兵の集団が『毛沢東語録』を片手にもって「毛沢東万歳」「文化大革命万歳」を叫んだ時、それに参加した個人は、集団の力によって同じような行動をとった。

その一人ひとりの構成員が必ずしも皆同様に考えていたわけではないかもしれないが、集団の中でその異を唱えることは、身に危険が及ぶとなると、いや応なしに同調したものと思われる。こうなるとこれは集団心理というよりも異常心理といってよいかもしれない。

最近オウム真理教徒の集団の中で発生した異常な行動が問題になっている。この場合でも教祖の命令に違反することは死を意味することであると教えられていたとしたならば、その行為を実行しなければならなかったであろう。マインド・コントロールということも問題になっている。いったん洗脳されると、そこから脱却することは容易でないことは確かである。

このことを国家的規模で行ったのが、かつてのファシズムの国々であった。中でもナチズムの異常さは目にあまるものがあった。ナチス統治下のドイツでは、子供が両親を告発することも日常化していた。ある両親がたまたまイギリスの放送を聞いていただけで子供がそのことを官憲に告発した。その子供はその行為を称賛され英雄視された。これがナチスの洗脳の一例である。

集団の力を利用して個人が抹殺されること、こんな恐ろしいことはない。このような国家・社会をつくらないためには、個々の人権を大切にすることを教育を通して身につけることにあろう。そのためには、すべての人々が個人を大切にし、個人がすべての人々を大切にするという人間社会の基本的ルールが国家・社会に確立していることが必要であろう。

（『南日本新聞』「南点」　一九九五年八月十五日）

歴史家であること

昔も今も「歴史では飯はくえない」といわれるが、それでも歴史を学びたいと思う人はいる。私もその一人であるが、歴史を学ぶ動機を考えてみると、小学生のころから歴史が好きであったことは確かである。そのころ読んだ『太平記』や『源平盛衰記』などの童話本のおもしろさは、今でも忘れられないし、成長するにつれて、さらにより深く知ろうとして、物語風の歴史書をかたっぱしから読んだ記憶がある。

私の少年時代は、日本が太平洋戦争に突入したころで、皇国史観に基づく歴史書であったが、それなりに人名や事項をよく覚えたものだ。戦争が終わって皇国史観の誤りが指摘され、使用していた教科書のいたる所に黒線を引くことになったが、その時は一時的に気持ちが暗くなった。

しかしすぐその後で、今まで教えられなかった民衆の歴史を習ったときに、その生き生きとした営みに感動し、気持ちが明るくなったことを覚えている。歴史教育にあってはその時代のあり方が大きな要素であることを知り、それだけ責任があることを知った。

青年時代の私は、戦後の自由な気風のもとに、いわゆる歴史哲学にかかわる研究書を読みあさった。なかでも唯物史観はその存在が意識を決定するという原理に引かれて一時的にもっとも共感をもった。しかしある時点で人の行動を規定する意識とは何かということを思ったとき、それを社会的存在にのみ限定することは不可能であると考え、歴史研究を人間の営みという点から洗い直そうとした。

それに私の研究に大きな影響を与えた宮崎市定先生が歴史事実のもつ意味の重要性を厳密な資料講読の中で学ぶようにといておられたこともあって、私は理論よりも歴史事実と人間の営為を基本に研究するようになった。それとともに「歴史は現在との対話である」という名句があるが、歴史研究は単なる懐古趣味ではなく、常に現実の動きに対応し未来を予言するものと考えたい。

（『南日本新聞』「南点」一九九五年八月二十八日）

性善説と性悪説

昨今のもろもろの事件を見ていると、中国古代から論争されていた孟子の「性善説」と荀子の「性悪説」とでは、後者の方がより現実的な説であると思われる。

孟子は人の本性は善であり、他人の不幸や苦痛を見過ごしにできない忍びざるの心＝惻《そく》隠の心＝があるといったが、荀子は人の本性は悪であり、それが善となるのは人為によると断ずる。この人為とは礼儀の規範を教え導くことにある。すなわち荀子は人が生まれたままに放任されておくと、だんだん悪に染まり道理に背き秩序を乱すものになるというのである。

この説は清末社会秩序の乱れが目立ち始めると、世を憂う学者が好んでとりあげたが、その中で孟子の説はあくまで理念として尊重し、現実には荀子の説を採用する傾向があった。その場合、学者の解釈によれば、孟子も荀子ももともと孔子の思想に依拠して説を立てたのであるから、そのめざす方向は同一であるというのであるが、より具体的には、理念を大切にし、それを実現するのが教育であるといったのである。

また当時流入してきた西欧進化論の影響を受けた学者の中には、この孟荀思想と進化論を結びつけ、「倶分《ぐぶん》進化論」という説をといた学者もいた。

「倶分進化論」とは、人間社会にあっては善も進化するが悪も進化する。悪の進化が早まると国家・社会・家族すべてが破壊されてしまい、人類すら生存の危険にさらされる。この悪の進化をおさえるのは善の進化しかない。善の進化を促進するのは国家・社会・家族すべての分野における理念をもった教育であるというのである。彼によれば、清末の中国は、政治が利殖の手段となり、人々は利己的に行動し、まさに悪の進化が相当進行しているとみたのである。

翻って現在の日本をみれば、悪の進化が善の進化を上回っている様相がみえている。政治には理念がなく、利権が横行し、人々は政治に無関心になり、自己の享楽追求に余念がない。このような状態から脱却するためには、清末の学者がとく善の進化を促す教育があると思うものである。

ただ、現在の教育が人間教育を忘れ、受験のみを目標とするのであれば、それはむしろ悪の進化に寄与することになろう。孟子のとく理念を大切にし、荀子のとく礼を生かした教育の意味をもう一度検討する必要があろう。

（『南日本新聞』「南点」　一九九五年九月十七日）

ゆとりある教育を

ゆとりとは心に余裕をもつことである。現代は日々めまぐるしく過ぎ、ゆとりをもつ時間がないと言われている。文部省は、ゆとりある教育をと一応はのべているが、現実はそういかない。もしも受験教育を怠ると希望する学校には入れないし、そうなると学校を卒業しても一流企業に就職できない。そのため幼児から塾通いし、学校に入っても受験、受験と追われている。

ここ鹿児島でも少年が放課後遊んでいる様子が見られないし、むしろ塾通いのため疲れきった顔で夕方バスに乗っている。まったくゆとりがみられない。おそらく高校時代に受験以外のことをやる余裕がないのであろう。

昔の高校生はこの時代に、理系・文系の区別なく小説や哲学書を読んだり、また旅に出て見聞を広めたりした。この時得た感動は一生忘れられないものでありその後の人生の支えとなったであろう。

しかし昔は高等学校にいける人はほんの一部であり、大多数の若者は職場勤めをし、身を粉にして働いていたという反論があろう。それはその通りである。しかしこの若者たちもそれぞれの職場で人生の糧となる経験を身につけていたのであり、それは生き方の問題として考えたい。

ただ私は戦後六・三制実施により、すべての青少年に機会均等の教育を実施した点の意義は認めている。ここで言っているのは、教育の中身の問題である。

戦後大学の教養部が設置されたのは、かつての旧制高等学校の果たした役割を担うという意味もあった。ところが受験教育に疲れた若者は教養部をまったく息抜きの場とし、無為に過ごした。教養部が人間教育の場として機能しなくなったのは、このような背景があるからであろう。

学生がゆとりある生活をもつためには、幼児からえんえんと続く受験教育の問題点を洗い直す必要がある。

（「南日本新聞」「南点」　一九九五年九月二十六日）

官僚と汚職

最近中央官庁の官僚と企業との癒着が問題になり、関係者が断罪された。それ以前にも地方官庁の官僚が入札の特権を受け断罪されており、ここ数年、官僚と企業との癒着構造が明るみに出て、綱紀の粛正が主張されている。官僚と企業との癒着構造を是正するにはどうすればよいか、これは重要な政治課題である。

官僚制度が早くから発達していた中国では、官僚と関係者の癒着がしばしばおこり、これが断罪事件になったことが史上多々あった。特に黄河治水に関連した汚職が一番問題になった。河工を監督する官庁が、治水のために支出された経費を着服したり、また接待費と称して治水経費を飲食に回して浪費したりした。

これを見かねたその地方の憂国の文人が中央官庁の監察官に事実を報告し、事実が明るみになった。中国には官僚制にまつわる汚職を摘発する機関として監察官（御史）の制度があった。民国になって孫文が欧米流の三権分立に、考試権と監察権を加えて五権分立にしようとしたのは、まさに教育と監察が国家の仕組みの上で大切と認識していたからである。

日本でもこのように構造的汚職が続くようならば、官僚を監察する機関を特別に設置することが必要であろう。しかし機関の設置とともに、やはり官僚の倫理観も大切である。かつて東京大学総長が、卒業生に対して「ただ酒を飲むな」とのべられたことがある。これは名言である。総長は、卒業生がいずれ中央・地方官庁や企業の要職につく人々であることを見越して、公人としての心構えを大変わかりやすい言葉でのべたのである。

現在、当時大学を卒業した人々が要職にあるが、この総長の名言を肝に銘じていたならば、ただ酒を飲んで接待を当たり前のように考えることはなかったであろう。官僚の行為は一人ひとりが公人としての自覚をもつことにあり、公私混同を厳に戒めなければならない。

（『南日本新聞』「南点」　［一九九五年十月九日］）

生涯学習

だれでも人は定年を間近にすると、一体自分の一生とは何であったかと思うものである。若いころよく、一人前になるということは、できるだけよいところに就職し、結婚して家庭をもち、人並みに暮らすことだと言われてきたが、かりにこれらのことが万事うまくいったとしても、十分な人生を送ったかといえば、必ずしもそうでない場合もある。

若いころにはそれなりに目標があった。職場ではよい地位につくこと、家庭ではよい子を育てること、それに夫婦円満であれば、これほどよいことはなかった。

しかし定年間近になり、子育ても終わり、子供がそれぞれ独立して家庭から離れてしまうと、人は目標を失うし、その上仕事もなくなると、今までの自分は一体何であったかと思うことがある。このころになると日一日と老いていくし、若いころの元気もなくなってくる。

老いだけではない。病気も確実にしのびこんでくる。夫婦円満であれば、まだ二人して助け合って老後を暮らすこともできる。が、しかし、長年連れ添った夫婦でも心が離ればなれになって会話もほとんどない場合もある。最近こんな家庭が増えているとよく耳にする。

こんな時に人々は一生やれる仕事なり趣味なりをもっていると、それが生きがいになるだろう。よく生涯学習の大切なことが言われるが、その基本はこんなところにある。生活の糧としての仕事ではなく、自分を含めて周囲の人々にも役立つ仕事であれば、なおよいであろう。また趣味をもつことが、どんなに生きる喜びにつながるか、はかりしれないものがある。

そのためには、早くから自分の趣味を生かすよう心がけるとよい。定年を迎えた夫婦が、それを機に大学に入ったという例もある。学習する喜びは一生のものであり、これがある限り、人々はいつまでも若い気持ちをもち続けられる。これこそ真の意味の生涯学習である。

（『南日本新聞』「南点」一九九五年十月二十三日）

陰と陽

先日ある政治家が、山陰は暗く陰湿な感じ…うんぬんの発言があり問題になったが、この政治家の真意はともかく、この地方を山陰と呼んでいるのはそんなに深いわけがあったのではない。

中国山脈を挟んで南側は山陽、北側は山陰と言ったのである。ただし、どちらかといえば山陽は晴天が多くからっとしており、山陰は曇天が多くじめじめしているという気候のせいもあって、人々に山陽は明るく山陰は暗いというイメージを与えている。

しかし、この印象はあくまで主観的なものであって、山陰には山陽にない自然のよさもあり、一概にどちらがよいとはいえないものがある。

ところで陰と陽という言葉の由来は中国にあり、陰陽は天地間にあって万物を生ずる二気であり、日月・寒暖・男女の性など相対するものをいっていた。すなわち太陽は陽、月は陰であり、男は陽、女は陰である。中国の古典に「陰陽和して、のち雨沢降る」という言葉があり、その意味は、陰陽の二気が相調和して後、雨が降るというのであるが、これは夫婦が和合して家道が初めて盛んになるというたとえとしても使用されている。

このように陰陽はどちらが欠けても不十分であり、両者がそろって初めて自然界、人間界の調和が完成するというのである。この調和の思想こそ今日人類がもっとも大切にしなければならないものである。

とかく陰には陰気・陰険・陰うつ・陰謀などよくない性格や行動を示す言葉として使用されており、そこから受ける印象が強烈なので、陰そのもののもつ本来の意味が失われている。しかし陰は陽とあいまって一つの調和のある世界を作り出す意味であることを確認する必要があろう。

太陽の輝く夏と、雪の降る冬があるので四季のおもしろさがあるし、男と女が存在するから人間界は楽しいのである。陰陽の思想は男と女とがお互いのその特色を尊重して一つの円満なる関係を作り出すことにあろう。

（『南日本新聞』「南点」一九九五年十一月六日）

拝金主義

昨今の中国では、人々が目標とするものは金をためることにあるという思想が横行している。現に政府が経済特区と指定した上海などの沿岸都市では相当な資産をためたものが輩出し、貧富の差が進行している。これは現政府の、豊かになれるものから豊かになるという方針によるものである。

十数年前までの中国では、毛沢東の「乏しきを憂えず、均《ひと》しからざるを憂う」という思想のもとに、人の貧富の差をなくそうとする政策がとられていた。そのため工業・農業とも国有化・集団化を推進した結果、人々の生産意欲の減退をもたらした。

その反省として、現政府によって政策転換がなされたわけである。そのことによって国民総生産力はあがったが、貧富の差など新しい社会問題も生じた。特に人々の思想の中に極端な拝金主義がはびこるようになった。

このような中国の動静を隣国日本人がどうとらえるかということである。お隣で起こっていることなので放っておけばよい、というのも一つの意見である。かつて日本は中国の問題に干渉しすぎて不幸な戦争を引き起こしたという反省がある。

また中国の動静を他山の石として日本の進路を誤らないようにする、という考えもある。金がすべてであるという考えのもつ危険性である。金もうけより大切なものがあるはずである。

この二つの意見はそれなりに妥当性はあるが、一つの提案として、両国ともにみられる拝金主義について、一度両国の学識経験者や国民も参加できるフォーラムを開催してみてはどうだろう。過日、北京では女性問題についてのフォーラムがあり、それなりの成果をあげたと聞く。

今後、真の意味で世界が一つになるには、現在世界が抱える重要な問題について、世界中の人々が一堂に会して議論をすることが大切であると思うものである。

（『南日本新聞』「南点」一九九五年十一月二〇日）

中庸に徹する

最近議会における議決のあり方について疑問に思うことがある。それは議決に際して審議が十分行われたかということとともに議決の仕方についての問題である。

すなわち会議で議決するときに多数決の方法が取られるが、そのばあい少数意見が無視されることが多い。議論が深まらない状態で議決が行われると大勢に従う多数意見が採用されることがある。多数が賛成したということで少数が無視されることはよくないであろう。

このことについて、提言したいのは物事を審議する関係者すべてが公正な態度を持ってほしいということである。公正な態度とは、「中庸」に徹するということである。

「中庸」とは、右にも左にも偏らないこと、そして過ぎた状態と及ばない状態の両端にならないということである。しかもこのことは左右両端を捨て去るのでなく、両手にしっかり持って均等に歩み寄り、質的な高まりを見せることを意味している。（金谷治『中国思想を考える』参照）

さらに中庸を守るとは、かたくなに自分の意見を守るということでなく、一人ひとりが主体性をもって事態の推移を見極め、判断することが大切である。これらは一見わかりきったことであるが、人々が議論の場に臨むとき、公正さを忘れ、数のみが先行して肝心なことをきめてしまうことが多い。

一連の議会における石橋論議に際して、問題の本質よりも議論の過程のみが浮きぼりにされていたように思われるし、行政側の筋書き通り執行するように議会がそれに合わせていた感がする。

本来は民意の反映としての議会が意見をよく聴取して公正な判断をする必要があった。住民にとっては、今回の議論の過程を通じて現地保存であれ移設賛成であれ、議会が十分審議したように見えなかったし、少数者の意見はほとんど不問に付せられた感が強い。

このほど県文化財保護審が文化財保護の観点から公正に審議され、苦渋の答申をされたことを行政が尊重されることを望む。

（『南日本新聞』「南点」　一九九五年十二月四日）

鹿児島と長沙

鹿児島が、中国湖南省の省都である長沙と友好都市となって十年近くたつ。この間、両市の間で市当局・市民の往来もあり、友好を深めつつある。また鹿児島大学も長沙近郊の湘潭大学との間に学術協定を結び、研究者・学生の相互交流を行ってきた。

このようにみると、鹿児島と長沙の交流は万事うまくいっているようにみえるが、いまひとつ実感がともなわないことも否めない。その理由は国際交流のあり方に問題がある。ただ数多く往来すれば成果がでるものではないし、その成果も政治的・経済的効率があればよいというものでもない。

問題は相互の間にどの程度文化的交流の認識があるかということである。もしも真の交流を望むならば、文化・学術面も含むもっと奥深いものでなければ、定着した関係にならないであろう。

交流協定が結ばれてまもなく、天保山公園の一角に長沙近郊の岳麓山にある愛晩亭にちなんだ建物が造られた。この単なる模倣物を友好の印として、本当に大切に思っている市民はどのくらいいるだろう。これを両市の友好のシンボルと考えるならば、もっと積極的にその意味をあらゆるところで問わなければならない。

文化交流といえば、行政レベルでお祭りなど何か催しをやって、それですんだとする向きもある。しかし文化とは人間の心に根ざしたものであり形式的な行事ではない。

最近日中間の交流にひずみが生じていると聞く。ひずみの理由は相互のものの見方ややり方に違いがあることを冷静に見ないところにある。日本と中国は一衣帯水といい、文化の面での共通性を強調する向きがあるが、両国の国民性はかならずしも同様ではなく、差異がある。中国のことを知るためには、その歴史と文化をきっちりと学ぶことから始めなければならない。
友好とはその上にたって進めるべきものであり、単なる目前のことにとらわれているのであれば、それはやがて形骸化することになろう。

（『南日本新聞』「南点」　一九九五年十二月十八日）

３Ｓ政策

３Ｓ政策とは、Ｓｐｏｒｔｓ・Ｓｃｒｅｅｎ・Ｓｅｘの三頭文字を取った言葉で、第二次大戦後のある時期に流されたことがある。戦後の日本にあってそれまでの国家体制が崩壊し、アメリカ軍による占領政策が行なわれていた時に、それに反対する人々がのべたものと思われる。すなわちアメリカは、この政策によって日本人を軟弱化し、日本をいつまでもその支配下に入れておこうというたくらみがあるというのである。

当時高校生であった私の耳にもこの言葉がささやかれたことを覚えている。しかし私は、これにはどうしても納得できなかった。むしろ戦中の暗い現象がやきついている私にとって、戦後それから解放された明るさと、文化や体育活動における自由な雰囲気のもつよさを考えると、これらの政策が日本人をだめにするとは思われなかったのである。戦後まもなくスポーツ界において、水泳の古橋の活躍や、復活したプロ野球のおもしろさ、また映画界においてアメリカ映画のもつ自由な楽しさ等々は、むしろ生きる喜びを与えるものであった。

３Ｓ政策という言葉は、日本が独立を回復して以後使われなくなったが、３Ｓのあり方が人生にとって大切なものであるという考えのみは身についた。３Ｓによって堕落するのでなく、幸せを得る手段になるのではないかと思うのである。スポーツは健全な身体を養うし、スクリーンは人の生き方を映像を通じて学べるし、性の問題は人間生存に係わる大切なことである。

だがこれらが行き過ぎるとかえってマイナス効果になることもある。最近メディアを通じて流されるこれらの情報の中には、時に健全さよりも不健全さが目立つことがある。かつてこの3S効果によって滅亡したローマ帝国の轍《てつ》を踏まないようお互いに心がけるべきであろう。

（「ある日のエッセイより」一九九五年十二月）

修身斉家治国平天下

表題にある語句は、朱子が選んだ「四書」の一つ『大学』の「経文」の一節である。その意は、心を正しくして後に身修まり、身修まりて後に家斉《ととの》い、家斉いて後に国治まり、国治まりて後に天下平らかなり、ということであるが、これは上は天子より下は庶人に至るまで、一貫しているというのが朱子学の特徴である。

戦前の教育では、この最初の語句を道徳教育の科目として採用していたのである。戦後この科目が皇国教育に寄与したものとして廃止された。この点は確かに言える。しかしこれはあくまで朱子学の日本的解釈であって、本来の意味は、修身を以て本となすということは、身は本であり、天下国家は末であると言っているのであって、上からの命令を下に及ぼすという日本的解釈とは逆である。それを戦後の教育は、この『大学』の「経文」の意図するものをすべて含めて否定した結果、身を修め家を斉えるという家庭生活の基本にかかわることすら言わなくなってしまった。

私は決して戦前の家族制度がすべてよかったと言っているのではない。家のため国のため身を捧げるということが主張され、尊い人命が失われた歴史を忘れてはならないと思っている。しかしそのことと家族制度を結びつける論理には賛成できない。国家・地域・家庭の中にあって、個人が尊重されることの意味をもう一度問い直さなければならない。

中国革命の父、孫文は『三民主義』の中でこの『大学』の「経文」を取りあげ、これこそ中国のよき伝統であり、子孫に伝えていくべきものであると言っているが、孫文は国造りの基本を一人ひとりの人間の心におき、これが家庭・地域・国家に及ぼしていくことの大切さをといたのであり、近代の日本もこの孫文の見方を習うべきであったと思うのである。

（「ある日のエッセイより」一九九五年十二月）

その三　鹿児島での友情と趣味

太白会（1991年頃）

中国近代史研究会のメンバー
（左より瀬角君、筆者、宇田君、上園君、2005年頃）

(一) 水枝谷先生の退官に寄せて——●

江戸時代の京の儒者　伊藤仁斎は『論語』「里仁篇」の「夫子の道は忠恕のみ」という名言を人生のモットーとしていた。忠とはまごころ、恕とは思いやりといった意味であり、人と人との関係の中で一番大切なことは忠恕で、孔子はこの思想を尊重していたというのである。仁斎は、当時朱子学を体制教学としていた幕府が、それを上下身分の思想に用いたのに批判的で、孔子の思想の原点に戻って人生の意義を考えようとしたのである。仁斎は同志会を作り、公家・町人・医者等の文化人との交游を深め会合を重ねたが、そこでは必ず酒食を伴い、遊びの会でもあった。この自由な雰囲気こそ仁斎の会の特徴であった。

明治になって日本は、欧化政策の採用によって欧米から様々な思想や技術を学ぶことになり、それぞれの分野で驚異的な進歩がみられた。医学の世界でも欧米の進んだ技術を学ぶことによって、それまで不治といわれた病を克服することができた。しかしその反面、医術を支えた精神的な拠り所が忘れられる面もでてきた。明治の文豪　森鷗外は軍医としてドイツで最新の医術を学びながら、このことに気づき、帰国後、小説家として西洋文明摂取の意味と東洋精神のあり方について追究した。これは幕末、佐久間象山や横井小楠が提起した西洋器械（技術）と東洋道徳の相互関係をどうみるかという問題を考えることである。儒教が理想とした医は仁術であるという意味の追究である。

今日、科学万能の時代になって倫理の大切さが叫ばれている。科学が人の生命を脅かすのでなく、大切にする意味が問われている。水枝谷先生の生き方の中には、この人の生命を大切にするというもっとも基本的な倫理がみられるのである。先生が書かれた文、お話になったことの中に、今日医者が心得なければならないものがにじみ出ている。先生が酒食を楽しみながら遊び心でもって語られたことの中に、人生の機微にふれる内容がみられる。忠恕の精神に基づき人と人とのつながりを大切にする心、すなわち仁こそ先生の人生観であろう。

（「医の源流と支流」水枝谷渉　一九九五年八月）

水枝谷先生のこと

先生とは天文館のワインの会の席上で初めてお会いした時からその人柄にひかれ、その後もお付き合いするようになった。先生がワインに親しまれるようになったのは、かつてドイツに留学された時からであるが、そこで味わったワインの美酒が忘れられなかったとお聞きしている。先生はそこで知り合いになったドイツの女性と共にワインのお店や美術館巡りをされたようで、これらが先生の人間性をいっそう深めたようである。先生は著名な麻酔学者であるが、人を酔わせよい気持ちにさせるテクニックは案外こんなところにあると思っている。先生は私と出会うといつも中国思想についてお尋ねになる。これは私の専門が中国思想、特に儒学の研究にあるからである。医者としての先生は、医は技術だけでなく思想すなわち人としての生き方が大切であると常日頃考えていられる。私はこんな先生に儒学のお話をすることがある。こんな時私は先生に江戸時代の儒者伊藤仁斎の生き方を例にあげることにしている。

仁斎は江戸初期京都に住んでいた儒者で、京都の公家・町人・医者と幅広く交際し、儒学を人生のより所とする意味をといていた。仁斎は特に『論語』里仁篇にある「夫子の道は忠恕のみ」という名言をモットーとしていた。

ここでいう忠とはまごころ、恕とは思いやりという意味であり、これに向かって進むことが人と人とのつながりを大切にする仁ということになり、これこそ人生にとって大切であるというのである。これを今日的に解釈すればヒューマニズムということになろう。

今日科学万能の時代になって倫理の大切さが叫ばれている。科学が人の生命を脅かすのでなく、大切にする意味が問われている。先生の生き方の中には、この人の生命を大切にするという最も基本的な倫理が伺われるのである。しかし先生がこちこちのリゴリストでなく、人としての生の喜びを十分に身につけていられる点ほほえましいものがある。ワインを味わい、美術を鑑賞し、儒者の生き方を身につけていられるそんな先生を尊敬するのである。

（「水枝谷先生退官記念パーティでの講話要旨」一九九四年吉日）

㈡ 瀬角君・宇田君・上園君のこと――●

鹿児島には「中国近代史研究会」があり、この会の主催責任者は上園正人君である。これは上園君自身が設立し、私が顧問ということで私が定年で鹿児島大学を退職した頃から年三回、四月、七月、十一月に鹿児島で会合し、そこで中国の近代資料を講読している。その資料とは、清末道光・咸豊・同治・光緒の地方官の上奏文を読み、その内容について討論することになっている。会の中心メンバーは瀬角・宇田・上園君であり、この三人は創設以来今日までほとんどかかさず参加している。私は今年八十六才になるが、平成二十年、妻が病気・入院・死亡した年以外は必ず参加している。この三人とは、私が昭和五十四年四月、鹿大に赴任した時以来の付き合いである。

瀬角君はその年鹿大を卒業した。垂水市役所に就職し、まもなく結婚したが、その席に私もよばれた。これを契機として、私はしばしば瀬角君と会う機会があったが、ひんぱんに会うようになったのは、むしろ私が退職し、研究会が始まって以来である。その頃瀬角君は垂水市役所の役職についていたが、その一方郷土垂水の雑誌を作ることに意欲をもやし、「七岳」という雑誌を公刊した。垂水は錦江湾にそびえる桜島の東方、大隈半島にある港町であるが、桜島大根・びわ、それにみかん、更に海辺で、はまち・ぶりの養殖もさかんであり、私はこれらの物産をいつも送って頂き感謝している。

宇田君は私が鹿大に赴任した年、一年間在学していたこともあり、その後の進路のことなど相談をよくうけた。宇田君は薩摩半島西部東シナ海に面した吹上町の出身であるが、大学卒業後、京都に行き京都大学の聴講生をへて龍谷大学の博士課程に進学している。私の一人息子誠の家庭教師をしていただいたこともあり、誠は宇田君をいまでも兄のようにしたっている。今では帰郷後郷里の高校の講師をやり、同町出身の小学校教諭の奥さんと暮らしている。

上園君は、私が鹿大に赴任した時、四回生であったが、その頃から先輩の瀬角・宇田君とは親しくつきあう仲であったようだ。上園君の出身地は、東シナ海に面した串木野近郊の市來町であった。私が上園君と再び会うようになったのは、鹿大に大学院ができた時からであった。私は大学院の資料講読に清朝の上奏文を用いたが、この難解な文章をいつも熱心に読むと共に、私が清朝の研究者であるので講義テーマに選んだ清末の政治思想史にも関心をもつようになった。それと共に郷里鹿児島の幕末の郷土史に関する研究も行なうようになった。更に私の学位論文『清代政治思想史研究』を始めとして、私がその後、公刊した拙著の校正は、ほとんど上園君がやってくれるようになった。上園君には前記中国の近代資料の内、清仏戦争上奏文を選集した『近代中国外交資料訳注』(二〇〇四年三月、朋友書店）がある。この著の付論に「幕末維新期の鹿児島と万国公法」をのせ、そこには「和訳万国公法」を公刊した薩摩出身の重野安繹について書いている。

私が鹿大を退職した際、上園君は「行雲」という私についての思い出をのべた文集を刊行された。上園君の他、宇田・福元・野村・堀之内・宮永・宗像君など主に大学院生と歌人の森孝子、邊見京子さんから心温まる文を頂き感謝している。題名の「行雲」は宋史・蘇軾伝に「作文如流水行雲」とあり、また李白の「憶旧遊寄譙郡元参軍」という詩の一節に「清風吹歌入空去、歌曲自繞行雲飛」とあるところから来ている。いずれにしても私が鹿児島で「太白会」という市民を対象とした中国の歴史や漢詩などを読む会をしていたことに思いを寄せたから、この思い出集の題名にしたのであろう。太白とは、李白の字であり、会の主催者であった邊見さんが名づけたものである。ところで最近五年間、鹿児島での研究会で中国資料講読と共に漢詩の講読も行なうようになった。漢詩を読むことによって単にその詩の訳だけでなく、そこにみられる人生についても語ろうというものである。瀬角・宇田・上園三君ともすでに還暦をこえ、ここから更なる充実した人生の歩みを続けることになろう。

（二〇一八年　記）

ある決心

よく友人から君は十二年間も在職していた中学教師を辞めて大学院で勉強する気になったねと問われることがある。そう言われてみると、確かに十二年間の教師生活もさることながら、結婚してまだ五年足らずの時であったので、相当の決心であったと言える。

しかし動機は、一つには私の父の死があった。父と同居していた私は、何かにつけて父を頼っており、本当の自立はしていなかったようだ。その父が私の三十二歳の梅雨の頃、突然脳溢血で倒れ五日後に死んだのである。父は私によく人生のモットーとして「身を捨ててこそ浮かぶ瀬もあれ」という気持ちを大切にするようにいっていたが、父の死をきっかけとして、この言葉がよみがえってきたのである。私はかねての思いであった歴史の勉強をもう一度しようと心に決めたのである。この考えに同意してくれた妻とともに、即座に通信教育を利用して勉強することにした。

父の死んだ夏、私は法政大学での、妻は玉川大学でのスクーリングを受けるために、東京に約一ヵ月間下宿することになった。この年（昭和三十八年）の十月に東京オリンピックが開催されることになっていたので、東京は道路やビル建設ラッシュに沸き返っていた。この活気と学習への意欲が、父の死で沈みがちな私の心に生命の躍動感を与えることにもなった。法政大学では日・東・西の歴史学やフランス語・英語などの語学を勉強したが、日一日新鮮な学習の喜びが味わえ、思い切ってスクーリングに参加してよかったとつくづく思った。

帰京後、私は通信科目の幾つかのレポート作成をする一方で、トインビーの『試練に立つ文明』を洋書で読み始めた。それは、もし可能ならば京都大学の大学院で勉強してみようと思ったからである。そのためには、試験科目として英語がある。しばらく英語を勉強していなかったので、実力をつけなければならないと思い、毎日少しずつこの書を読んだのである。それとともに次の年の夏休みを利用して、大学院に提出する論文として清末の経世思想家魏源の研究をしたのである。当時中学校での教育は、授業だけでなく、生活指導や教育研究など、大変多忙になってきていたが、その合間をぬっての大学院受験勉強は正直言って、かなりきつかったといえる。それでも一度決心したことはやり遂げたいというのが私の信念であった。

また同じ中学教師をしていた妻が大変よく協力してくれた。それは私が首尾よく次の年の春、大学院に合格し、院に入学するか、現場に残るかという最後の決断に迫られた時に、妻は私の入学に快く賛成してくれたのである。これからは妻の収入で暮らさなければならない。私はできるだけアルバイトをして学費をかせごう。私の家も予備校生に貸して生活費の足しにしよう等々、多くの生活の切り替えがあったが、これで勉強できるという喜びは何物にもかえがたいものがあった。

私の恩師佐伯先生が、よく人生で一つの仕事をやり遂げるぎりぎりの年は三十五歳からであると言われたが、私は正にその限界に立っていたのである。私にこの決心をさせたのが父の死であったことは、人生における節目にあって亡き父が私の進路を示してくれたような気がするし、またこの私の決心をいろんな面で支えてくれた妻に心から感謝するのである。

（「行雲」一九九七年）

大谷先生の思い出

宇田恒久

大谷敏夫先生が島居一康先生の後任として鹿児島大学に着任された昭和五十四年の春、私は、同期の甲斐君・加藤君の両名とともに鹿児島大学での五年目の学生生活を迎えようとしていた。着任されたばかりの大谷先生にとって、私たち東洋史専攻の留年組三名はお荷物であったにちがいないが、私は、留年したからこそ大谷先生に出会えたのだと、この運命を嬉しく思っている。十八年前、騎射場の小料理屋でひらいた歓迎会の席で、先生は芋焼酎をおいしそうに召し上がり、「よさこい節」を唄われた。つい昨日のことのように思い出される。

私が大学で学生として先生から御教授いただいたのは、昭和五十四年四月から翌年三月までの一年間である。卒業論文を御指導いただいたのは勿論であるが、それ以外にも演習や講義の時間にいろいろなことを教わった。演習のテキストは『史記』の「太史公自序」であった。先生が「『史記』を読みましょう。」とおっしゃった時、私は衝撃を覚えた。なぜなら、東洋史専攻の学生であったにもかかわらず、それまで中国正史の第一に位置する『史記』をまともに読んだことがなかったからである。今にして思えば恥ずかしい話である。宮崎市定先生の『史記を語る』を読んだのもこの演習がきっかけであった。私などこれほど無学であったが、先生は我々の読みの誤りを一字一句正され、時にはとことん我々に考えさせ、時には懇切丁寧に解説をされた。

また、大谷先生は学生が先生の研究室を訪ねることを厭わず、むしろ歓迎して下さった。よく質問にも伺ったが、先生は話題豊富で、私たち学生を相手に歴史はもとより映画・音楽・相撲 etc.の談話をされることも多かった。「耳学問も大事です。」とよく言われたが、御多忙の時は私たち学生の訪問はさぞ迷惑であったろう。

大学卒業後、私はさらに幾重にも大谷先生にはお世話になった。自らの怠学をも顧みず、大学院への進学を志望した私は、当時は鹿児島大学の法文学部に大学院が設置されていなかったため、他大学の大学院を受験したが、案の定悉く不合格となった。報告のため研究室をお訪ねしたところ、先生は京都大学での聴講を薦め激励して下さった。退出しようとした時、先生は私に次のように言われた。「京都大学の授業を聴講したら、君は中学生がいきなり大学に入学したような気分を味わうだろう。しかし、投げ出してはいけない。」と。実際そこまでひどくはなかったが、聴講生として京都大学に在籍することを許された三年間は、私にとって貴重な体験であった。その後、私は龍谷大学の大学院に進み、鹿児島大学を卒業して以来、十年余りを京都で過ごすことになった。その間大谷先生とは京都でお会いする機会が多かった。途中で失望し鹿児島に帰ろうかと思った時もあったが、その度ごとに先生に叱咤激励された。

また、京都では、私は先生御自身のみならず先生の御家族にも一方ならぬお世話になった。大学院に進んで間もない頃、先生の御子息の誠君は高校生であったが、なんと、先生は彼の英語のチューターを語学が不得意な私に依頼されたのである。これが、先生の御家族とのおつきあいの始まりであった。私にとっては、生活の一助ともなり、英語に対する苦手意識を克服する良い機会ともなったが、誠君にとっては、私の指導はむしろ学力に悪影響であったかもしれない。にもかかわらず、週に二回お会いする先生の奥様は、逆に慣れぬ土地で生活する私の身を案じられ、いろいろとお気遣い下さった。その後、誠君は大学・大学院へと進学し御活躍とのことである。

家庭の都合で鹿児島に帰った私は、しばらく職も無くぶらぶらしていた。そんな時、旧友の上園正人君の誘いで週一回『資治通鑑』の輪談会をやることになった。先生もこの会に参加され、貴重な時間と場所を提供して下さった。この輪読会は、学問への情熱を失いがちな私には大きな刺激になった。現在、私は高校の教壇に立つ日々を送っているが、今の私が在るのも大谷先生のお陰と深く感謝している。と同時に、先生の学恩に何一つ報いていない自分を恥ずかしく思う。

長年にわたり大谷先生にご教示いただいた私たちにとっては寂しいことであるが、先生が無事に退官の日を迎えられたことをお慶び申し上げるとともに、先生および御家族のご健康とご多幸を心よりお祈り申し上げたい。

（「行雲」一九九七年）

大谷先生と学問・映画・旅

上園正人

大谷先生が鹿児島大学に赴任してこられたのは一九七九（昭和五十四）年のことであった。私は三年生であった。私には記憶がないのだが、この時、宇田さんや甲斐さんら先輩が騎射場の飲屋て歓迎会を開き、キープしてあった焼酎一升ビンをドンと先生の前に出してきたことに、驚きもし、豪快だなと感じられたということをその後先生からお聞きした。私たちその時の学生は、先生が大病をされた後であったことなどまったく知らなかった。

私は大学を一年遅れて卒業した。しかも就職もできず、宙ぶらりんの生活が始まった。そんな私を見かねられた先生から、漢文史料の講読の手ほどきを受けることになった。最初は、『民国江南水利志』というものであった。その後、胡林翼の『胡文忠公全集』も、少し読んだ。胡林翼は太平天国鎮圧に活躍した漢人官僚の一人である。私の卒論のテーマが太平天国であったことを考慮されてのことであった。

先生は、自分の研究は上（官僚・知識人の側）から見た歴史である。自分の学問の弱い点は、民衆の側の歴史であると、しばしばおっしゃっておられた。自分はやれないから、君がやれと、ことある毎に激励された。先生ご自身も、太平天国には強い関心を持っておられた。

鹿大文学部に大学院ができることになり、先生からその受験を勧められた。そして一九八六（昭和六十一）年に第一回生として入学することができた。

大学院の二年間はあっという間に過ぎてしまった。そして出来の悪い修論を提出して卒業することになった。これはその後知合うことになった幾人かの院生の修論を読ませてもらっていよいよ自分の修論の水準の低さを痛感した。

大学院時代、清朝道光時代の上奏文を読んだ。この講読は呑込みが悪くて大変苦労したが、上奏文をきちんと読めるようになることの重要性を先生から繰り返し教えられた。その後、ある上奏文の訳註を「鹿大史学」に掲載する機会をつくっていただいた。しかし、今もってきちんと読める自信はついていない。読み方に我流がついてはいけないということもしばしば注意されたが、今でも我流が完全には抜け切れていないということを思い知らされることが時々ある。

私が院を卒業して数年した頃から、先生はそれまでの研究成果を次々に著書にまとめられ始めた。そして私は幸運にもそのお手伝いをさせていただくことになった。その最初が『清代政治思想史研究』（汲古書院、一九九一）の出版であった。何から何までまったく初めての経験であった。そのため、校正についても、結局あちらこちらにミスや漏れを残す結果となった。この著書は若い研究者から注目されて書評が書かれただけでなく、日本史の研究者からも反響があった。このことを先生はとても喜んでおられた。

ところで、これを契機として、先生からいろいろなお話をうかがうことができた。そして様々な問題を議論した。話題は歴史のことだけでなく、時の内外の政治・社会問題から文学など多岐にわたった。ただ私の方はトンチンカンな受け答えをすることが多かった。盛んに議論し合うことによって問題意識を深めることは、学問研究にとって重要なことであると教えられた。また、歴史は過去の事柄を研究する学問ではあるが、現代を無視してはいけないということや、近代史を研究する場合でも古代、少なくとも宋代以後のことが分かっていなければいけないということ、また学問上の自らのコーナーを持たなければいけないということなどを、繰り返し教えられた。

一九九三年には『中国近代政治思想概説』を同じく汲古書院から、一九九五年には『清代政治思想と阿片戦争』を同朋舎出版から出されたが、これらもお手伝いさせていただいた。

そしてさらにはアメリカの研究者フェアバンクの著書〝ＣＨＩＮＡ〟の翻訳のお手伝いまでさせていただいた。英語の出来がよくなかったので、どれだけお手伝いできるかまったく心許なかった。出版にこぎつけるまで足掛け四年はかかったのではないだろうか。おりしも先生は、大学改革問題で連日のように会議があり、なかなか翻訳の方に集中することがおできになれず、イライラされることもあった。しかし、時間があれば、フェアバンクの歴史観についていろいろと議論した。そして最後の最後まで、翻訳の文章の手直しが進められた。そして一九九六年やっと太田秀夫先生との共訳で『中国の歴史』（ミネルヴァ書房）として出版されたのであった。

最後に先生が参加された研究プロジェクトのお手伝いをさせていただいて、薩南学派、特に文之の事などを知ることができたのは、地元鹿児島の人間としては有難いことであった。

先生は映画がお好きである。先生の映画との関わりについて、お話をうかがう機会も多かった。映画「青い山脈」で、中学教師になろうと思われたという話、阿片戦争をテーマにした映画を観て、中国近代史をやろうと決められたという話など、先生の人生に大きな影響を与えたのが映画であった。

ただ、鹿児島では映画について話し合える相手が身近にいないということを、よく残念がっておられた。京都という大きな都会から、すぐれた映画をかける映画館がない（一軒あったのだが、つぶれてしまった）鹿児島に来られた先生にとって、不満でもあり寂しくもあったのではないだろうか。私自身は、決して映画は嫌いではなく、映画の好きな友人もいた。しかし私の観た映画の数は微々たるものであり、また観賞眼もあまりなくて、先生の話相手としてはとても物足りなかったと思う。先生はわずかにレンタル・ビデオ店を利用されたり、衛星放送を観たりして心を慰めておられた。そして感動した映画があると、その話を生き生きと語ってくださった。衛星放送で見た映画の話などをうかがうと、自分も観てみたいという思いを強くしたものだった。

先生は列車がお好きである。鹿児島は都会で走っていて古くなった列車が集まっている所であったそうである。それでお若い時、伊集院まで蒸気機関車の写真を撮りに来られたこともあったそうである。そして鹿児島に来られてからも列車を利用した旅を多くされている。県内のローカル線の廃止が相次いだ時、最後の列車に乗りにあちこちと出掛けられていた。

そんな旅の一つに私を含めた院生三人も参加させていただいたことがあった。それは、大口まで行くものだった。初冬の頃だったと思う。おだやかな晴れた日であった。大口に残る武家屋敷の一つを訪ね、家の方に話をお伺いした。ちょうど干柿の季節で、軒先に干柿がたくさん吊してあった。そろそろ帰ろうとした時であった。先生が、おいしそうですねと言われたところ、思いがけず家の方が快く差し上げましょうといって一個づつ取ってくださった。まだ白い粉を吹いてはいない、柔らかで飴色をした甘味のあるおいしい干柿であった。

中国を旅行された時も、わざわざ列車を、しかも普通の中国人が乗る列車を利用して旅をされている。それらは「鹿大史学」などに旅行記として掲載されているが、直接先生からうかがう、例えば、学友でいらっしゃる植松正先生とのご旅行の時の話など、現代版弥次喜多道中記のような面白さがあった。

先生は一度っきりの人生を、学問、映画、旅によって人の何倍も充実して過ごしてこられたのである。いや、それだけではない。酒、歌もある。先生は興がのると、お好きな唐代の詩人、李白の詩を口吟まれる。「人生意を得れば須らく歓を尽すべし／金樽をして空しく月に対せしむる莫かれ」と。先生の人生がまさにかくのごとくであった。

先生は、私に多くの大きな宿題を残された。その宿題をし終えられるのはいつのことになるであろうか。

（「行雲」一九九七年）

大谷先生との思い出

森　孝子

私が大谷先生とお会いした切っ掛けは主人の叔母で、私の俳句の師でもある邊見京子さんを介してでした。もう、十三年余り前のことになります。

その頃、息子が中国人の留学生と大学で一緒だった関係で、家族ぐるみの交流を始めていて、俳句会の時に私が度々中国のことを話していると、邊見さんが、「大谷先生は東洋史の先生でいらっしゃるから、中国の歴史や色々のことをお話して頂く会をつくりましょう。」と言って下さいました。そして県内に住んでいる多才なメンバーが集まりました。無学な私も幸運に恵まれて中に加えて頂き、李太白の名と金星の名に由来する「太白会」が発足しました。月一回、金曜日の夕方から開かれて、大谷先生の中国に関するお話を、用意して下さったプリントに従って楽しく聞かせて頂きました。会員の皆様も学生になったような瞳で拝聴して時間の経つのを忘れてしまうほどでした。

とりわけ、「太白会」の学習で歓喜したのは私でした。中国語を、テレビとラジオのテキストと辞典で勉強し始めていましたので、中国のことは何でも知りたいと思っていました。大谷先生のお話はとても幅が広く、奥が深く、私はぐんぐん引き込まれていきました。言語だけでなく、その背後にある中国そのものを少しでも多く知りたい欲に駆られていきました。乏しい生活費の中から少しずつ中国に関する本を買って読むようになりました。太白会は大谷先生が御多忙でおいでになられない時には、在鹿の諸氏をお招きして貴重なお話を聞かせて頂いたものです。

「太白会」も四年目ぐらいの時、中国人の留学生が本国から嫁を迎えることになり、その身元保証人に夫がなりました。その嫁は日本の、それも大学院で勉強したいとのことでした。その頃は鹿児島市の田上に住んでいましたので、私は自宅から留学生の住居に通って行き、日本語もほとんど話せない彼女を相手にして、日本語から生活習慣など全般を世話させてもらいました。ここで、私は現在の中国や中国人について、本で読むことのできない諸々のことを体験しました。

その後、彼女は大谷先生のもとで聴講生、研究生、大学院生として勉強し、無事修士号を得たのち帰国しました。私も彼女と一緒に中国の歴史の勉強を始めました。清末民国初の孫文と日本とに関する勉強では、宮崎滔天という人物がいたことを知りました。宮崎滔天の生家にも大谷先生や学部生、留学生たちと一緒に行きました。日帰りの研修旅行に加えて頂いたのでした。滔天の生家は熊本県荒尾市の海の匂いがする風が通う場所にありました。藁葺きの母屋がそのまま残り、血縁の方が住んでおられたが、近々移設されると言っていました。庭は牡丹の芯が残り、老梅が青葉を茂らせ、葉陰に実がなっていました。裏門の傍に菩提樹があり、花が咲き、実になりかけているのもありました。

帰りの電車の中で、カンボジアで政変があり、ポルポト側が降ったというニュースを聞いて、世界やアジアの情勢について対話させて頂いたことは深く印象に残っています。

大谷先生は、何も分からない私が、何でも必死で吸収しようとしているのを見ていて下さいました。唯、見ていて下さったばかりでなく暖かく御指導して下さいました。遅蒔きながら始めた大学での勉強（通信教育ではあるが）の切っ掛けを作って下さったのも、大谷先生でした。奇しくも、大谷先生もある時期に通われたことのある大学を選んだのでした。趣味、興味で学んでいた間は感じなかったのですが、現在進行中の大学生にとって、学問することは苦痛を伴うということを実感しています。しかし、道は遠くても日の暮れぬうちに卒業したいと思っています。

大谷先生は私にとって、学問だけでなく人生の師でもあります。貧しく生まれ育った私は自然と片寄った考えの中に身を置いていたと思います。しかし、大谷先生とおつきあいさせて頂くうちに、歴史を学ぶ者は、物事を中心から見る眼が必要であることを会得させて下さいました。自分と違う考えの人とも快く会話し、交際ができるようになり、住む世界を拡張することができました。大谷先生のお陰で知り合いになった多くの方々がいることは、私の心の財産であり誇りに思います。

音楽のこと、映画のこと、書画のこと、その他諸々について、大学の先生が御自身の専門以外に、このように造詣深くしていらっしゃるとは思ってもみないことでした。

歌を唄うことがお好きでお上手で、踊りながら歌ったこともありましたね。

これまでの長い間に、御一緒させて頂いた「時」を、ほんとうに有難いと思います。感謝の気持ちは言葉や文字では尽くせませんが、ここに、改めてお礼を申し上げます。

大谷先生、本当にお世話になりました。有難うございました。謝々您！ 多謝!!

これからは御自身の御研究に専念なされることでしょうが、どうぞ、御健康で長寿でいて下さるようお願いいたしますと共に、鹿児島の空より、いつもお祈りいたしております。

（「行雲」一九九七年）

太白会のころ

邊見京子

尋常小学校を卒業して、女学校に入学、そして始めての授業を受けたとき、それまでの授業とは全然違う、高度のものに触れたような興奮を感じたことを憶えているが、大谷先生から初めて中国の話を聞いて、大学というものを知らない私は、大学の講義とはこんなものか、これが学問というものかとの思いで、たかぶりが胸を襲い、女学校の授業を初めてうけた時を思い出し、少女にもどったようだった。

私の俳句の友達、短歌の友達、またその知人などと大谷先生の話を聞く会を「太白会」と名づけて、月に一度集まったのは、何時だったのかははっきり憶えていないが、先生は、何も知らない上に記憶力のにぶったおばさん、おじさん達に解り易いようなテーマをプリントにして持参され、面白くおかしく話を進めて楽しませて下さった。女性の地位を語る場合によく引用された中国の「纏足」は、子供のころ、目にしたこともあり、そういう事が行われていたとは知っていたが、詳しいことは何も知らなかった。「科挙」とは高等文官資格試験のような制度であるとか、「三国志」は吉川英治の『三国志』を読んだ程度の知識しか持っていない私に歴史的にお話して下さった。いまは残念ながら断片的にしか思い出せないが、当時は大へん勉強をしたような気分になったものだった。

大谷先生は宮崎市定先生を神様のように尊敬しておられ、ことあるごとにその名前を聞かされ、私にもすっかり親しいお名前になってしまった。宮崎先生の著書の中でやさしい文庫本を二、三紹介して下さって、全部は読んでいないが、「竜の爪は何本か」などの面白い文章のある『中国に学ぶ』はまた読みたいと思ったのか、俳句歳時記などといっしょに並べてある。

大谷先生は人生を楽しむすべが上手で、食事の後は、童謡から小学唱歌、歌謡曲、高等学校寮歌にいたるまで、広いレパートリーの歌を、それは楽しそうに唄われ、皆も合唱したものだった。私が不精をしていつの間にか「太白会」も立ち消えた型になりまことに残念である。こんなに早く先生の退官がくるなんて思ってもみなかったので嘘のような気がしてならない。

先生は鹿児島での単身赴任が長かったように聞いているが、これで御家族のもとに帰られることは、先生のためによろこばねばならないでしょう。先生の豊かな東洋史の知識を待つ若者が大勢いることだろうし、御身体御大事にお過ごし下さい。そして、また鹿児島にも帰って来て下さい。

（「行雲」一九九七年）

㈢ フォークダンスと私

私の生まれ故郷は京都である。私が高校在学中、映画『青い山脈』が上演され、その主題曲にひかれて文句なく中学教師になる事を決心した。大学を卒業して勤務したのは、京都洛西にあるH中学校であった。ここは近くに嵐山、嵯峨野等の風光明媚な観光地を控え、又今日映画村で知られる撮影所が立ちならび、自然と歴史に恵まれた所だった。生徒の中には役者の子供たちもおり、そのひときわ目立った顔立としぐさに若い青年教師の心を捉えるものがあった。当時は今日ほど受験教育は厳しくなく、自由な雰囲気が学園に漂っていたし、生徒会が中心となって、土曜日にもなると合唱やフォークダンスが行われていた。運動場一杯になって先生も生徒も共に手を組んで踊るフォークダンスは、その曲はオクラホマ・ミクサーだけだったが、数時間延々として続き、いつしか洛西の山々に日が沈むまで皆は飽きる事なく踊り続けた。

それから三〇数年の歳月が過ぎ、私は鹿児島に勤務する事になったが、フォークダンスは私の青春の思い出としか残っていなかった。所が昨年秋私はM新聞の催し欄の所を何気なく見ていると、S会主催のフォークダンス七周年記念行事の文字が目に飛び込んできた。その時私はかって中学教師の頃、楽しく踊ったオクラホマ・ミクサーの曲が蘇ってきたのである。それから半月、私は今フォークダンスの虜になっている。曲目の中には、私が青年時代から今日まで愛唱した日本世界の名曲が数多くあり、その曲目に合わせて踊る楽しさは格別である。かって信州の山々に登った時、歌った『山小屋の灯』や『雪山讃歌』また思い出の映画音楽の名曲の数々、それに現在の新しい曲もあり、私のロマンは日々広がって行く。私は今再び青春が蘇ってきたのである。それにつけてもS会の皆さんの暖かいほほえみが何よりも嬉しいのである。

（『星友』会報　一九九四年）

(四)　夢もまた楽し――●

ここ一週間、時々楽しい夢を見る。

第一夜は、とてつもない大きな焼き芋を買った夢である。夕方になると焼き芋を売りにくる初老のおやじから私は時々焼き芋を買っていたが、この日の夢では、手いっぱいの大きな芋を買わないかと問いかける。私は心の中でこの芋は多分いつも三百円位で買う芋ではないので五百円位すると思っている。それで値段を聞くとおやじは両手を拡げて千といい、さらに手を拡げて五百という。私は高いからといって断ると、おやじはにやりと笑ってこれはいつもの芋より千五百倍以上おいしいという。そこで私は笑いながら芋を買う。

第二夜の夢は、私はどこか町の真ん中に立っている。すると頭上高架になっている所にＳＬが煙を吐きながら、星の輝く夜空に向かって走っていく。このＳＬと交差するかのように、確か少年の頃みた京の町を走っていた青色にぬった電車が通りすぎていく。それがとてもきれいで、見とれている。私は宮沢賢治になった気分だ。

第三夜の夢は、私はどこか大きなホテルのワインの会に出席している。そこでたまたま以前よくワインを共にのんだＲ子さんを見かけ、思わずＲちゃんと声をかける。そこで二人はワインをカウンターに注文することになる。そこでとてつもなく大きいワインが示され、値段を聞くとわずか九千円ですという。思わずＲ子さんと顔を見合わせると、Ｒ子さんは、これはきっとサービスですねと笑っている。

これが最近見た夢のあらましである。さて今夜はどんな夢を見るのだろうかと楽しみだ。もし夢占いがあるとしたら、この私の夢を占ってほしいものだ。ただいえることは、今、体は快調で日々充実した一日を送っていることは確かである。楽しい夢はアラビアンナイトのように続いてほしいものだ。

（「ある日のエッセイより」一九九四年七月）

鹿児島大学の仲間と共に　五家荘一泊旅行（1985年頃）

その四　中国史への思いと研究

1990年10月　林則徐研究学術討論会
（於 鹿児島大学）

2004年８月29日　第３回共同学術討論会
（北京大学歴史学系　河合文化教育研究所）

(一) 鑑真と日中交流

仲麻呂と李白

聖武天皇、天平の御代に、遣唐使の一員として唐の国に渡り、そこで役人に任命され、三十七年ぶりに帰国を許された阿倍仲麻呂は、いよいよ乗船する明州（今の寧波）での送別の宴で詠んだ次の一首は有名である。

天の原　ふりさけ見れば　春日なる　三笠の山に　いでし月かも

この歌には、阿倍仲麻呂のやるせないほどの望郷の情がこめられているが、この思いとはうらはらに、仲麻呂の乗った帰国遣唐船は、嵐のために押し流されて、遠く安南（今のベトナム）に着き、わずか十数人の生存者とともに、唐の都にまいもどることになった。これより先、仲麻呂の乗った船が難破したとの悲報に接した彼の長年の友人であった詩聖、李白は、仲麻呂が死んだものと思い、その死を悼む次の詩を書いている。

晁卿衡を哭す
日本の晁卿《ちょうけい》　帝都を辞し
征帆一片　蓬壺《ほうこ》を遶《めぐ》る
明月帰らず　碧海に沈み
白雲愁色　蒼梧に満つ

晁衡は仲麻呂の唐での呼称、蓬壺は仙界の島々の意、碧海は青色の海で、蒼梧は南の地方のことである。

この詩はあれほど故郷の明月との再会を願っていた友が望みを達することなく、青色の海に沈んでいったその無念さを歌いあげており、読む者をして同愁の思いにかりたてるものがある。この仲麻呂と李白の友情の中に、国境を越えた人間愛を感じるのである。

鑑真六度目の渡航

ところで、仲麻呂の帰国と時を同じくして、別の帰国遣唐船に乗船していたのが、唐の高僧、鑑真であった。鑑真はこの時、六十六才、両眼を失明しており、ただでさえ困難な渡航であったのに、このような身体的苦悩を背負っての旅は、この上もない難事業であったのである。しかも鑑真は、これが始めての渡航ではなかった。日本留学僧の懇願を受けて渡航を決意したのが五十五才の時であり、政府の許しを得ないまま渡航するが失敗に終わり、それから五度も渡航を試み、いずれも失敗してようやくつかんだ六度目の渡航であったのである。この間、特に五度目の渡航の時には、船は海南島に漂着し、そこから北上の途中、日本僧栄叡は端州（現在の広東省高要）にて円寂し、鑑真自身も身心の疲労が積み重なって両眼失明するという言語に絶する苦労の連続であったわけである。そして六度目の東航を迎えるのであるが、この頃になって唐政府の仏教政策も緩和され、日本遣唐使藤原清河が揚州に鑑真を訪れ、日本政府の要望として東渡弘法授戒を懇請し、正式に招待されることになったのである。

天平宝字七年結跏趺坐で示寂

さて鑑真の乗った船は、嵐の中を幸運にも薩摩の国秋妻屋浦に到着した。秋妻屋浦《あきめやのうら》とは今日では秋目といわれ、遣唐船発着地である。日本最南端、鹿児島県坊津近郊である。鑑真の弟子の一人、淡海三船の記述になる『唐大和上東征伝』の中に、鑑真を乗せた船が嵐の中で最初に見たのは秋津付近の野間嶽であったと記されている。この野間嶽には、古来東シナ海を航行する舟人の安全を守る海神が安置されており、航海者はこれを目標に航海したといわれている。盲目の鑑真は自分の目でこの野間嶽を見ることができなかったが、日本到着を間近にして感慨無量であっただろう。

秋目に上陸後鑑真の一行は、大宰府をへて、ようやく念願の奈良の都に到着した。その後、東大寺に戒壇を築き、聖武上皇、光明皇太后、孝謙天皇および衆僧に戒を授け、のちに東大寺戒壇院を創立する。日本朝廷は鑑真を大僧都とし、さらに大和上の尊号を贈り、その功績をたたえた。そして天平宝字三（七五九）年には律学の根本道場としての唐招提寺ができあがり、ここで戒律の修学が行われた。そして天平宝字七年、鑑真は結跏趺坐《けっかふざ》したままの姿で示寂した。行年七十六才であった。

聖武天皇の仏教治国

さて吾々は、何故このような難儀を敢えてしてまで鑑真が渡日の志を貫いたのかということについて考えてみなければならない。さきほど少しふれたように、これには日本の留学僧・栄叡、普照の熱意あふれる懇請があったからであるが、それは同時に日本朝廷の要請でもあったのである。当時日本朝廷は遣唐使・留学生・留学僧を派遣して、ひたすら唐の律令制度や文化を学ぶことにつとめていたが、その一環として仏教教義の受容とそれを指導できる高僧の招聘を求めていた。特に聖武天皇は大変熱心な仏教信者であり、仏教治国を理想としていた。かくして天平五（七三三）年の遣唐船に興福寺の学僧である栄叡と大安寺の普照の二人の青年僧を乗りこませ、授戒の師となるべき律の高僧を迎えるようにという大命を与えた。一方、国内での仏教寺院の整備にかかり、天平十年には国分寺創建、天平十五年には大仏（盧舎那仏《るしゃな》）造立の大願を発し、天平勝宝元（七四九）年には、遂に成就し、その開眼供養を行うに至った。

それでは何故、聖武天皇がこれほど熱心に仏教治国を進めたかと言えば、一見「あおによし　ならの都は咲く花の　匂ふがごとく今さかりなり」と歌われた華やかさとはうらはらに、日本の周囲をめぐる国際関係の不安定、特に新羅との対立と、律令制の矛盾としての班田農民の没落とともに、寺院・貴族・地方豪族による私有地の増大が進行して、国家の基盤にかげりがみえ始めた時期である。ここに聖武天皇が仏教によって国家の鎮護を達成するということに異常な熱意を示したことが理解されよう。

長安の繁栄とその虚構

一方、栄叡、普照が訪れた唐の都長安はどうであったかと言えば、これは奈良の都とは比較にならないほどの大都会であり、また国際都市でもあった。当時、長安の人口は百万人をこえ、まさに世界的都市にふさわしくエキゾチックなイスラム系の商人を始め、中央アジアに居住する遊牧の民等が、絹の道を通って集まってきており、これらの人々とともに、西方の物産、宗教、文化等が伝播した。胡瓜、西瓜、葡萄等の野菜、果実はほとんどこの時代に西方からもたらされたものであり、食生活を豊かにした。またイスラム商人の手によるアラビア模様の絨毯等も伝わり、建物の装飾は一段と華やかさを増し、酒場では胡姫の奏でる西方の旋律に合わせて歌宴が開かれていた。

時の唐の皇帝は玄宗といい、その治世は当初開元の治といわれるほど政治に励んだが、この賢明な君主も晩年は政治にあき、楊貴妃に恋いこがれてうつつをぬかす日を送りがちになっていた。

この頃、長安には多くの文人・詩人が集まっており、中でも盛唐の三詩人といわれた李白・杜甫・王維がいた。

彼らが日本の留学生・留学僧と交遊をもち、詩歌の宴に招くこともあったであろう。栄叡、普照は阿倍仲麻呂を通じて、これら文人の名を耳にしたと思われるし、また何等かの交遊があったとも考えられる。しかし李白・杜甫は長安の華やかさに酔いしれていただけでなく、この繁栄そのものが虚構の上になり立っていたことを見抜いていたし、そのような詩も幾つか作っている。

鑑真、日本招聘とその背景

長安で数年を過ごした後、栄叡・普照は自分の使命に気がつき、高僧を求めて全国漫遊の旅に出て、入唐十年目にしてようやく揚州大明寺で鑑真に出会うのである。ところで栄叡・普照が見聞した各地方の様子は、詩聖杜甫の詩にもあるように首都長安の繁栄とはうらはらに、農村は疲弊し、飢饉が連続して起こっている。そしてこのような社会不安を背景に、やがて不満分子をあおり立てた形で安史の乱が起こり、唐朝は　時国を傾けることになるのであるが、その前ぶれ現象を彼らは各地でかいまみるのである。かくして日本がモデルとした唐の律令体制下の班田農民の没落の中に、ある種の不安を抱いた彼らが、一層高僧の日本招聘に熱意を示したであろうことが伺われる。

以上、鑑真の日本招聘の背景には、それを促進せしめた日中両国の事情があったことは事実である。しかし、それにしてもそれを可能にしたのは二人の留学僧の熱意に感激して来日を決意した鑑真の使命感であった。そして一旦仏法を広めようと決意した以上、いかなる困難にも立ち向かっていく彼の頑強な忍耐力であった。しかしこの使命感とは対照的に鑑真の心には、やはり一きわ望郷心も強かったと思われる。鑑真像を拝した俳人松尾芭蕉が、

若葉して　御目の雫　拭はばや〔『笈の小文』〕

という一句を詠んだ鑑真のこんな心を察してのことであったと思われる。

鑑真は世を去る少し前に弟子の思託に対して、死ぬときは坐ったままで死なせてほしいと言い、死にのぞんで、結跏趺坐して西に向かい世を去ったといわれている。なぜ西を向いたのかといえば、これは鑑真が故郷揚州を懐かしんだからであろう。

日中文化交流の橋渡し

始めにのべたように、唐土にいた阿倍仲麻呂は日本への望郷の念にかられて詩を詠み、鑑真はまた故郷揚州を死のまぎわまで忘れなかったというこの二人の心境には、異国にあっていつまでも故国を思うという点で共通したものがある。このように日中文化交流の橋渡しをしたすぐれた人々の心には、その尊い使命感と、またやるせないような哀愁の念とがいりまじっており、吾々に深い感銘を与えてくれる。今年四月、鑑真の座像は唐招提寺管長の念願がかなって中国に里帰りした。この座像の里帰りを実現させた背景には、日中国交回復をなしとげたということが大きな要因となっている。そして、日本と中国は今後手を携えて進んでいくことが必要であるという両国人の切なる願いがこめられているのである。それにしても吾々がぜひやらなければならないのは、唐土で死亡したかの阿倍仲麻呂についての何等かの記録なり資料を調査し、その一生を復元させることである。それが完成したあかつきに、仲麻呂の日本帰国が実現したことになると思うのである。

（『清光』第一〇四号　一九八〇年九月）

(二) 林則徐生誕二百年学術討論会に参加して――●

一九八五年秋十月、中国の福州で「林則徐生誕二百年記念学術討論会」が開催され、内外の学者が多数参加して盛大に挙行された。ここでの学会の主題として、中国の研究者が主要テーマとしてあげたのは、第一、林則徐の思想特徴と阿片戦争前後の社会思潮、第二、阿片戦争の中国近代歴史上の地位と影響、第三、阿片戦争時期の統治階級の問題、第四、阿片戦争時期の中外関係の四項目であった。

この四項のうち第一題が全体をつらぬく問題提起となっており、まずこの問題が全体会議で討議された。阿片戦争前後の社会思潮、所謂経世思想がどのようにして形成され、それが林則徐の思想にどのように影響を与えたかということが討議の対象となった。経世思想とは、広い意味では、内外の政治、経済、社会現象に変化が生じた時に、それに現実的に対処する政策が討議されるが、その政策の根拠となる思想をいう。

ところで清朝では、嘉慶・道光期の内外の危機が進行する中で、経世思想が提唱される。嘉慶の危機とは、白蓮教徒の反乱によって清朝国家体制の動揺が生じた事であり、道光の危機とは、阿片戦争であった。この期の経世家を代表する人物として行政官では、陶澍・林則徐があり、士大夫知識人ではこの陶・林の幕友として活躍した魏源がいた。この学会で中国の研究者は、経世家が現実に実行した政策を評価した。その政策とは、経世家が対内的には吏治を整頓し、弊政を改革し、対外的とは西方長技を学習すること、そして資本主義列強の侵略に抵抗することを提唱したことである。そして彼等が内政の改革に取り組み、一方では外圧に抵抗したのは、中国人民の民生の安定と国家の安全を守るためであったと指摘した。

ところで文革以後、現政権によって四つの近代化が政治の目標となると、これに関連して洋務運動の見直しが進められていた。そしてこの洋務運動の先駆者として林則徐や、彼の幕友であった魏源の思想や政策を評価する研究が続出した。すなわち林・魏のいう西方の長技を師として中国の軍事・産業上の技術革新を行なうという思想を実行に移したのが洋務運動であったという点から、それを推進した洋務期の官僚の政策を再評価するというのである。しかしこの洋務期の官僚が太平天国運動を鎮圧したという点については、従来通り反革命的集団として位置づけている。この一見矛盾した洋務期の官僚の人物評価については、中国の研究者も苦慮しており、その評価には深入りしない態度を取っている。

私がこの学会で陶澍・林則徐の思想及び政策は、系譜的に洋務期の官僚に連なっていることを当時の資料に基づき質問してみたが、中国人の研究者からは納得のいく説明が得られなかった。この点については、中国の研究者も十分わかっていたものと思われる。ただ中国の研究者が現政権の歴史研究許容の範囲内で、研究を進めざるを得ない状況を反映したものと思うのである。そしてここから中国にあっては、やはり全ての面において政治優先の考えがあるのではないかということを改めて痛感した。そしてこれは長年に亘って中国人の学術研究を規定するのではないかと考えた。

中国にあっては、主朝支配体制下の支配理念は、儒学（朱子学）であったが、これはある意味では政治倫理の側面をもつものであった。儒学の実践倫理である「修身斉家治国平天下」は、正に士大夫の政治意識を反映したものであった。そしてこの実践倫理が、体制の危機に直面した時、経世思想となって現われた。経世済民とは、士大夫の政治実践を表す言葉でもあった。朱子学が体制教学化して空理空論におちいった時、士大夫は、儒学のもつ実践的側面を主張して、それこそ有用の学であるとのべた。清末の経世学は、このような状況の中から登場した。しかし、王朝体制の崩壊と共に、それに寄与した経世学も消滅した。しかし其後の共和体制下にあっても、この治を優先して実践・実用を尊重する思想は、中国人の意識の中に残存していた。これが現代の中国に於いても、歴史研究が政治に規定されていることに現われていると思うのである。

現在中国は開放政策を取り、先進国の進んだ技術導入や資本投入をも認めて、中国の生産向上につとめている。これは現代における洋務運動なのである。そして政治が経済活動に干渉しないための政策も実施しつつあって、これによって中国の総生産高も向上してきた。恐らく今後もこの政策を推進していくであろう。今日、日中両国の政治・経済交流も年々盛んになってきており、研究の分野でも相互の研究活動が可能になってきた。最初にのべた「林則徐学会」も、私の予想以上に自由な雰囲気の中で行なわれ、大変有意義であった。阿片戦争に始まる中国近代史を研究する者として、この中国の現実をふまえつつ歴史研究を進めていくつもりである。「林則徐学会」が課題にしたことは、現実の中国を理解する鍵となると思い、この一文を書いた次第である。

（『鹿児島大学新聞』一九八八年九月十二日）

㈢　林則徐と包世臣

林則徐は乾隆五十年（一七八五）福建省福州に生まれた。今年は生誕二百年になり、中国では開明的政治家としての彼の業績をたたえるため記念大会を開催するようである。包世臣は乾隆四十年（一七七五）安徽省涇県に生まれた。包は林より十歳年上であったが、若年より経世済民の志を有し、開明的高官の幕友として活躍していた。

この二人の会見は、道光十九年（一八三九）南昌で行なわれた。この年、林則徐は道光帝の命により、阿片問題に取り組むため欽差大臣として広東に向う途中であった。この時、林則徐は包世臣から阿片厳禁策について種々アドバイスを受けている。林則徐は経世家として著名な包世臣を以前から熟知していた。

林則徐が包世臣を知った契機は、恐らく嘉慶二十五年（一八二〇）に包世臣の書いた論文「庚辰雑著」を読んでからであると思われる。この論文は中国への阿片の流入が銀の流出をもたらし、そのため銀価が高騰し、物価や税賦に大きな影響があることを警告したものである。そしてその対策として夷船を絶ち、海関を撤する等のことをのべている。この論文を林則徐が知ることになったのは、多分、その頃、詩文を創作する結社である「宣南詩社」が発足し、林則徐がその同人として加入していたからであろう。「宣南詩社」はその前身を「消寒詩社」と言い、嘉慶十九年（一八一四）に結成されているが、これは単なる詩文交換の会でなく、経世問題をも論ずる会であった。その会員には、阿片戦争前、両江総督として塩政・河工・漕運・水利等に対して有効な政策を実施した陶澍を始めとして、陶澍・林則徐と共に江南の治政に尽力した福建長楽出身の梁章鉅や、安徽歙県出身の程恩沢等がいた。最近中国でもこの宣南詩社の活動を評価する研究がみられる。

この宣南詩社の会合で有名なのが道光十年（一八三〇）のそれで、この時には、林則徐、黄爵滋、魏源、龔自珍と言った阿片問題に関心深い高官・思想家が参加して、ここで厳禁策についての意見をまとめたものと思われる。のち黄爵滋がこの意を受けて、道光十八年（一八三八）道光帝に厳禁策を進言することになる。この道光十年の会合には、包世臣の名はないが、それは当時、彼は北京にはいないで揚州にいたからである。

包世臣は道光年間に入って陶澍の幕友として活躍する一方、書論家として有名になっていた。この頃、彼はさかんに陶澍に漕運・河工・塩政について経世策を進言しており、このことはやがて道光十一年に江蘇巡撫として赴任してきた林則徐も知ることになる。ただこの頃、林則徐と包世臣が直接面談したという記録はない。林則徐は江蘇巡撫という要職にあり、直面するあまたの吏治・理財に関する難題に取り組んでおり、連日多忙であったのである。一方、包世臣は幕友として時々政策を立案する仕事をしていたが、その本職はむしろ書家であり、書についての評論や、また自らも書をたしなんでおり、時には作詩したりする生活を楽しんでいた。この頃、包世臣がその生涯の書に関する評論を集めた「芸舟双楫」を出版しているが、まさに彼の書論は円熟期に達していたのである。

林則徐が包世臣の著した「芸舟双揖」を通読したかどうかとなるとさだかではない。また包世臣の唱える書論や碑学重視の書法に共鳴していたかどうかもわからない。ただ包世臣が秀れた書論家であることは彼も認めていたのではないかと思われる。

林則徐は書は欧陽詢を宗とし、もっとも小楷に長じていた。林則徐がなぜ欧陽詢を宗としたかわからないが、ただ欧陽詢の字について、包世臣は虎が餓えていよいよ雄々しく力強いようであると表現し、また米芾の言を借りて彼の真書（楷書）が王羲之のわざに至っているとし、そのありさまを描写して、けだかくおごそかなことでは天に向っているようであり、すばやいことでは躍動しているようであると評しているが、この力強さとおごそかさとすばやさこそ林則徐が書に求めていたものであると思われる。

包世臣はまた、唐代の書家の真書は欧陽詢が最も整っているといえるが、それを後来の書家に比べると草書の筆勢と変らない曲であるとみなしうるとのべている。これは草書に自信のある包世臣の言葉であるので至言であろう。林則徐の真書にみえる力強さの中にほとばしるすばやさこそこの曲と言えないだろうか。

林則徐は小楷で秀れた作品を多く書いているが、その一つに道光十五年（一八三五）夏五月に河南省光山で書いた「般若波羅蜜多心経」がある。これは一九八〇年五、六月間に、この経を刻した石碑が発見されたのである。小楷は明清時代になって士大夫の好む書体となり写経などに用いた。小さい楷書に全神経を集中して一心不乱に書くことに特色があり、この細字の集合体に宇宙または世界を見るのである。この頃、彼は江蘇巡撫の要職にあり、多忙であった。しかし彼は日々早朝机に向い、小楷の経文を書き、それを終えるとその日の執務に入った。

彼は大胆にして細心な人物であったが、書において細字を好むところにあい通ずるものがある。彼の親友であった程恩沢は、彼に贈った言葉の中で、「事を理《おさ》むるに真書を作《な》すが如く緜密にして間無く、民を愛するに赤子を保《やす》んずるが如く体会微に入る」とのべているが、この言葉こそ彼の人となりを言いあてている。彼は大臣中でも能書家として知られ、同じ福建出身の梁章鉅・郭尚先と共に三妙と称せられるほどであった。

清代激動の時代にあって林則徐ほど政治家として仕事をした人はなかった。その林則徐が政務の余暇にあって詩をたしなみ、書をなしていたという事実は、全く驚嘆に値するものがある。果して今日、為政者にあってそれだけの事をなし得る人物がどれだけあろうかと考えさせられる。中国で為政者が一面文人であり得たのは、彼等が読書人として一定の教養を身につけることが必須であったことに起因している。そしてその教養として四書五経のみならず地理や歴史書、更には詩文や書道にまで至る学術を含んでいた点は、大いに注目に値するものがある。

書に関していえば、表意文字として漢字を採用した中国人が、それに精神を付与し、書道芸術にまで高めた二千年以上に亘る歴史があった。この歴史と伝統の上にたって中国の文人は、それを人生のかてとして取り入れ、その教養を深めていったのである。この文化的香りというものが彼等の誇りとしてあり、その精神を豊かにしたのである。林則徐があの苦難の時代にあって中国人としての誇りをもって外国の侵略に断固たち向えたのもこの精神がより所になっていたからと思われる。ところで書の評論面で包世臣のような時代を革新する人が登場するのは、この時代が人々にある種の緊張感を与え、それが刺激になったことも忘れてはならない。

林則徐と包世臣は同時代人として当面する中国の内外の問題に真剣に取り組み、その一方では書論家として、また能書家として活躍した点に興味をもち、この一文をまとめたのである。

（『中田勇次郎著作集』「心花室集」第四巻　月報　二玄社　一九八五年四月）

(四)『中国の歴史―古代から現代まで』――●

J・K・フェアバンク著

自立的要素　独自の史観で

本書は現代アメリカの中国史研究の第一人者であるフェアバンク教授の労作である。彼は中国文明の起こりから現代に至るまでの歴史を独自な史観に基づいてまとめ上げた。もともと彼の関心は阿片戦争以降の近現代にあり、特に西洋の進出が伝統を保持する中華帝国に衝撃を与え、それへの対応から中国の近代が始まったという「西洋衝撃論」が持論であった。

ここには西洋が中国に比べて、政治・経済・社会等すべての面で進んでおり、中国は遅れているという前提があった。これは彼に限らず多くの研究者の共通の見解でもあった。これに対し、社会主義革命を評価する研究者は欧米の進出を帝国主義としてとらえ、それに抵抗する中国人民の歴史を革命史として位置づけた。

しかし、中国政府が「四つの現代化」を提唱し開放経済を促進する中で、近代化論が主流となった。これらの研究状況の中にあって、最近は中国の変化を革命論や近代化論といった理論でとらえるのでなく、もっと内発的要因を探る研究が出てきた。これは中国の自立的要素といってもよいが、それを長年の中国の歴史の中にその様相を見ようとするのである。

自立的要素の第一に武の問題がある。従来の研究では、中国は宋以降文治国家であることを強調するあまり、武の要素を軽視していた。これに対して彼は、特に中国周辺民族が常に武の要素を中原に持ち込むことによって中国は王朝国家を再生してきたという。この研究の視点は宮崎市定氏の論著「東洋に於ける素朴主義の民族と文明主義の社会」の論点とほぼ同一であるのは興味深い。

次に宋以降の国家にあっては、社会構成体としての地方郷紳層の果たす役割が重要であったこと、そしてそれが独裁君主制の目指す中央集権化に対して、常に分権化の方向を取る傾向があったこと、つまり中央と地方の二重の政治的・社会的構造があったという。これらはいずれも中国の政治的・社会的・文化的現象に見られる自立的要素として機能していたと考える。なおこの研究の過程で彼は戦前の碩学内藤湖南の宋代近世説や独裁君主体制論に注目した。

ところで彼はこの大著を執筆するに際して独断と偏見を排し、当代の中国史研究者のすべての業績を網羅し、この概説を書き上げている。彼がこの大作を手がけたのは、六十代の後半であり、約二十年後の八十四歳の死の直前になって完成を見た。ここに筆者は彼の歴史叙述にかける執念を見るのであり、その意志の強さに感銘するものである。

この間彼は常に現実に展開する中国の動静に注意した。彼が特に一番気にしていたのは、文革のとらえ方の問題であった。彼は文革全盛期に一時この革命を評価する論述をしたことがあるが、これについてはその後、率直に自らの歴史認識の甘さについて反省し、この大作で書き直している。また西洋近代主義者が、欧米こそ人権が確立しているという観点で凝り固まっているのに対し、彼は最近のアメリカの人権問題を取り上げて、それが基準になり得ようかという疑問を提示している。これは欧米の尺度により中国それにアジアの問題をとらえることに対する警告である。

著者はボストン郊外ケンブリッジにあるハーバード大学東アジア研究所にあって、戦前・戦後を通じて中国研究に取り組んできた。著者の目は常に現代の中国の動向にあり、そのために中国の歴史の分析・研究を重ねた。著者にとって中国は常になぞめいた国であり、それだけ研究の意義を痛感していた。二十世紀が終わろうとしている現在、さらに次の世紀にかけてますます中国の存在が重要な意味を持ってくるだろうし、中国をよく理解することこそ、今後の国際交流を進める上に肝要であるという認識を彼は持ち続けていた。読者が本書を読むことによって彼の研究の意図を多少なりとも知ることができれば、訳者にとって誠にありがたいことと思うものである。

（『南日本新聞』一九九六年八月二十五日）

(五)『中国の歴史』を訳し終えて——●

J・K・フェアバンク著

筆者はこの度アメリカの歴史家J・K・フェアバンク教授の大著『中国の歴史』を鹿児島私立短大の太田秀夫氏とともに翻訳した。この大著を手にしたのは、一九九二年の春であったが、その前年彼は他界しており、彼の著の翻訳を勧められたとき、私は歴史家としてその責任の重さを痛感するとともに、大変光栄であり、一人で翻訳するよりも二人でやる方が早く公表できると思い、太田氏に話しかけたところ快く引き受けて下さったので早速分担を決めて取りかかった。太田氏は中国現代史の研究者であるので後半を分担していただき、私が前半を担当することにした。前半といっても中国文明発祥から中華民国の成立に至るまでの部分であるので、四千年以上に亘る中国史がすべて含まれており、いざ翻訳に取りかかると歴史資料・参考資料の確認、歴史事実の検討などいろいろやらねばならないことがあり、先ずこれらの点で大変苦労した。なにしろ彼がこの著を公表するのにおよそ二十年かかっており、その間アメリカで発表された論文をほとんど参考資料として使用しており、これらの論文のリストを我が国で作成された各種目録を取り寄せ検討した。本著の参考資料として掲載されているのがそれであるが、中には日本で翻訳されているのもあり、それらはできるだけ訳者名・書名等を付した。しかし一番苦労したのは、著者は人物・地名・書名等すべて英語で記しているので、それを漢字で表記する点であった。これについては本著の凡例のところで表記法を述べているので見ていただきたい。ただ翻訳の過程で気が付いたのは、中国系アメリカ人の中には、英名のみで中国名を付さない人もあり、著者が原文で英名で記していると中国人であるかどうか見極めることがなかなか困難であった。ただ、アメリカ国籍を有している人が、漢字名を持つこと自体おかしいかもしれない。

次に歴史資料の翻訳の問題である。彼は本文中にしばしば資料を引用したが、その出典を表記していないので、それを原資料に当たって調べることは多大の時間を要した。大げさに言えば、ある資料を検証するのに一ヶ月以上かかったこともある。概してアメリカの研究者は、歴史上の人名・地名・著作に関しても原文を付記しないので、それらを検証することも大変な作業である。尤もこの検証は、ケンブリッジ・ヒストリー・オブ・チャイナが現在大部分刊行されており、これを見ると大部分は解決できる。しかしこれとても歴史用語の内容まで的確に記述した辞典ではないので、訳者の方で用語の適訳を考えなければならない。たとえば、これは訳注であげておいたが、郷紳・エリート等々基本的なものも含めて未だ適語はないといえよう。今回本書を翻訳するに際し、適語の確定に十分考慮したつもりである。以上のことをふまえて、この大著の翻訳を始めたが、誰もが経験する英文を日本文にする文章表現上の問題があった。英文と日本文は構造上相違しており、語句・単語の訳も辞書通りにはいかないこともある。まして英語の専門家でない者が翻訳するのであるから、著者の真意を正しく訳せたか心配である。ただ思ったことは、翻訳することは、もう著者の手を離れて訳者に移っているのであるから、できるだけ著者の意をくんで、分かりやすい日本語で書くことであろう。

それから何よりもこの大著を多くの日本人が読むことが、アメリカ人の中国認識を知り、国際交流に役立つことになると思うものである。なお、この著の内容・評価等については南日本新聞の文化欄に拙文を載せたので併せて通読して下されば幸甚である。

（鹿児島大学図書館報「南風」四九号　一九九六年十月十五日）

㈥　西郷隆盛と中国――●

清末の改革運動に影響

今年はＮＨＫ大河ドラマで司馬遼太郎氏の「翔ぶが如く」が放映されることもあり、西郷隆盛に関する多くの書物や論文も出版されて、西郷ブームが起こっている。

西郷隆盛の思想や行動については、彼がモットーとした人生目標である「敬天愛人」や西郷が常に愛読していた中国の哲人・詩人の作品などを通して、既に論述されている。だが、意外なことに西郷の思想や行動が、当時、改革・革命運動を推進していた清末の中国人に大きな影響を与えていたことについてふれたものは少ない。

そこで、このことに焦点をしぼって、ここでは述べることにしよう。

西郷の思想や行動を高く評価していた人物に、清末戊戌《ぼじゅつ》変法運動を推進していた梁啓超《りょうけいちょう》がいる。戊戌変法運動とは、日本の明治維新にならって立憲君主政治を求めるものであったが、新政が実施された一八九八年、西太后を中心とする保守派のため百日間で弾圧された。その後、梁啓超らは日本に亡命し、横浜で『新民叢報《そうほう》』という雑誌を出して立憲君主政治確立のため運動を続けるのである。

この雑誌の中で、梁啓超らは西郷の功績を評価して中国改革運動の模範とすべきであると述べている。その功績とは明治維新を断行したこと、特に廃藩置県を実施して、幕藩体制に代わる天皇親政による中央集権を実のあるものにしたことにあるとしている。

ところが、この西郷が海外に関する知識を得だのは、一八四六年、阿片戦争の敗戦直後に編纂《へんさん》された魏源《ぎげん》の『海《かい》国図志《こくずし》』であった。『海国図志』は、単なる海外諸国の紹介書でなく、海外の進んだ技術の導入を図り中国の軍事・産業、さらには制度の改革をも意図する経世書であった。

この著の普及を図ったのは、幕府内部にあっては開明派の阿部政権であり、これを背後に支えていたのは、島津斉彬であった。この開明的藩主に見いだされたのが西郷隆盛であり、藩主の奨励もあり、『海国図志』の研究が早くから薩摩藩で行われていた。

梁啓超はこの事実に注目し、西郷隆盛がこの著に刺激されて尊主攘夷《じょうい》運動に邁進《まいしん》するようになったという。それにひきかえ中国は保守的な伝統思想が強く、この著の真意を理解する人々が少なく、このことが中国の改革を遅らせたと考える。

梁啓超はまた西郷の行動力を俠気《きょうき》といって評価する。俠気というのは、何事にもおそれない強固な精神力をいうのであり、当時、中国のみならず日本でも、俠気といえば同じような意味をもっていた。与謝野鉄幹の詩にある「六分の俠気、四分の熱」とは、まさにこのような意味の俠気であった。

戊戌変法運動時、梁啓超とともに活動した譚嗣同《たんしどう》は、戊戌新政失敗後、逃亡の機会があったのにもかかわらず、自ら刑死して変法の信念を貫いた。これを梁啓超は俠気と見たのである。これと同様に、西南戦争で自盡《じじん》した西郷隆盛の行動は、まさに俠気であったのである。

この梁啓超や譚嗣同が、政治改革の実現を図った地域が湖南省であり、当時、省部長沙がその中心であった。長沙の学校には、明治維新関係の資料もかなりそろっていたようであり、その中にはかの〈男児志を立てて郷関を出づれば、学　名を成さずんば誓って還らず〉という月照作の詩も含まれていた。

この詩は西郷隆盛の詩として紹介されていたが、この詩を生まれ故郷の湘郷の小学校の図書館で読んで感動したのが、当時小学生であった毛沢東であった。毛沢東が最初に知った明治維新の指導者は西郷隆盛であったのである。

革命指導者として評価

清末激動の時代、戊戌新政の失敗後、清朝打倒をめざす革命運動が盛んになってくる。この運動の中心をなしていたのが孫文であった。孫文は一九〇五年、そのころあった革命派の大同団結を図るため、東京で「中国革命同盟会」を結成する。それと共に革命運動を宣伝するための雑誌『民報』を発刊した。

この『民報』誌上にも、しばしば明治維新や西郷隆盛に関する記事が掲載された。革命派は、明治維新について主権が幕府から天皇に移行したとみなした。その後発生した西南戦争や自由民権運動は、革命の延長上にあり、その結果憲法発布に至ったものと考える。

ここから西南戦争を単なる不平士族の反乱として把握するのでなく、明治政府の下における民権拡張の過程の中で起こった事件として把握している。革命派によれば、西郷隆盛の率いていた私学校の学生を義師（義勇軍）とのべている。そしてまた、その指導者である西郷隆盛はクロムウェル、ワシントンに匹敵する人物となっている。クロムウェルはイギリス清教徒革命を指導し、専制王朝を打倒した人物。ワシントンは、アメリカ独立戦争の指導者である。西南戦争や西郷隆盛をこれら欧米の革命事業の指導者と同一視しているのは、いかにも革命派らしい把握の仕方である。

革命派が西郷隆盛を評価するのは、その信念を貫くため、断固新政府に抵抗した意志の強固さであろう。革命派の著名な学者章炳麟《しょうへいりん》は、西郷の人物像を剛毅《ごうき》・厳格・実直・大胆とし、とくにその行動力を評価した。概して革命派の西郷観は、その信念に基づく彼の行動力に共鳴したものであり、その政策については、ほとんどふれていない。

この点、先述した変法派は、西郷の明治維新に果たした役割を的確に評価していたと言える。変法派の西南戦争観は、西郷の軍団が郷望をもって郷兵を練し、その主をいただいたことが、後年弊害となって、新政府がそれを除去しなければならなくなったと述べ、明らかに西郷の起兵は明治政府の新政にとって弊害であったと指摘している。その半面、明治維新の功労者として、西郷隆盛を偉大な人物とし、『新民叢報』の中に肖像画を掲載している。ちなみに肖像画をのせているのは、西郷のほか伊藤博文と福沢諭吉である。伊藤は明治憲法の立案者、福沢は文明開化の功労者として評価している。

概して変法派は西郷隆盛を新制度の創始者として評価し、革命派は民権活動家としての強固な精神力を評価した。しかし、いずれにしても西郷の存在が、清末にあって他のいかなる日本の人物よりも中国人の関心のまとであったのである。これは日本の近代化が西郷をはじめとした一部の先覚者によって切り開かれ、その後の歴史は、その路線によって展開したという中国人の日本観によるものであろう。

西郷の伝記や詩文が湖南省の農村の小学校の図書館にまで備えられていたというのは興味深いものがある。竹内実著『毛沢東』（岩波新書）によると、先述した月照の詩を読んだ毛沢東が早速写して、母方のいとこに頼んで両親のもとに届けたというエピソードをのせている。毛沢東は子供心に西郷隆盛の偉大さを感知したのであろうか。

毛沢東がその後入学した長沙市にある省立師範にも、日本の明治維新に関する資料が保存されている。当時、湖南省には、明治維新の先頭にたった鹿児島になろうという呼び声があった。今日、長沙市と友好都市となっている鹿児島にとって、これらの事実のもつ意義を十分認識すべきであろう。

（『南日本新聞』文化欄　一九九〇年一月五日）

(七) 清末変法派（立憲派）と革命派の西郷観

今年は明治政府が誕生した年から百二十年を経過した戊辰の年である。幕末の激動の時代にあって、新政府樹立に貢献したのは、一部の開明的な下級武士団であり、その中心人物は西郷隆盛であった。明治維新運動の推進力を何に求めるかということは、重要な研究課題であるが、ここではふれないでおく。ただ新政府樹立のため貢献した軍事力ということに限っていえば、それを決定づけたのは、一連の戊辰戦争であり、その中心は薩長の連合軍であり、それを指揮したのは西郷隆盛であった。この西郷隆盛は、この戊辰の年から十年後、不平士族の期待をになって、新政府に意見を具申し、それがいれられなかったため、西南戦争を引き起し、その敗北の責任を負って郷里鹿児島で自害する。この西郷隆盛の幕末から明治初年にかけての言動に対して、明治政府は結局維新の功労者として評価すると共に、西南戦争は不平士族の反乱として位置づけることにしたのである。

ところでこの幕末から明治初年にかけての西郷隆盛の行動が、当時改革・革命運動を推進していた清末の中国人に大きな影響を与えていた。我々はそれを変法派の機関誌『新民叢報』と、革命派の機関誌『民報』の中で見ることができる。変法派は日本の明治維新を評価し、それにならって清朝の制度改革を推進しようとするのであるが、ここから明治維新を推進した幕末の志士達に対する関心をもつ。変法派によれば、これら幕末の志士が内外の危機を感知し、国を鎖し現体制の維持のみを図る幕府のもとでは、軍事力、産業力に優る欧米諸国に対処できないと考えるのである。これが開明派と言われる所以である。ところで幕末の志士が海外に対する危機感を持った契機は、阿片戦争で清朝がイギリスに敗れたことである。これにいちはやく対応したのが薩摩藩であり、また一部の開明的な下級武士であった。薩摩では藩主島津斉彬が、阿片戦争に関する資料を取りよせると共に、藩の軍事・産業の近代化につとめた。薩摩は当時、密貿易によって蓄財していたこともあって、この事業を比較的容易にできたのである。

この開明的な藩主斉彬の人材抜擢の方針に基づき、下級武士の中から有能な人物が登場するのであるが、その代表者が西郷隆盛であった。西郷隆盛が欧米の先進国の存在を著書によって広く知ったのは『海国図志』によってである。『海国図志』は、阿片戦争の敗北後、林則徐の幕友であった経世学者魏源によって編纂されたものである。この著は、単なる海外諸国の紹介書でなく、海外の進んだ技術の導入を図り中国の軍事・産業、更には制度の改革をも意図する経世書であった。ここから当時鎖国体制を維持しようとしていた幕府には都合がわるく、この著が最初伝来した頃には、一時禁書になったこともある。

この禁を撤回し『海国図志』の普及を図ったのは、幕府内部にあっては開明派の阿部政権であり、これを背後に支えていたのは島津斉彬であった。『海国図志』を読んだ幕末の志士は、広く知識を海外に求めるべく禁制を破って海外渡航を試みた。吉田松陰もその一人である。こんな機運の中で、幕府内の開明派が中心となって、一八五五年には、長崎に海軍伝習所を開設するに至った。

薩摩藩からは、五代友厚が派遣されていたが、阿片戦争後の清朝の実情を調査する目的をもって一八六二年上海に渡航した。同じ頃高杉晋作も上海に来ていたが、この二人が観察したのは、軍事力・産業力に優る欧米の実力であった。ここから列強の進出に直面する日本にあっても、軍事・産業それに諸制度の根本的な変革なしには、列強と対抗できないと痛感するようになった。高杉は帰国後、奇兵隊を創設して幕府打倒に奔走する。また五代は、大久保等の協力を得て、イギリスに視察団を送ることに奔走するが、時代の趨勢は幕藩体制にかわる先進資本主義体制を見習う形での新国家樹立の方向に歩み出す。このことが明治新政府成立後の新政策実施の促進を可能ならしめた要因である。

ところで変法派は先述したように幕末の志士の活動を評価するが、その出発点が『海国図志』であったという。梁啓超は、佐久間象山・吉田松陰・西郷隆盛等が、この著に刺激されて対外観念を培い、尊攘維新の活劇を演じたとまで断言する。次に彼は維新前にあっては、吉田松陰が、その身命を投げうってその勤皇の意志を貫いたことを高く評価する。梁啓超はこれを侠気と見るが、これは戊戌変法に際して、変法の意志を貫くため刑死した譚嗣同も侠気と見るのと同一である。彼は改革を実現するには侠が必要であると考えていたのである。梁啓超はこの侠気を西郷隆盛にも見るのであるが、西郷の場合は、討幕を推進するため編成した軍団の頭としての侠であった。ところが一方では、彼は西郷の軍団が郷望をもって郷兵を練し、其主を戴いたことが、後年弊害となってそれを新政府が除去しなければならなくなったとのべているが、これは暗に西郷を支えた薩摩の士人の起した西南戦争の事を言っているのであろう。ところで彼は郷望をもって郷兵を練する場合に、郷兵の指導者が紳士であった点に注目している。特にこの郷紳の思想の中にある勝てば則ち功を譲り、敗ければ則ち相い救うというあり方には共鳴していた。彼はこれを中国洋務運動期の漢人官僚の指導した郷勇の中にも同一のものを見たのであるが、彼はこれこそ封建の意を郡県の内に行なうということであると言うのである。すなわち変法運動は地方の紳士が中心となって、それを中央に反映させるものであると考えていたのであり、この点では洋務・変法も一致しうるものがあった。しかしそのあとの新政の実施段階になると、洋務派では不可能であり、変法派こそそれを担う存在と考えていた。これは日本においても維新をなしとげることによって、西郷の役目は終ったのであり、それを受けついだのは伊藤等の立憲派であったとする認識によったものであった。

日本ではこの維新派から立憲派への移行が比較的スムーズに行なわれたことに対して、梁啓超は驚異のまなこで見ている。これは維新派が新政にとって一番さまたげとなる諸藩を廃止し、中央集権を実のあるものにするため県を置いた英断が、その後の新政・変法を容易にしたと指摘する。従ってそれを推進した西郷隆盛こそ維新第一の偉人であるという。この功績からみると、西南戦争を起したことは免罪されるであろう。

しかし維新から立憲へは、新政の方針であり、それを遂行した伊藤博文は、今一人の偉人であるという。ここに梁啓超が西郷と伊藤を明治新国家確立にとって最も重要な人物として理解していたことがわかる。しかし一方ではこの西郷と共に福沢諭吉を二大偉人として評価する論説もある。これは福沢が開智の人であったからである。このことは、当時変法派の厳復が「原強」という論説の中で、民智・民力・民徳の三つを重視していることでも明らかなように、欧米の文化・文明を学んで近代化を進めることが大切と考えたからである。

次に変法派と論争していた革命派の西郷観である。革命派は明治維新を主権が幕府から天皇に移行した革命とみなしたが、その後、発生した西南戦争や、自由民権運動は、革命の延長上にあり、これが憲法発布に至ったものと考える。ここから西南戦争を単なる不平士族の反乱として把握するのでなく、明治政府による立憲君主制に至る民権拡張の過程の中で起った事件として考えている点は興味深い。革命派によれば、西郷隆盛の率いていた私学校の学生を義師とのべている。これは革命派が日本で演説した時にのべたものであり、日本にいる革命的な中国の留学生を鼓舞激励する目的で言われたものであるが、それにしても西南戦争を革命事業と言い、それに参画した私学校の学生を義師と言っているのは、いかにも革命派らしい。ここからその指導者である西郷隆盛は、クロムウェル、ワシントンに匹敵する人物となっている。革命派が西郷隆盛を評価するのは、その信念を貫くため断固新政府に抵抗した意志の強固さであろう。章炳麟は西郷の人物像を剛厳直大として把握し、その行動力を評価した。概して革命派の西郷観は、その信念に基づく彼の行動力に共鳴したものであり、その政策については、ほとんどふれていない。この点、変法派は西郷の明治維新に果した役割を的確に評価していると言える。しかしいずれにしても西郷の存在が、清末にあって他のいかなる人物よりも中国人の関心のまとであった点は興味深い。これは日本の近代が西郷を始めとした一部の先覚者によってきり開かれ、その後の歴史はその路線にそって展開したという中国人の日本観によるものであろう。

しかし今日の歴史学は、明治維新及びその後の政治が、一部の先覚者の路線によって展開したとは考えていない。特に最近の研究では、西郷の民衆観が問題になっている。西南戦争が不平士族の民権を擁護するものであったとしても、当時大多数をしめた農民の権利については、考慮されなかったところに、その思想及び政策の限界がある。同様に中国においても民衆の解放を視点として中国近代史を研究する中で、変法派・革命派の運動の限界も指摘されている。ただ今日にあっても、変法派・革命派が模範とした明治維新の先覚者西郷等について考察を深めることは歴史学にとっても重要な課題であることに変りはない。

（『同朋』一一九　一九八八年三月）

その五　恩師への思い

佐伯富先生を囲む会（1999年 6 月）

宮崎史学が教えるもの㈠

五月下旬わが国東洋史学界の泰斗・宮崎市定先生がこの世を去られた。亡くなられる一年前に全二十五巻にわたる『宮崎市定全集』が公表されたものの、先生の存在は地味であり、目立ったことを好まれぬ性格からその業績にもかかわらず、一般にあっては案外知らない人も多い。しかし学界では、その業績は偉大なものとして評価されているし、日本だけでなく外国でも広く知られている。

しかし先生は地位や名誉にこだわることなく、黙々としてその仕事にまい進されていた。先生の住居は質素なものであり、かつてここを訪れた外国の学者が驚きのまなこで見たということである。先生はいつも人間は雨や風をしのぐ程度の家があれば十分であり、それよりも大切なのは、この現世における仕事であるといっておられた。六月四日、先生の告別式があったが、故人の遺志ということで、香典・献花など一切いらないということであった。それでも別れを惜しむ人々が多く参列し、先生の人柄・業績をしのんだ。

先生は歴史研究にとって大切なのは、理論ではなく資料を丹念に読んで得られる人間の営みであることを教えられた。そのため資料講読は大変厳格であり、決してあいまいな対応は許されなかった。もしも当世はやりの理論をもち出せば、その誤りをすぐにただされた。しかし先生には歴史をグローバルにとらえる視点があり、その歴史学は決して重箱の隅をつつくようなものではなかった。それに常に現代の動きを的確にとらえる視点もあった。

鹿児島で先生の業績に感銘を受けた民間の人々がおられることを知り、私も可能な限り宮崎史学の偉大さをのべてきた。ある会合でそのことを先生にお話しすると、大変喜ばれ、自分はそういう人々に評価されることを望んでいるのだと言われた。この言葉の中に学問をする者への示唆がこめられていると思うのである。

（『南日本新聞』「南点」一九九五年七月三日）

宮崎史学が教えるもの (二)

次に宮崎先生の業績として世に知られたものに『科挙』がある。これは戦時中に構想されたものであるが、これが世に公表され脚光をあびるのは、昭和三十年代の後半からである。そのころから受験競争が激化しはじめ、それがエスカレートするとともに、受験競争のもつ弊害があらわれるのであるが、この書はまさに一千年にわたる中国科挙制のもついろいろな側面、特に弊害面を見事に描いたものである。しかし先生の研究のポイントは、科挙によって選出された官僚の果たす役割にあったようである。

中国の官僚制は古代秦漢帝国成立以降、明清帝国に至るまでもっとも整備された組織として機能していた。それだけに官僚制のもつあらゆる側面を有していた。官僚が天子の名代として天下の政治を担うという職務を遂行する中で、いわゆる官僚の汚職行為が進行していた。すなわち官僚が賄賂を取ることが当たり前のようになっていた。この官僚と結託していたのが官庁の事務を担当する胥吏《しょり》であった。胥吏は俸給でなく手数料によって生計を維持していたため、あらゆる不正を行なったのである。中国が官僚国家であることは、王朝が崩壊しても継続していたというのが先生の持論であった。中国には辛亥革命以降、国民党や共産党の政権が成立するが、これらの政権が構築したものは官僚体制であり、これらの政権下で官僚の汚職行為が多いのも旧体制の悪しき部分を引き継いでいるからであろう。

明治以降日本はこの官僚制を取り入れたが、官僚制のもつ長所とともに短所も同時に学ぶことになったことは、日本とて例外でなさそうだ。今日行政をめぐる汚職が続発している点からみて宮崎史学の指摘に目を向けるべきである。


（『南日本新聞』「南点」一九九五年七月）

宮崎史学が教えるもの㈢——●

その次に宮崎先生の業績について、さらに今一つ紹介しておこう。

先生の名著のひとつに『東洋に於《お》ける素朴主義と文明主義の社会』がある。これは、一九四〇年に出版されたものであるが、時あたかも太平洋戦争の最中であった。この著は、中国数千年の歴史を通観して、中国本土にたえず侵攻を重ねた素朴な遊牧社会が中国文明に同化して定着するという大構想の中で、遊牧社会のもつ素朴性が文明社会の中で失われていく点をも指摘した点に特色がある。この著と同様な構想をもつ名著にイブン・ハルドゥーンの『実例の書』がある。その「序説」でハルドゥーンは、物質の乏しい遊牧民社会と、文明化した都市定住民社会を設定し、前者が後者を征服した過程を明らかにしている。先生は戦前西アジア社会を体験旅行されたことがあり、またイブン・ハルドゥーンを研究した近年の名著ロゼンタールの『イブン・ハルドゥーン』が出版されたこともあり、このことが先述した先生の名著の発想につながっているものと思われる。

つぎに戦後一九五〇年に出版された『東洋的近世』がある。この著は先生の大胆な世界史的構想の中で研究されたもので、世界史を構成するイスラム世界、アジア世界、ヨーロッパ世界に三区分し、その相互の文明交流の関係を摘出されたものであるが、この中で、最初の近世社会に入ったのは、アジア、特に中国社会であったとする。すなわち宋王朝の中国は、政治・社会・文化等あらゆる面において他の文明より一歩進んでいた。しかしこの中国がその後発展がとまっていた間に、ヨーロッパ文明は産業革命をなし遂げ近代社会に入ったという想定である。この構想が現代的意味をもつのは、最近の研究がほぼこれに立脚している点でもわかる。

筆者が最近読んだアメリカの歴史学の泰斗《たいと》フェアバンクの『新中国』においても、宮崎史学の以上の二作の発想に近いものがあり、興味深く思ったものである。

（『南日本新聞』「南点」一九九五年）

宮崎市定先生を偲ぶ

私が宮崎先生の演習に始めて出席したのは、京都市立の中学校の教師となって五年後、京都大学の研修員となった時のことである。確か演習のテーマは、『皇朝経世文編』の「吏政」に関するところであったが、先生の演習は厳格そのものであり、用語の解釈においても、安易に『大漢和辞典』等の辞書類に出てくる意味や、当世はやりの理論用語をあげたりすると厳しく窘《たしな》められた。先生はよく研究に行き詰まることがあれば、まず資料を丹念に読みなさいと言われたが、これは私がその後研究をする上で一番貴重なアドバイスとなった。先生は私のような研修員や聴講生を学生同様に公平に扱って下さったが、これは大変有り難く、これまた私が後日大学教官となってからもいつも心がけている点である。

さてその後私は大学院に進学したが、先生は退官されておられた。ただ先生はよく散歩の途中研究室に立ち寄られ、私達に声をかけて下さったが、そのたびに身の引き締まる思いがしたものだった。やがて私か初めて東洋史研究会主催の大会で、年羹堯について報告をすることになった時に、この雍正時代の一大断罪事件の焦点がなかなか定まらないで相当悩んでいた。それは当時社会経済史が盛んであり、何とかこの事件をそれに結びつけたいと余計なことを考えていたからである。それで思い悩んだ末、先生のお宅へお伺いして助言を仰ぐことにした。先生は私の話をしばらく聞かれた後、これは政治史の課題ですと即座に答えられた。その一瞬私は目の覚める思いがした。私はこの断罪事件を政治史の過程でとらえることにしたが、これ以降の私の研究の方向を定める契機にもなった。先生はこのように一人一人の研究者の個性・能力をよく知っておられ、的確なアドバイスをされていたが、これは先生が研究者同様、教育者としても偉大であったことを示している。

先生が東洋史研究会の大会で毎年話されることは、いつも新鮮で興味深い内容のあるものであり楽しみであった。しかも先生の話は、中身だけでなく話術にも富んでおられた。これには先生が落語に親しんでおられて身につけられたのではないかと誰かから聞いたことがある。そう言えば、先生の話は時におちがあり、それが話の内容を一層印象深くしていたように思われる。

私が現在住む鹿児島には、先生の史学に関心をもつ一般の人がかなりおられ、私はこのような人々にたのまれて宮崎史学について語ってきた。ある時、私は先生にぜひ鹿児島においで下さいとお願いしたことがある。これに対して先生は、いろいろな人から同じことを言われるが、みなお断わりしていると言われた後、それでも私はそのようにいろんな人達が関心をもってくださることをうれしく思っていると言われた。このことを語られた先生の笑顔は私にとって終生忘れられないものとなっている。私は今後命ある限り、宮崎史学を多くの人々に伝えていき、先生の学恩に報いたいと思っている。

（『東洋史研究』第五四巻 第四号 「宮崎市定博士追悼録」所収 一九九六年）

荒木敏一先生を偲ぶ

今年八月荒木先生の訃報に接した私は一瞬信じられない思いにかられた。一昨年宮崎先生の告別式で先生をお見かけしたときには、先生はまだお元気な御様子であったので、その内にゆっくりお会いしてお話しすることを楽しみにしていたからである。忽然と私の前から姿を消された感がして残念な気持ちで一杯である。

私が先生と最初にお会いしたのは、戦後まもない一九四九（昭和二十五）年、京都学芸大学入学直後である。私が第二社会科の専攻の内、東洋史を選んだのは、一つには不幸な大戦の原因となった日中関係の歴史を学びたいという衝動にかられたのと、京都大学で東洋史を学ばれた先生の学識に触れてみたいと思ったからである。先生が学生の我々にまず紹介された著書は宮崎市定先生の『科挙』と『東洋的近世』であった。前著で私は中国の試験制度の実態を学ぶことができたし、後著では宋代近世説の根拠をヨーロッパやイスラムの歴史との比較の上で知ることができた。私の東洋史研究への興味はこれらの著作を読むことによって一段と増したが、そのきっかけを与えて下さったのは先生であった。先生の授業も大変内容のあるものであった。先生は宋代科挙制度研究の第一人者であり、講義のテーマもそれに関するものが多かったが、先生の学識を披露されながらの講義の展開は大変興味深いものがあった。しかし私にとってありがたかったのは太平天国の乱を講義して下さったことである。近代史を専攻したいと思っていた私にとっては、この近代の乱についてその学説を整理しながら実証的に展開される講義に感銘した。

当時太平天国を農民反乱とするか、さらには近代農民革命の原点とする見方が主流であったが、それにとらわれない先生の見解を大変興味深く思った次第である。その後卒論の題目を選ぶ時に、私が近代に関心があるのを知った先生は、清末の漢人官僚張之洞をとりあげることをすすめられた。しかし戦後の歴史観の主流は、張之洞を反革命分子と位置づけており、その中にいた私は張之洞を研究することに躊躇し、先生の御指導に答えられなかった。後年私は張之洞が中国近代の政治や教育改革に果たした役割を知り、研究論文を書くことによって先生への約束を果たすとともに、あの時代にあって、張之洞の行政を評価されていた先生の歴史家としての洞察力に改めて敬服した。

先生の大学でのお仕事の内、我々学生にとって大変ありがたかったものとして、第二社会科の学会誌である『桃山歴史・地理』の発刊、それと史学会を作られたことである。この先生の御尽力により、第二社会科の史学系の学生、卒業生が一堂に会して自己の研究や教育活動を披露するとともに、親睦を深める機会となった。私自身初期の論文はほとんどこの学会誌に寄稿したものであり、それが後年研究を進める上で非常に役立った。史学会はその後しばしば存亡の危機があったが、その度毎に関係者を集めて、学会の必要性を力説された。先生は時には一乗寺の御自宅に卒業生を招いて、先生の友人や同学の研究者の話を聞く会を開かれたが、これは本当に楽しい思い出となっている。また東洋史の専攻生や卒業生には別に『万里』という機関誌の発行を試みられたり、美術館巡りなど学生との対話を大切にされていた。また学生の生活面についても細かい配慮をされていた。研究室に時々顔を出す台湾から来た青年がひもじい思いをしているのをみて、自分の弁当の一部を分け与えられていた光景は今だに忘れられない。また全学連の活動家で捕まった学生の身元保証人となって面倒をみられたこともあった。私は先生のこの思いやりをみるにつけ、大変感動したことをおぼえている。このように先生は教育者としてもりっぱであった。今日教育大学発足後五十年にして先生は亡くなられたが、先生が作ってこられた教室のよき伝統は、今日にも生かされていると信じ、先生の御冥福を心からお祈りしたい。

（京都教育大学「桃山歴史・地理」第三一号所収　一九九七年）

佐伯富先生を偲ぶ――●

大学三年の秋、私は先生から「中国の歴史」に関する授業を受けた。先生は中国の古代神話時代から中世・近世へと続く歴史をたんたんとしてのべられた。私はそれまで中国の歴史を指導教官の荒木先生から部分的に習っていたものの通史として聞くのは始めてであったので大変新鮮な思いがした。その後、私が中学教員をやめ京大大学院を受験した時、最初の一年目は不合格となった。その時先生は、君は年齢的にも研究をするのに限界に近いよ、もう一度挑戦してみてはどうかと言われたので、この先生の励ましの言葉を信じ、次年に受験し合格できた。大学院入学後、私は高校の非常勤講師などをやっていたので授業は、京大人文科学研究所で行われていた『雍正硃批諭旨』の講読と、先生の演習『続資治通鑑長編』の講読にしぼって出席した。先生は常に研究テーマが清代の政治や経済であっても、唐宋の変革をへた宋以降の近世独裁君主国家体制の変遷を背景として知らなければ清代の研究も不十分なものになるとのべておられた。そして何よりも事実の解明にはその当時の資料を読みこなすことが必要であるといわれた。大学院修士課程をおえた時、私は念願の高校教員になる資格を得られたと思い、先生にそのことを言うと、先生はそれにはふれずに、修士課程だけでは研究者として一人だちのできる能力には不十分なので博士課程進学をすすめられた。その後助手になった時、私は一年だけ先生のもとで勤務した。先生は正月と日曜以外は、朝八時から夕方五時まで必ず研究室にて仕事をなさっていた。本棚には関係資料が整然と並べられ、すべての資料の位置がきまっていた。私は朝八時すぎ先生の部屋でその一日の御用を尋ねることにしていた。その年、国際東洋史学会がパリであることを知り、私がおそるおそるその会に参加してもいいですかと尋ねると、先生はにっこり笑いながら行くことをすすめられ、せっかく行くのだったらイギリス、ロンドンの大英博物館だけでなくテート美術館、またパリのルーブル美術館だけでなく、モンパルナスやバスチーユなどに行くこともすすめられた。私はいつも漢文資料にうずもれて研究だけに執心しておられる先生の姿をみていたので、西欧の美術や文化などにも関心をもっておられる面をみて驚くと共に感歎した。私が鹿児島大学に赴任し、時々帰京した時、先生が晩年住んでおられた琵琶湖畔の和邇町にあるお宅を訪問した。先生はここで晴耕雨読の生活を過しておられたのである。先生の書斎に案内されると、書籍が京大研究室の部屋通りに並んでいた。先生には中国資料の索引類を多数公刊されていたが、これが研究にどれだけ役に立っていたかについては言をまたない。

先生と楽しくお茶を飲みながら歓談し、夕方近くにお宅を出る時には、いつもお宅で作られた野菜のおみやげがあった。そして坂道を下っていく私の姿を、奥様共々いつまでも見送っていただいた。先生はめったに歌うことがなかったが、晩年同窓の友人と先生を囲んで湖畔の飲食店で会食した時、先生が唱歌「故郷」を歌われた。先生の故郷は、香川県坂出近辺観音寺にある弘法大師ゆかりの寺である。ここの中学校を卒業し、旧制六高それから京都帝大の文学部に進学され、東洋史学を専攻された。終生の地を湖畔に定められたのも、研究一筋に人生のあり方を考えられていたので、京都近郊のこの地がもっともそれにふさわしいと思われたのであろう。それにつけても先生の故郷を思われる気持は大変強いものがあった。

（二〇一八年　記）

小野川秀美先生を偲ぶ——●

先生の故郷は高知であり、地元の旧制高知高校を卒業後、旧制京都大学文学部を卒業され、戦前は主に北アジアの歴史を研究されていたが、戦後は清末から民国にかけての政治思想の展開を洋務・変法・革命へと移行していた経緯を実証的に研究され、それを『清末政治思想の研究』と題して公刊された。私が先生を知ったのは、アヘン戦争期の経世思想家魏源に関心をもちまとめた論文を京大大学院の入試論文として提出した時からである。小野川先生は、人文科学研究所の教授として在任されていたが、この時には試問委員でなく直接審査を受けることがなかった。私は院に合格して以後、人文科学研究所の近代班の研究会にも参加し、そこできびしい指導を受けた。二年後の博士課程進学に際し、私は魏源と同時期の経世思想家包世臣を選んだ。これは先生の魏源のことを研究する場合、同時期の思想家のことも並列して考察する必要があるという示唆によるものであった。進学試問の委員に先生がおられ、私の論文の資料の一つを取りあげ、その読み方をとわれた。それがまちがっているといわれた時、私はこれが減点となって進学はだめかと思った。研究室に戻って少したった頃、先生が部屋にいる私をさそって自宅に招いて下さった。その道すがら、あんに進学が認められるだろうといわれ、私はうれしくなった。先生のお宅についた時、玄関の部屋の真正面に奥様の遺影の写真がかざられていた。聞く所によると先生の奥さんは、数年前に病気でなくなられたとのことであった。先生は私にこの奥様のことをしみじみと語って下さった。二人の息子と一人の娘を育てるのに大変だったといわれ、遺影に手を合わせられた。先生はかなりの酒豪であった。それに私の本籍が高知と聞き、大変よろこばれた。それに無二の相撲好きであることにも共感をもたれた。お宅につくと先生はすぐに酒を出し、一緒にのもうといわれた。丁度春場所の最中であり、テレビを見ながら酒をのんだ。いよいよ帰ることになりたちあがって窓をあけ空をみあげるとおぼろ月がぼんやりかすんでみえた。先生は私の側に立ち「月の名所は桂浜」と土佐節の一節をうたわれた。私も少し合唱したが、先生は大変よろこばれてにっこり笑われた。その時の笑顔は私にとって一生忘れられないものとなった。そして私は心の中で、先生のような立派な中国近代史の研究者になろうと誓ったのである。

（二〇一八年　記）

藤枝晃先生を偲ぶ

藤枝先生の名前を初めて耳にしたのは、私の学芸大学在学中の恩師荒木先生からであった。先生は私達学生によく京都大学在学中の同期生や先輩の話をされたが、この頃の卒業生が多く研究者になったと誇っておられた。藤枝先生についてはこわい先輩であり、自分の書いた論文について遠慮なくお叱りを受けたがこの助言は大変ありがたく励みになったと言っておられた。私にとって藤枝先生は学問の達人として近より難い印象をもっていた。それから数十年後、私が大学院に進学し、新入生歓迎のピクニックが催された時に、この会に参加された先生の姿に接した。先生は当時五〇代の半ばになっておられたが、ダンディーでスマートであり話上手な先生は参加の女子学生の人気を集めておられた。私はその時には先生と直接話す機会はなかったが、冗談をまじえながら面白そうに話される先生の笑顔にみとれていた。その後私は一二年間研究室にいた関係もあって先生と時々接する機会ができた。先生は千本今出川近くのマンションに住んでおられ、そこから市電にのって大学や病院に通っておられたが、よく車中で出会ったものである。すると先生から声をかけられ私か百万遍で市電を降りるまでいろいろ話をされた。こんなこともあって先生のマンションの暮しや生活のこと、それにお体や健康のことなども手に取るように知ったのである。

先生はよく私に年をとると生活するのに便利なマンションがよいよと言っておられた。

先生の御研究に関しては、御専門の敦煌学や、名著『文字の文化史』の事などについて知っている程度だったが、その頃、奈良の博物館でシルクロード展が開催された際に、井上靖の名作『敦煌』についての解説に先生の御教示もあってこの名作が生まれたという記事を読み大変感動したものである。『文字の文化史』の中にも、当時の出土資料を用いて、詳細に最前線を守る兵士の生活のようすまでも記されており、その時代がいきいきと再現されているところなど何か藤枝マジックのように思った次第である。先生は研究には真摯な態度をもっておられたが、案外オプティミストの面ももっておられた。六〇代自らも健康をそこなわれたこともあったが、いつも明朗で前向きに人生を考えておられた。私が鹿児島大学に赴任した際にだした先生への挨拶状に対して病後であったことをどこかで聞かれた先生は、健康をモットーに気楽に暮らすことが第一であるという激励の返書を頂いた。

それから毎年の年賀状に必ず健康を祈ると書かれており大変ありがたく思ったものである。先生の年賀状は毛筆を用い、一字一字丁寧に大変達筆であったが、文字を大切にされる先生の御気持が伝わってくる感がした。先生は文字こそ文化の象徴と考えられていたようだが、敦煌文書などにみえる文字の真偽の確認は先生のライフーワークとなっていたのであり、それに人生をかけておられたように思われる。先生の御研究が今後も引きつがれることを念じつつ御冥福を祈ります。

(『藤枝晃先生追悼文集』所収　二〇〇〇年六月)

島田虔次先生を偲ぶ――

私が先生の名を知ったのは、京都大学大学院に入学し、修士論文を書くことになった時からである。清末阿片戦争の時期の官僚林則徐とその幕友（政策の顧問）の魏源について研究をしていたのであるが、これら経世官僚や士大夫（科挙合格者）の政治思想を課題として取りくんでいくためには、当時の経学・史学についても知らなければならなくなり、そこで当時これ等の研究分野の第一人者であった島田先生の名著『中国における近代思惟の挫折』を通読した。

先生は当時京都大学人文科学研究所におられたが、ここでの『雍正硃批諭旨』講読に先生も出席されていたので、私はこの会で始めて先生のお姿をみることになった。しかし直接お話をする機会もなかった。そしてやがて私が博士課程に進学し、研修員をへて文学部助手になった後、先生が人文研から文学部に転任してこられた。東洋史研究室では、戦後宮崎先生の頃から昼食会があった。毎週金曜日昼休みに東洋史教官と大学院生、それに学部の学生も出席し、昼食をとりながら歓談した。私が助手になった頃、主任教授は佐藤先生であったが、島田先生もほとんど毎回出席しておられた。この会は、研究会ではなく、各人が過去のできごとや、今関心のあることなど、自由に話しあった。

島田先生の話題は、専ら自分が大学卒業後勤務していた信州（野沢湖周辺）の高校の思い出を話されていた。特に私が印象に残っている話は、秋に兎狩りをみにいったとき、一匹の兎が高く張った網の上をとびこしていった風景は忘れられないと感動しておられたことである。私も先生につられて中学校教師の時に、生徒とピクニックをして道に迷い大騒動した経験を話した。
　お互いにささいなことであっても対話することで信頼をますことが、人生にとって大事なことであることを、この会は教えてくれたものと思っている。先生は私が『東洋史研究』に書いた論文を丹念に読み、問題点があれば指摘して下さった。私がその後、鹿児島大学に赴任した後も、私の論文に対し懇切丁寧な感想文を送って頂き、私は自分の研究にとって足らないところをおぎなっていくことができた。私が西郷隆盛について書いた小論に対して、先生は大変ほめて下さり、近年読んだ論文の中では尤も面白いものであったという返書をいただいた。先生は明治維新を推進した人物の思想に関心をもっておられ、それを私に期待して下さったことを大変光栄に思っている。

（二〇一八年七月　記）

谷川道雄先生を偲ぶ

　私が京大文学部助手の六年目になる一九八三年に、先生は名古屋大学から転任してこられた。先生が中国隋唐時代の著名な研究者であり、その共同体論は中国史研究に新しい視点を与えたものとして注目されていたことは知っていたものの、直接先生とお話する機会はなかったが、今回の赴任で初めてお会いできることを嬉しく思ったものである。ところが、この年の秋、私は直腸がんにより府立医大病院に入院、大手術をすることになった。入院後意気消沈していた私をはげまして下さったのは先生であった。お見舞いの日、自分が四十才の頃、足を切断する大手術をした後、立ち直っていった日々のことを話され、私にその思いをよみこんだ短歌を下さった。このことがあってから、私は自分の思いを気楽に話することができるようになった。鹿大赴任後、先生を集中講義にお招きした時に、その一週間は連日先生と飲食を共にした。

先生の故郷は、熊本県水俣から天草へ向かう途中にある長島近郊の島であって、父はそこで歯科医をしていたとのことである。このあたりの風景は地中海にあるギリシア周辺の島々のように明るく、果樹の花咲く美しいところであり、幼少の頃、なの花が丘一面咲く丘をかけのぼると眼下に青く澄んだ海が見えたと先生は語った。足を切断された体になっても先生の心の中に故郷の美しい風景が生きていると私は思った。しかし先生はこの海を汚した会社とその時の行政の責任についてふれられた時、おだやかな先生の顔が一瞬暗かったことを覚えている。その後、先生は熊本県立熊本中学、そして大阪の浪速高校、その後京都大学へと進学されてきたが、旧制高校在学中は戦争中でもあった。この間のことを私はあまり聞いていないが、晩年湖南研究会の後の宴会の席上、先生がシューベルト作曲の菩提樹・野ばらの一節を歌われたことがある。その席上、先生はその曲を戦争中におぼえ、それを教えてくれたドイツ人女子留学生の話をされた。くわしくはいわれなかったが、その留学生は帰国したとのことである。

戦後、京都大学に進学し、中国中世の隋唐王朝の研究をされた。先生が何故中国史の研究を志されたのか、更にその歴史観については多くの研究者が叙述されているので、私はここでは省略するが、私が先生からお聞きしたことで一番印象に残っているのは、本来唐代史を研究の主眼とされていた時に、その解明のためには、その源流が六朝期にあることに気付き、ここにその相互関係を明らかにすることに気がついたとの述べられた点が、私のもっとも理解できたことである。当時京都大学文学部で研究を志している大学院生は、アルバイトとして高校の非常勤講師として世界史や日本史を教えていた。先生も洛北高校で世界史を担当していたが、その教え子に森正夫先生がいた。森さんはその後京大文学部で東洋史学を専攻し、名古屋大学の東洋史学の教授となったことは周知の通りである。

谷川先生は研究だけでなく教育にも尽力され、ここから多くの後継者を育成された。

私が先生とより深くつきあうようになったのは、鹿大を退職して京都に帰郷し、先生主催の湖南研究会の一員になってからである。月一回開催されるこの研究会には、谷川門下の研究者が数人参加し、その他大学院生、高校教師などいつも二十人近くのメンバーが参加していた。先生は中国史研究を深めるためには、明治から昭和初めまで生きた東洋史研究者、内藤湖南の歴史観を知ることが肝要であると考えられ、この会をたちあげられた。

ただ先生には、中国史研究の目的は、あくまで現代中国の実態を解明することにあると考えられ、晩年は特にこの問題に取りくみ、現在中国から刊行されている論文・新聞・雑誌資料などを取りよせ、それらを翻訳すると共に、現代中国の課題として、『土地を奪われた農民』という本を刊行された。それと共に二〇一二年湖南研究会のメンバーによる「シンポジウム、「現代中国農民運動の意義」─前近代史からの考察」を開催された。

二〇一三年頃から先生は体調をくずされ、「湖南研究会」に参加される回数は少なくなった。それでも先生は私に「あしたの会」を紹介して下された。この会は中国史研究者だけでなく哲学・文学・地理学・考古学の研究者それに出版社・弁護士・予備校関係など凡ゆる分野の人に、現時、世界・日本に起こっている諸問題を取りあげ、討議することを主旨としていた。それはグローバルな今日の世界で視野を一層広げることが必要であるという先生のお考えから作られたものである。先生は私に中国史関係の報告をすることをゆだねられたのである。先生が会に出席できなくなった以降は、もっぱら自宅に設置してある留守番電話に先生のお言葉を保存している。私は時には、この電話を開き、先生のお言葉を聞くことにより、元気をとり戻している。

（二〇一八年六月　記）

『清代の政治と文化』序文（谷川道雄）

昨年の暮、大谷敏夫氏から、来春自著を出すので一文を草するようにとの要請を受けた。聞けば現在の追手門学院大学を定年退職されるに当って、清代史に関する諸論考を一書にまとめられるのだという。私は清代史についてはは全くの門外漢、一旦は固辞したが、強っての要望なので、種々思いめぐらした末に、お引き受けすることにしたのである。

その主たる理由は、氏との永年にわたる研究者としての交わりにある。今から約二十年前、私が名古屋大学から京都大学に転任して来たのとほとんど入れ替りに、氏は京大助手から鹿児島大学へ栄転された。しかし職場は遠く隔っていても会う機会に恵まれ、そしてそこでの話題はつねに学問のあり方についてであった。今想い起してみても、とりとめもない世間話のような会話を交わした記憶は殆どない。中央の学界から離れた九州の南端にあって、氏の学問に対する情熱はいささかも衰えることがなく、専攻する時代は異なっていても、中国史学の方法・課題は、お互いの共通の関心事だったのである。

鹿児島大学での勤務を終えて郷里の京都に帰られ、追手門学院大学で再び教鞭を執られることになったが、私の関わっている河合文化教育研究所の内藤湖南研究会にも参加され、そのことによって我々の学問上の対話は、いよいよ深さを増してきた。湖南に対する共通認識をベースにして中国史の方向を語り合うことが可能になったのである。

以上のような長い年月での情景を思い浮べつつ、私はおこがましいことながら、氏の新著に拙い一文を寄せることにしたのである。

周知のように、氏にはすでに『清代政治思想史研究』および『清代政治思想と阿片戦争』の二大専著があり、それぞれ学界から高い評価を受けている。大方の研究者ならばそれだけで自ら足れりとしてしまうところであるが、氏はさらに第三の著作を思い立たれた。それは前二著刊行のあとも営々として思索を続け、その成果の発表につとめられてきたことを、雄弁に物語っている。門外漢の所見であるが、新著は前二著の結実を基礎としつつ、清代史の総合的把握を目指してさらに磨きをかけた論著である。氏にとって清代史とは、政治や経済や社会や思想や、その一面を取り出して論じただけのものではない。それらの分野が互いにからみ合い、一体となって進行する時間的展開の総体なのである。氏がかねてから経世思想に注目して来られたのも、そこに政治・経済と学術との接点を見出したからであった。そしてその学術とは、一面において経学であり、他面において史学である。このように、清代では、さまざまの次元において人間の営みが交錯しつつ、そしてまたそれが士大夫たちの人格に体現されつつ、全体として近代世界へ向って突入してゆく。新著においてはこうした氏の清代史観が一層鮮明に語られているように感ぜられるのである。

さらに新著では、文化という概念が、とくに意識的に用いられている。そこには内藤湖南の影響がうかがわれるが、それは湖南の文化史観が、氏の総合を求める志向に強くアピールするためであろう。この文化の概念は、政治や経済・社会などを引き去って後に残すといったものではない。むしろそれらが緊密に関係しあい、社会全体としては時代精神を構成し、個人にあってはその人の存在証明となりエートスともなるところのものである。氏が清朝経世官僚の幾人について専論するのも、こうした観点から清代史の内面に迫ろうとする意図のようにおもわれるのである。

氏の各論考には、奇を衒う論議は全く見られない。主張を異にする他人の説にも謙虚に耳を傾け、その短を捨て長を採り、自己の実証的結果とつき合わせて、自説を開陳してゆく。自己の見解を顕示しようとする余りに、他者の説を無視し、あるいは不当に斥ける当今にありがちな風潮と、氏の姿勢は全く対照的である。地味ではあるが諄々と説くその篤実な文章は、読者に強い信頼感を与える。

清代史は中国近代に直接して先行する時代として重要な意義をもつが、近代史の理解の仕方が問い直されてきている今日、この時代の研究は、特別に重い課題を背負っていると言わなければならない。氏は、この時代を前近代として切り捨ててしまうのでなく、その内面に胎動する中国人自身の近代精神の種々相を、偏見のない眼差しでとらえて来られた。その営みから構成された清代社会の全体像は、今後の近代史研究にも大いに活かされなければならないであろう。それは近代史研究者のみならず、中国の近代を凝視しようとするすべての人びとにとっても、大きな参考となるはずである。私はとくに、本書が学生・院生諸君によって丹念に読まれることを期待したい。清代とはいかなる時代なのかということについて、また、中国伝統社会の到達点でもあるこの時代の理解を通じて中国史とは何かを考えることにおいて、有益な示唆を受けることが疑いないからである。

終りに再び私事に関わらせて述べるならば、氏はこのほど古稀の寿を迎えられた。私もまた七十代の半ばを越えた。しかし、〝生涯学習〟の語に擬らえて言うならば、我々はともに〝生涯研究者〟である。心身の力が許す限り、彼方に向って歩を進めなければならない。大谷氏のような得がたい同行から今後なお多くの学問的教示が得られることを希望し、氏の益々の健勝をねがってやまないのである。

二〇〇二年　春節

谷川道雄

溝口雄三先生を偲ぶ——●

溝口先生は一九三二年七月生れ、私は同年二月生れであるので、学年は私が一年上であるが、ほぼ同時期人生を過したことになる。私が先生の名と御研究を知ったのは、一九七八年、八月『新しい歴史学のために』第一五二号に「清代思想研究ノート—溝口雄三氏の所論を中心に」を掲載したことに始まる。私はこの小論で、清代思想史を通史として把握する視点を模索していた時、清代思想史を天理と人欲—公・私の変遷の過程を通してとらえようとした溝口氏の研究を拝見し、それに啓発されてこの課題に取り組もうと考えた。溝口氏は、清代思想史研究にとって、清代社会経済にあって郷紳の役割を重視されたが、その郷紳が国家と郷村の接点に存在し、国家権力の郷村統治の機能を代行する点についての考察をすすめておられた。私はこの問題を取りあげ、それを井田論、封建論、朋党論の観点から研究した。これ等について小論を公表した後、溝口氏から丁寧な手紙を頂き、これ等の問題について、更なる研究を深化させることを期待するとあった。その後溝口氏は、一九八九年の『方法としての中国』に始まるその後の研究においてそれまでの中国近代史研究の視点として尊重されていた小野川先生に代表される洋務・変法・革命論へと展開する思想史研究に対して、伝統的な郷里空間といった実体的な概念の設定が重要だとし、更に特に辛亥革命については、明末清初期の「地方公論」の磁場としての郷里空間が、清末には県範囲の規模からの省範囲のそれへと拡大充実したものであるとのべられた。この郷里空間とは、地方公事につながり、それが「郷治」といえるが、これはヨーロッパ渡来の「地方自治」ではないという。以上のことは溝口氏の遺著ともいえる『中国思想史』（二〇〇七年、東京大学出版会）に記載されている。ところで一九九〇年の秋、溝口氏から電話があり、来年二月、東京大学の中国哲学科の集中講義を要請された。ところが私が東京にいったころ、溝口氏は中国での学会での発表があることで不在であった。しかし私の講義には現在日文研や各地の大学において中国思想史研究で活躍されている逸材が受講しており、その後いずれも溝口氏の教えを受け、中国思想研究を一層促進されている。溝口氏からその後著書の出版があるたびに、寄贈をうけ、意見を求められたが特に辛亥革命についてそれを郷治革命にすることに対しては、異論も多いので私の見解を尋ねられた。私はそのうちに東京にでかけお話しましょうと返書したが、二〇一〇年七月、訃報に接し愕然としたのである。私と溝口氏とは、一九七八年以後、幾たびか封書の交換をしていたが、一度もお会いしたことがないうちに、亡くなられたのである。聞けば晩年、パーキンソン病にかかり身体が不自由な中でも、後世にのこる研究を継続されていたのであり、私は氏の学問に対する情熱に対して敬意を表するものである。

（二〇一八年 記）

福本雅一先生を偲ぶ

福本さんは、一九三一年十月生れであるので、翌年二月生れの私と小学校は同年ということになる。福本さんの伝記によると、氏は昭和二十五年、関西大学仏文科に入学したとあるから、これも同年京都学芸大学に入学した私と同様である。卒業の年は最低の不景気で、職もなく、博士課程を終えてからも同様であったとあるが、私は大学卒業後、すぐ中学校教員となったところから進路は違っていた。福本さんは大学院に進学したが、吉川幸次郎先生の在任される京都大学文学研究科中国文学科に進学された。私が福本さんと出会ったのは、私が十二年間にわたる中学校の教員の職を辞し、京都大学大学院文学研究科東洋史学科に入学し、博士課程在学中、人文科学研究所で行なわれている日比野丈夫先生の顧炎武著『天下郡国利病書』の研究会に参加したことによる。日比野先生は、研究会終了後しばしば飲酒会をされ、会員の親睦を深めようとされた。その場で一きわ気前よく酒をたしなむ福本さんとごく自然につきあうようになった。当時私は大学院修士課程進学のために書いた「包世臣の経世思想について」の論文が『東洋史研究』に掲載されたこともあり、この論文を読んで頂いた東洋史学科の先輩杉村邦彦氏から包世臣の書論家としての面を氏が主催する「書論」研究会で報告してほしいという依頼も受けていた。これが契機になり、私は「書論」にも包世臣と共に当時の文人群像について論文を書いたのである。こんなことが契機となり、私は中国書論を取り扱う「二玄社」から、包世臣の『安呉論書』の翻訳を依頼されたのである。福本さんは、明代の詩人の研究から始めて、歴代の中国詩人のすぐれた詩の集字と墨場に取りかかり、その成果を続々出版された。それが一九九四年四月に始まり、一九九六年九月に終わる『集字墨場必携』十五冊とそれに続く『律詩墨場必携』五冊であり、これらは氏の研究の双璧と言ってよいだろう。福本さんは、この『集字墨場必携』執筆中の一九九五年の五月、妻の久代さんをなくされた。この奥さんのことを記した「久代のために」という一文が『休学集』に掲載されている。そこには奥さんが十年ほど前から病気ばかりして三度の大きな手術を受けたことや、亡くなる寸前の状況までくわしくのべられている。妻の死が現実のものとなるにつれ、恐怖に堪えられなかったことなどにつき書き最後に二人の人生についてふれている。福本さんの奥さんがなくなって十三年後、私も最愛の妻を亡くしたが、私の思いも福本さん同様のものがあった。誰もが経験する一人で生きていくことが、どんなにつらいものであることはいうまでもない。私と福本さんは、その後もお互いの出版した書物を贈与し続けた。福本さんからくる賀状にはいつも美酒をのんで語りあいましょうとあった。私と福本さんは、鹿児島や京都の酒場で一日中飲んでいたこともあった。私は福本さんは李白の生まれかわりではないかと思っていた。

（二〇一八年八月 記）

その六　中国史研究への歩みと成果

1997(平成９)年　退官記念講演

退官記念祝賀会（1997年３月）

博士論文要旨

(一)「清朝国家体制の崩壊過程に関する一視点」——●

清朝国家体制の特質を論ずる時、第一に清朝が征服王朝であり八旗兵制を中心とした軍事体制がその基幹となっていたこと、第二に宋朝以来の独裁君主体制を維持発展させたことを分析する必要がある。その完成期は雍正期であり軍機処の設置と奏摺政治はまさに軍事体制に支えられた独裁政治が十分に発揮されたものといえよう。ところが最近の社会経済史研究に於ても雍正期の地丁銀制成立をもって地主制を国家の農民支配の体制的原理として意義づける見解が主張されているが、こゝに地主制を基軸とした清朝独裁君主体制の確立をみるのである。ところでこのように完成をみた清朝国家体制が崩壊を始めるのは、次の乾隆期からであるが、本論ではその崩壊過程をその軍事体制と官僚制の両面にスポットをあてて分析し、特に体制の崩壊を敏感に察知してその再建策を模索した清末の経世家の思想を紹介すると共に今後の課題につきのべてみよう。清朝軍事体制がその弱体ぶりを露呈したのは白蓮教の乱の時からである。清朝官兵の主力は八旗・緑営兵であるが乾隆ごろより腐敗が甚しく戦力として役に立たなくなりつつあった。八旗制衰退の原因は、その経済的基盤であった旗地が、旗民の増加により支給が困難になったことと、消費経済の進展により旗民が奢侈となり、旗地を漢民に典売し没落したことがあげられよう。その対策として雍正期以後、典売旗地の回贖の法をしばしば設けると共に典売禁止令を重ねたが効果はなかった。そこで旗民を満州の故地に戻して屯田をさせ倹樸の気風を育成せんとする意見（魏源）も出されたが、消費経済に順応した旗民には故地に戻る意志はなく実行されずに終った。次に緑営兵衰替の理由は、特にその兵餉に問題があった。兵餉が低いため緑営兵は別に生業を営んでおり訓練に専心しなかった。武官には文官の養廉銀に当る親丁名糧が支給されていたが、それが悪用され空糧が増加した。この対策として兵額を減し、その減ずる所を以て餉の薄きに加へれば餉自らも足り兵も亦専心訓練に従うに至り、以って頽廃を挽回すること得べし（左宗棠）という意見も出されたが、結局、八旗・緑営の弱体を根本的に解決しえず清末になって勇営・新軍の成立をみるに至るのである。清末の兵制の改革にとって画期的な意義をもつものは郷勇の登場であるが、その成立の契機となったのは白蓮教の乱対策として郷村に自主的に作られた団練であった。団練は腐敗した官兵に代って郷村防備機構として登場してきたものである。清朝では清初より郷村治安機構として保甲制が存在していたが、これはせいぜい郷村の治安の程度にしか役立たず、白蓮教の乱の如き大規模な反乱には対処できる性質のものではなかった。このよう内乱対策としては八旗・緑営の任務であったが、これが役に立たないとなると、これに代る軍事機構が必要となってくる。然るに郷村が軍事力をもつことは、征服王朝にとっては大変危険な要素ともなりかねないので、これを何とか体制側に組み入れるべく種々の対策を講じた。即ち体制の末端機構としての保甲制に団練の任務を与えたり、辯団詳細条規を作って種々の規則を設けたりした。ところが白蓮教の乱に始まる反体制運動の激化に伴い、数郷の団練が横に連合して防備を強化するが、これが官吏の苛政に会うとその武力を背景に反官斗争を行なった。清朝ではこれを団匪とよんだ。一例をあげると太平天国期に湖南省で微義堂の指導者であった周国虞の反乱がある。微義堂は一八四二年鐘人杰が反乱を起した時には、寧ろ当地の郷紳の指導により郷村秩序を維持する役割りを果したが、度重なる官吏の苛斂誅求の結果、遂に周国虞は「官逼民反」をスローガンに太平天国と内応することになった。周国虞自身天地会の会員であり、彼の旗揚げには数万の天地会の会員が参加した。このようにこの頃になると堂とか局を設立した郷紳の中には、徴税権（包攬）軍事権（団練）を掌握したことにより、しばしば反官抗争を演じ、時には太平天国の如き反体制運動に参加するものがあらわれてきたので、清朝政府は体制擁護を果す強力な軍隊の創設の必要に迫られた。こゝに登場してきたのが郷勇である。郷勇が従来の官兵と相違しているのは、団練を単位として、その構成メンバーは血縁、同郷、同学等凡ゆる組織を動員して成立していること、又、兵餉も官兵より多く少数精鋭主義であること、次に従来の団練と相違しているのは、名教、体制の護持という大前提に基づいて創設されたことである。然るにこれら郷勇を指導したのは漢人官僚であり、その政策には地方分権的傾向がみられ、後日、中央の統制力が弱まると軍閥の私兵と化してしまった。その点独裁君主体制を支える軍事力として存在してきた八旗・緑営制と相違している。第二に清朝官僚体制についてのべる。雍正期に完成した官僚体制の腐敗が顕著になり始めるのは乾隆期であるが、その一つに陋規の横行がある。消費経済の発達につれ官僚の生活が華美になると、官僚は銭糧の加耗、加平、漕糧の浮収・勒折などとよばれる種々の名目の付加税を徴集した。その上官僚は国家に納むべき銭糧を災害にことよせて虧欠し河工・兵餉にことよせて名をごまかした。この官の下にあって利を貪っていたのが胥吏であった。吏の権限は大きく「州県、可というも、吏、不可といえば、これ不可なり」（馮桂芬）というが如き状態であった。陳熾は「胥役は則ち法を以って弊を生ず、百害有りて幾んど一利なき者也」と言っている。このような認識のもとに清末になって行政の再建を主張する士大夫がまづ取りあげたのが、①官紀の粛正であり、具体的には会計検査を厳格にやり、その陋規を予防すること、②は吏権を排除して官民一体となって政治を行なうこと、であった。当時、督撫などの上司官僚と、それによって補用される属員官僚とは私的な関係によって結ばれていた。属員官僚は、上司に保挙される為に種々の賄賂を贈ったが、その為人民より種々の付加税を徴収したり会計簿をごまかしたりした。このような悪循環をたちきる事こそ政策の基本と考えた。次に胥吏に実務を担当させるところから種々の弊害が生じてきた。そこで吏権を排除する為には官僚に実務能力が必要となってくる。こゝから科挙に実学を導入する事が要求された。

道光末には柏葰は「世の人才を言う者は有為有守なり、夫れ有為は経済の士なり、有守は気節の士なり、これ誠に国家の急需なり」と上奏したが、このような実務尊重の思想が清末の潮流となりつつあった。さてこのような官僚体制の変革を求める意見が、開明的な知県クラスの下級官僚や郷紳の中からおこってくる理由は、彼等こそ体制の崩壊を身にしみて感じていたからであろう。彼等の生計の場は郷村であったが、その秩序が崩壊を始めていた。郷紳を指導層として設立された郷村秩序は、地主佃戸関係の矛盾の増大により下部からゆらぎ始めた。雍正期、国家権力から郷村統治の支配権を委任された有力地主（郷紳）は、国家権力を背景に『徴租規条』にみられるような佃戸取締り法規を作成し、佃戸の抗租運動を抑圧したが、官吏の苛斂誅求が烈しくなると地主は租の減免に応ずることのできない理由を銭糧の過重に帰し佃戸の力を結集して抗糧運動を行なった。このような抗糧運動を官が弾圧すると、しばしば秘密結社による反体制運動と遠携する場合があり反乱が拡大した。そもそも白蓮教の乱から始まる秘密結社の運動そのものが、銭糧の負担に堪えかねて他郷に移住したり流民化した農民の運動としての要素が濃い。白蓮教の反乱の契機となった乾隆六十年の湖南苗民反乱の原因について梁上国が地方官の苗民に対する科派、凌虐、奸民の苗民に対する土地侵略にありとし、又、白蓮教の反乱のスローガンに「官逼民反」とあり官の苛斂誅求に反抗するというのも、これらの反体制運動の原因を明確に示している。更に太平天国になると官僚制の腐敗、郷村での郷紳の横暴等、凡ゆる悪の根源は満州王朝にあることを明示するのであるが、漢人官僚、郷紳層はそれを体制の危機として認識し、清朝を積極的に援助する役割を果した。郷紳層の恐れていたのは、郷紳を指導とする郷村秩序がこれ等の反体制運動により崩壊することであった。そこで彼等は積極的に団練を作って郷村の防衛を行なうと共に、郷村秩序再編成のための経世策を提示した。

馮桂芬は「宗法行なわれて邪教おこらざる可し……宗法行なわれて保甲、社倉、団練一切の事、行うべし」との べ郷村再建の核を宗法の復活に置いている。これら郷紳の意識では郷村秩序からはみ出たものが反体制運動に参加する危険が生ずるので、彼等を宗法の枠の中でつなぎとめて置こうとする。この頃盛んに宗譜の作成が郷紳層の手により行なわれたのも、郷村における郷紳の家父長的権威を維持せんが為であった。然しいかに宗法を復活しても国家の苛斂誅求が続く限り反体制運動は激化する事を洞察していた馮桂芬は、均賦、減賦を実施して郷村中小戸の保護育成を図ろうとする。然しこの案は結局、官吏の搾取と大戸の圧迫により不断に折出されつつある没落農民を防止することにより地主的土地所有制の矛盾を緩和しようとしたものである。この傾向は租覈の著者、陶煦等により更に進められ、彼は減租を実施することこそ減賦を効果的ならしめると主張している。さて馮桂芬は郷村秩序再建の為には国家権力と郷村の接点に位する地方官の役割りを重視する。彼によれば地方官は郷村指導層の中から漢代の郷挙里選の法に習って選び、任命された官は本籍回避の制をやめてその出身地で勤務する制度を確立することを提案している。さて馮桂芬の政策の意図したものは、徴税権、軍事権等凡ての面で郷村自治を保証してくれる国家権力の存在であった。そこでこれら郷紳の改革的指向を先取りしつつ、それに体制秩序の一翼としての任務を与えて権力の再編成を図ったのが漢人官僚であった。李鴻章が馮柱芬を幕友にむかえたのも上記の意図からであった。然るに漢人官僚が減賦と引きかえに釐金を設置し、捐納を増加すると、これに反対する反釐金、抗捐運動が激化した。これに対して釐金、捐納を停止して郷民の保護を図れという主張（陳熾）もみられたが実現をみなかった。清末になって督撫層と属官との私的結合は益々強くなり有力督撫を中心として地方分権化が進行した。開明士大夫の提示した陋規、胥吏の問題等何一つ解決せず清朝は崩壊した。

最後に、辛亥革命後、軍閥が一時的に革命の成果を横取りしていたが、これを支持したのは郷村における郷紳層であった。こゝから郷紳により指導された旧体制を打破して、農民層による新しい村づくりの構想が模索された。李大釗は「今世紀初期の革命は、その主要な目的は乃ち官僚政治に対して革命するにあり」とのべ軍閥政権と結びついた官僚制を批判し、官僚制に代る民衆の意志が真の意味で反映できる政治体制の樹立を模索した。又郷村にあっては郷紳に握られている徴税権、団練の権を農民がもつべきだとのべ財政・軍事面での革命の必要性を明らかにしている。

（一九七一年 記）

参考資料

魏源 「古微堂全集」
左宗棠 「左文襄全集」
馮桂芬 「校邠盧抗議」
李大釗 「李大釗選集」
陳熾 「庸書」
道咸同光四朝奏議
湖南近百年大事紀述

学位記

大谷敏夫
昭和七年二月十八日生

本学に学位論文を提出し
所定の審査及び試験に
合格したので京都大学文学
博士の学位を授与する

論文題目 清代政治思想史研究
—経世学との関連において—

月二十三日

京都大学

論文博第二一〇号

㈡ 清代政治思想史研究

本書は昭和六十三年度学位請求論文として提出した論稿「清代政治思想史研究—経世学との関連において」を一部修正加筆してまとめあげたものである。本書の骨格をなす論稿は、ほとんど私が京都大学大学院に入学した時以後研究したものであり、基本的には当時の論文の主旨・内容を変更せず著書としてまとめたものである。私が大学院に入学した頃、京都大学には中国近代史研究で著名な小野川秀美教授が在籍しておられ、私の研究関心はまず中国近代史研究にあった。私が大学院で中国近代史の研究を行おうとしたのは、私自身の戦中から戦後史の総決算をしたいという願望と共に、著名な研究者の揃う京都大学の学問的状況に刺激されたからである。私が大学院を志望するために書いた最初の論文は「魏源の経世思想について」というものであった。魏源に関心をもったのは、彼が林則徐の幕友であり、また中国近代最初の開明地理書である『海国図志』の著者であったからである。私は既に戦争中、林則徐と阿片戦争には深く興味をもっていた。それは当時、戦意昂揚を図るために作られた「阿片戦争」という映画を見てのことであったが、その時、既に理不尽な侵略をするイギリスに対する憎悪の気持と、それと断固戦った林則徐に敬意をもったのである。しかるに太平洋戦争が終わり、わが日本もかつてのイギリスと同様、中国侵略を行ったという事実も知り、歴史を見る目のむつかしさを痛感した。大学院に入学した私は、主として佐伯富教授から、所謂実証的な歴史学の研究方法を学んだ。佐伯教授は、中国近代史を専攻する者も、少なくとも宋朝独裁君主体制が確立した時期から研究を始めなければ、その実態は把握できないといわれ、私は教授の大学院演習の科目である『続資治通鑑長編』と『雍正硃批諭旨』の資料講読に出席した。『長編』の講読から私は宋朝の複雑な政治機構や思想について知り、しかもそれが確かに宋以前の中世隋唐国家とは、いろいろな面で相違していること、また宋に続く明朝国家の独裁君主体制とその思想の出発点となりうるものであることが理解できた。次に『雍正硃批諭旨』講読は、京大人文科学研究所で研究班として行われたものであったが、そこには宮崎市定、佐伯富、小野川秀美、島田虔次等々の先生が出席され、私達の講読に対して適切なアドバイスをされ、その内容を項目として分類する作業など、凡そ学問研究の基礎的なものまで含めて実に得る所が大であった。私はこの講読を通して清朝雍正時代が独裁君主制の頂点に立つ時代であるのではないかと考えた。この両時代の資料を読み、また宋から明清に至る研究論文を通読する中で、中国専制国家体制にあっては、宋朝以降独裁君主権が強化され、清朝雍正朝においてそれが頂点に達し、その後徐々に崩壊に向かうものであると確信した。これは既に内藤湖南以来、所謂京都学派の先生方が提唱されていることであり、これについては疑問の余地はない。しかし個々の検証となるとまだ多くの問題が残っているというのが当時の率直な感じであった。私は中国近代史研究を志したものであるが、それを一まずおいて、清朝独裁君主体制が確立した康熙─雍正朝に研究を集中した。その動機は、この頃私の関心は清代政治思想史研究に移り、そのためには清朝独裁君主体制が最も整備充実した時期を的確に把握する必要性があると痛感したからである。

すなわち戦後の清代政治思想史研究にあっては、明末清初と清末に研究が集中して、清朝独裁君主体制が確立した康熙・雍正期の研究は、一部個々には卓越した研究はあったものの、通史として研究したものは皆無に等しかった。ところがここで出会った溝口雄三氏の一連の研究は、各時代を貫く思想を動態的に連続してみる視角をもち私も氏から大きな示唆を受けた。しかし溝口研究にあっても、思想の動態的把握には成功したものの、その思想を生み出す政治形態のあり方、更には社会経済機構の分析及び連関性には及んでいなかった。この頃私がメンバーの一員に加わった谷川道雄教授の「中国士大夫階級と地域社会との関係についての総合的研究」での研究活動は私に大いなる刺激を与えた。私は当時、鹿児島大学に赴任しており、年何回か行われる研究会に参加してメンバーから研究の示唆を受けたが、何と言っても時々谷川教授から個々に先生の持論である「共同体論」のお話をお教え頂いたことは私の研究活動に大きな影響を与えた。この期間における私の研究は専ら清朝国家体制下における地域士大夫の思想に集中した。このような経過をへて私は清朝政治思想について通史として把握する視点をもつことができたが、それを阿片戦争以降の近代史の過程にドッキングさせる作業が残っていた。もともと私の研究は中国近代思想史から開始されたものであり、これ清朝政治思想史として構築することが大きな課題であったのである。この課題に取り組んだ時、私は清朝政治思想とは当時の呼び名で言えば経世思想ということになるのではないかと考え、経世思想を通史として論ずることによってその思想の動態的展開を試みようと考えた。そして経世思想として考えるならば、それは中国近代以降清末まで継続する概念であり、これが王朝国家の支配の論理として一貫性のあるものになると確信したのである。私は以上の経過をへて今日何とか清朝政治思想史をまとめることができたのである。但し本著においては民衆の視点が欠落していることは否定できないが、これは私の次なる課題として清朝民衆思想史の研究に取り組むという願望をのべることによって責めを果たしたい。

思えば、私が十二年間に亘る京都市立中学校教諭の仕事をやめて大学院に入学した時既に三十四歳になっていた。東洋史学の研究をもう一度行おうと思ったのは、教諭になって五年目に京都大学文学部東洋史学科に内地留学をする幸運を得、そこで宮崎市定先生の『皇朝経世文編』の講読に出席した際に、この『文編』の編者である魏源に関心をもったことと宮崎先生から史料講読のきびしさと面白さを教えられたからである。それからまた七年目にして大学院に入学することが出来たが、その時はほんの軽い気持で従来関心のあった東洋史の専門知識を増やし、二年後には高校の世界史の教諭になろうと思っていた。それが修士課程終了時に、指導教官の佐伯富先生の「修士二年間の学習では中途半端になる」といわれた一言により、私は博士課程の進学を志したのである。三十六歳は一生の仕事をするぎりぎりの年齢でもあり、その自覚を恩師から与えられた気がする。それから二十数年たった現在、佐伯先生を始めとする恩師、先輩、同僚の暖かい励ましがあってこそ曲りなりにも研究者として一人立ちできるようになったと痛感している。

（『清代政治思想史研究』所収　汲古書院　一九九一年二月）

三　清代経世思想と経世学

経世とは世を治めるという意味であり、中国古典に由来した言葉である。これが済民、すなわち民を済《すく》うという言葉と結びついて、ここに経世済民ということが、中国の伝統的な用語として重要な意味をもっていた。経世済民をつづめていうと経済となるが、これは今日一般に使用されているエコノミーという意味の経済ではない。経済をエコノミーと中国人が考えるようになったのは、清末になって欧米の経済学を学んだ日本人から学んだのである。これまでの中国人にとって経済はあくまでもポリイティカル・エコノミーということであった。そこで中国、特に清代で経世済民という用語がどのような意味をもって、どのような時代的状況下で使用されていたかについてのべよう。

ところで表題では「清代経世思想と経世学」となっているが、ここでいう経世学の意味を明らかにしておきたい。およそ中国で学または学術といわれるものは、清代学術の宝庫、四庫全書で分類されている経学・史学・諸子学・詩文などの学というのが公的に決められていたが、これらを基本としながらも学問研究の方法論や内容によっていろいろな学術が存在していた。清代になると考証学というのがあらわれた。これは古典の考証を行う学問であって、清代では主流になっていた。考証学の開祖といわれる人は、江蘇省崑山県出身の顧炎武である。この顧炎武と浙江省余姚県出身の黄宗羲、それと湖南省衡陽県出身の王夫之の三人は、共に経世学者としても著名であった。彼らが経世学を研究するようになった理由を考えるためには、この三人が生きた時代状況を明らかにしておく必要がある。この三人は漢人王朝明王朝が崩壊し清王朝が中華の正統を継いだ所謂明末清初の時期に生存していた。この時代、明の政治は乱れ、中央にあっては君主の側近であった宦官が君主権を濫用し、政治を壟断し、これに対抗する内閣と権力争いをしていた。この中央政府の腐敗を批判する清官は野に下って仲間を結集し、政治改革を提唱していた。特に江蘇省無錫に結成された東林党は著名である。この東林党、もしくは同様な復社に参加していた人物として、黄宗羲の父親黄尊素や顧炎武がいた。この東林党の政治批判運動に対して、宦官も閹党という党派を作って対抗し、東林党を厳しく弾圧した。中央・地方の政治が乱れていたことにより、一番被害をこうむったのは地方の農民であった。特に重税に苦しむ陝西省の農村は悲惨であった。こんな中にあって李自成という一地方の下役人（駅卒）が食を求めて移動する農民を結集し反乱を起こし、またたく間に首都北京を攻略する。しかしこの時代、明王朝の外には満洲族の建立した清王朝が勢力を拡大し、万里の長城から入関する機会を狙っていた。北京が李自成に攻略されたのを知ると、山海関を守っていた明の将軍呉三桂は、清に降伏して清軍を中国内地に導き入れる。清軍は直ちに李自成を攻略し、明の大統を継ぐことを表明し、中国国内の反乱鎮圧に乗り出す。この中には北京攻略後、南京や福州で自立した明の皇族のたてた南明政権も含まれていた。この南明政権を便宜上支えていたのが、江南に居住する漢人士大夫であった。彼らの中には東林党系の人物も多かった。すなわち東林党系の漢人士大夫にとっては、ここに異民族支配という民族問題にも直面することになった。南明が清朝によって滅ぼされた後も、彼らの中にはあくまで明王朝の遺民として一生清朝に出仕しなかった多くの人物もいた。先述した三人の士大夫がそれである。

当初彼らは明王朝滅亡の原因を探究し、君主権および中央・地方行政のあり方について議論した。例えば顧炎武は、君主制が私心より出たものであっても、君主は公心をもつことが大切であるとのべ、その公心とは郡県制による権力の集中ではなく、封建によって地方にも権限を与えるべきであるという。次に黄宗羲は『明夷待訪録』を著し、その中で君主が我の大私をもって天下の大公となし、天下の莫大な産業を我が物として独占し、それを世襲していると批判している。特に彼は官僚集合体の頂点に立つ宰相の役割を重視し、明初洪武帝がこれを廃止した点に、明の政治の誤りがあったととく。このように黄宗羲は行政のあり方が君主をむくのでなく民をむくこと、そのためには民の代弁者としての官僚、その官僚を生み出す基盤としての士大夫のあり方を提示している。これら江南の士大夫は、いずれも明代政治の弊害を指摘し、士大夫の意見を反映した行政のあり方を論じているが、清朝が夷狄の一つ満洲族のたてた王朝であるという問題についてふれることには躊躇せざるを得なかった。

以上、明末清初の状況について説明したが、その中にあって明代の政治の弊害を指摘して、君主権のあり方、中央・地方行政の刷新を図った議論、または清朝の支配とも関連して華夷の別をのべた見解等も含めて、一時期治政に役立つものとして尊重された。このような治政論はまた経世致用もしくは経世有用の学といわれた。しかし清朝の支配が確立するにつれ、清朝の治政を批判する議論は弾圧されることとなる。経世学者顧炎武が古典の考証を重んずるようになった理由の一つはここにある。もちろん彼には古典の考証を行うことによって中国の文化を顕彰し、漢民族としての誇りを示したいという欲望があったことはいうまでもない。この漢人士大夫の動向を人関後の清朝君主、康熙・雍正がよくつかんでいたことも、清朝支配が容易に進んだ理由である。康熙・雍正・乾隆に至る三人の君主は、出版事業・文化事業等を実施して江南の士大夫の文化的欲望を充足させたり、博学鴻詞科を実施して江南の士大夫を清朝の官僚に任用したりした。しかし一方では雍正帝のように、清朝独裁君主を頂点とした中央集権論（郡県論）を批判する地方分権論（封建論）や、あくまで華夷の別によって清朝を種族的に夷狄とみる論に対しては、根こそぎ弾圧している点、所謂アメとムチという清朝支配の実態が伺われる。すなわち雍正帝は中央・地方行政、財政、軍制において君主権の強化を図り、政治の安定を図った。かくして君主と官僚は上下の関係によって結ばれ、官僚・士大夫が相互に朋党を作ることを禁止した。また帝は、郡県制こそ公であり、封建をとくものは私心ありと断定した。

ところで清朝の学術は、中期は考証学が中心であったが、これが一変して再び経世学が台頭してくるのは清末阿片戦争以降である。清末の経世学は湖南省邵陽県出身の魏源、浙江省仁和県出身の龔自珍、安徽省涇県出身の包世臣の三人の学者によって始められた。この三人が生きた時代は、内には白蓮教徒の乱があり、外からは欧米列強の進出という内外の危機に清朝が直面するという動乱の幕開けに当たっていた。

魏源・龔自珍は、公羊学の微言大義の思想を経世学の理論的根拠とした。微言大義とは、孔子が春秋を記述することによって、乱れた世を治める意図をこめていたという前漢初めの公羊学派の解釈に基づく思想である。この点が、朱子学・陽明学の思想に基づいて経世を研究した明末清初の経世家とは異なっている。これは彼らが公羊学こそ時代の激変に対応するのに、最もふさわしい学問であると考えたからである。彼らは公羊の三科九旨説（三科九旨説とは、後漢末の公羊学者何休によって提唱された説であり、これを要約すれば、孔子が殷・周の次にくるべき王朝の理念を史実によって示したもの〈存三統〉と、この世は衰乱世から升平世、升平世から太平世へと変化するという〈張三世〉と、内外を異にしていた段階から華夏と夷狄の区別が消滅するに至る〈異内外〉という思想である）を取り入れ、古から今に至る時の変遷をとき、今はまさに変革の時代であると規定した。そしてこの変革の時代にあっては、治のもつ意義は重大であるとのべた。そしてこの治の目的は、まさに国家を富強にすることにありとした。そのためには、実利実功を図らなければならないとのべ、商利の必要性をといている。ここから私は魏源の経世思想の一つの柱として、この実利思想を考えるものである。

魏源はまた、財政の再建を行うためには、漕運・河工・塩政・水利等、財政に係わりのある諸問題において、その弊害を除去するための改革を主唱したが、特に注目すべきことは、官僚と特権商人とが癒着して弊害をもたらしていた諸問題を改革する策として、その特権の廃止を主張したことである。すなわち塩政における票法の実施は、まさに特権をもつ塩商の塩利独占を廃止して、散商（一般商人）の営業の自由を認めるものであった。この案は、ただちに両江総督陶澍により採用された。また漕運においても、河運から海運を主張したのも、河漕総督を中心とした漕河官吏が河運により河費を着服していた現状をみて、海運を実施することによって腐敗にみちた漕運界を一掃するとともに、民間の海運業者に活力を与えようとするものである。また河工・水利においても、一時的な工事でなく根本的な治水を進言している。すなわち、黄河治水は歳修に費用がかかる現河道をやめ、自然の理にかなった新河道にきりかえるべきだといったが、これは後、魏源の予言通り、咸豊初めの黄河の大氾濫に際し、河道は新河道に移行している。また淮揚下流の低地帯の治水においても、水路の自然のあり方に導く策を進言した。以上明らかなように、魏源の経世策は国用・民生の見地に立脚して、国家及び地域社会の安全を図るものであった。そしてまた、そのためには、民間の活用を利用することの必要性をのべているが、これこそ彼のいう実利実功ということであった。そしてこの方向こそ、世界的にみて、当時イギリスの東洋進出の過程にみられた産業資本家と自由貿易業者のあり方に合致するものがあり、ここにこそ魏源の時代を先取りする視点が伺われるのである。

また魏源には、清朝の歴史を記述した『聖武記』があるが、これは清朝史を方略・用兵・政策等の面から詳述している。この著を記述した理由として、彼は清朝が今後財政・軍備の充実を図るためには、それを可能にする政治のあり方こそ問題であり、「史」の研究も財政・軍政の盛んであった往古の清朝を明らかにするために行うものであるとのべている。この著の特色は、清朝を天朝とはとらえずに、国家として把握したことにある。この著は阿片戦争敗北後に公刊されたものであるが、魏源は阿片戦争を国家間の争いとして把握する視点をもっていたことである。このことは、『聖武記』の後まもなく公刊された『海国図志』の場合に、より鮮明に表現されているのである。

周知のように、『海国図志』出版の動機は、阿片戦争敗北の責任を問われて解任された林則徐の要請によるものであり、その資料も林から得たものが多い。しかし魏源は、阿片戦争の敗北によってイギリスの実力を知り、このイギリスを始め列強の情況を知ることが急務であると考えたのである。ここから彼は西欧に関する資料を蒐集して、中華的独断に陥ることなく、客観的な叙述を行うことができたのである。魏源はこの書を作った目的として、「夷を以て夷を攻め、夷を以て夷を款し、夷の長技を師として夷を制するために作る」と簡明にのべているが、この内、前の二つは、中国が国際社会の中にあって国家を維持するためには、中国に係わりのある諸外国との外交・貿易に依拠しなければならないということであり、最後の一つは、そのためには、外国の軍事・技術を導入して、中国の富強を図ることが大切であるというのである。このように魏源の思想には、欧米列強という、いわば従来天朝の外枠にいた異民族国家の進出に直面して、従来の天朝観では対処できないという認識があった。すなわち伝統的な天朝観にあっては、その中華思想に基づき、中華帝国は世界の中心であり、周囲の民族は夷狄に過ぎなかった。この中華と夷狄を区分するのは、文明と野蛮という文化的概念が基本としてあったが、同時にそれは政治的・地理的概念でもあった。つまり中華文化を周辺に及ぼし、華を以て夷を変ずることが、天朝国家の使命でもあった。ここから清朝はその政治的・文化的に所属する周辺民族を冊封体制下に包括し、さらにその外にある地域はすべて外夷とした。この天朝観にあっては、外国はすべて朝貢国にすぎず、その貿易は恩恵でしかなく、その文化も蔑視されていた。ところがこの外夷に清朝が破れた衝撃は、一部の開明的士大夫に、天朝観の転換を迫ることになり、ここに欧米列強と対抗できる清朝国家の建設の必要性を悟らせたのである。そしてこの国家とは、欧米諸国と同様、領域・領民によって形成されるものであった。そしてこの国家間の関係、すなわち国際関係が今後の清朝の重要な外交課題となるという認識もあった。それは、林則徐が広東にあってまず国際法を研究したところにみえている。

ところで林則徐は、今後清朝が最も警戒すべき外国として、イギリスとともにロシア帝国をあげている、そしてこれは、その後の清朝の外交を指針したものとして先見の明があったと言える。すなわち、この考えが洋務運動期の漢人官僚の外交政策に反映した。李鴻章は東南方面、すなわちイギリスを始めとする海外からの中国進出に対処する道を重視し、左宗棠は西北方面、すなわち東進するロシア帝国の進出を重視する外交政策を展開したが、これは林則徐・魏源から学んだものである。また外交政策のみならず、産業面・行政面においても、洋務期の漢人官僚は、林則徐・魏源の政策から学んでいる。すなわち、洋務期の漢人官僚指導型の官督民弁による近代企業の建設である。これは魏源の指摘する夷の長技、すなわち軍事・産業技術の導入によって、中国を富強にするという思想である。また西北方面にあっては、ロシア帝国と境を接する新疆の防備と開発である。この西北問題においても、すでに龔自珍・魏源が内地商民を新疆に移住させて屯田させることや、新疆南北路の防備体制を整備すること、新疆を東西中継貿易の拠点とすべきことなどを提唱していたが、これを受けて林則徐及びその後を受けた左宗棠がそれを政策として実行に移すのである。

私は、この洋務運動期の行政を考える場合に、外交とともに、内治について検討する必要性があると思っている。そしてこの内治問題を考える際に、それがすでに嘉慶白蓮教徒の反乱を契機として生じてきた問題に起因していることを明らかにする必要があると思われる。すなわち、この白蓮教徒の反乱から太平天国の反乱へと続く清中期以降に発生した反体制運動は、清朝支配体制を大きく動揺させるものであり、これに対する経世策が講じられた。その場合、経世家はこの反乱を体制内の政治・経済・社会的弊害の累積の結果生じたものとみたのである。その弊害とは、吏治の腐敗と財政の破綻に集約できるが、その弊害の除去なしには、地域社会の復興はなしえないと考えたのである。そしてこのことを最も鋭敏に感知していたのは、郷村に居住する士大夫であった。その一人が安徽省出身の包世臣であった。

包世臣は読書人の家に生まれたが、若年の頃、農耕に従事し農村の疲弊をまのあたりに体験した。長じて、彼は全国各地を旅行したが、常に農村問題に関心を有していた。彼はまた、白蓮教徒の反乱に接し、郷村防衛策を行政官に進言している。そしてこの反乱の原因が行政官の腐敗にも起因していることを知るのである。ここから彼は、地方の実情に明るく実務能力のある廉潔の士の任官を主張するのである。そのためには、科挙制・任官制を含む行政改革の必要をとく。つまり従来の八股文中心の科試をやめ、治民の術としての『通鑑』の如き史書や、兵・農等の実学を取り入れた科試の実現である。また任官制においても、捐納を廃止して西漢の孝弟力田の科に習って孝廉方正な人物を郷村から選んで任官させるというのである。こうすれば、郷村において篤農者が増加し、捐納者がなくなる。ここに利は斥けられ、義に基づく理想的な地方行政が実現するというのである。このような任官制が実現すれば、郷村秩序は自ずから確立するというのである。この郷官に土着の農民を任用するというのは、当時廻避制が実施されていたことや詩文中心の科挙制や捐納制が行われていた頃にあって、相当大胆な発想であった。この包世臣の経世策は「斉民四術」としてまとめられたが、四術とは農・刑・礼・兵に関するものであった。特に農を重視する思想は、伝統的な農本主義に立っていたと言える。しかし彼の農政論の特色は、農民を生活苦に追いやった原因として、地方官僚の収奪と、清朝の財政策によることをあげていることと、その農民層を紳富と力作の戸に分け、力作の戸の救済をといていることである。つまり彼の農政策は、生産者農民＝小農や小商人の立場に立つものであった。この包世臣の小農保護をめざす地域農政は、すべて必ずしも紳富官僚には受け入れられなかった。紳富の地方農政改革案は、減賦・均賦であり、減租までは含んでいなかったのである。これは紳富の代表、馮桂芬の減賦論にみえている。しかし一方、地方士人陶煦のような減租論もあり、これらが清末の農政において、大いに議論されることになった。しかし包世臣の郷官設置構想については、地域士大夫のひとしく求めるところであり、これがその後の地方行政改革案の重要課題となった。

ところで、洋務運動期、地方行政を担う漢人督撫官僚は内政改革に着手するが、それは農村問題にくわしい経世家を幕友として、その実現を図ったことを指摘しておきたい。もちろんその内政改革案には、すべて同調していたわけではないが、その農村再建を内治の最優先としていたことは明らかである。これは、農は本であるという伝統的な治政観に由来していたものともいえる。しかし一方では、実利尊重の治政観もみられ、この農本と商利という二つの要素を治政の中で実現していくのが、清末政治の課題となったものと思われる。

さて次に、変法運動期の経世思想の問題である。変法運動の指導者である康有為は、魏源の公羊学を評価して、その理論を変法の根拠としていたことは周知の通りである。ところで康有為にあっては、皇帝権を独裁君主から立憲君主に転換させようと考えるのであるが、この思想の端緒になったのは、魏源のそれであった。すなわち、魏源はすでに明君による治政の転換を示唆していたのであり、そこには政治と道徳が一本化した聖人君主ではなく、政治と道徳を分離した法治に基づく君主像が意識されていた。そして官僚と君主の関係も、恭順原理という道徳的概念よりも法治に基づく実務能力のある官僚像が描かれていた。この魏源の示唆した方向は、変法運動を推進する康有為によって立憲君主体制案としてまとめられた。しかしこれに対する反論は、張之洞など督撫漢人官僚にもあった。それが中体西用論であった。その要点は、朱子学原理に基づく三綱五常は中国の体であり、西学は実用であるというのであり、変法派が朱子学よりも公羊学を曲解して孔子を改制主にまつりあげる孔子改制論を根拠として変法をといたことに対する反論であったと考える。また康有為は、地方分権、地方自治の必要性をといたが、これを封建論の名称でのべている。封建論は、明末清初の経世家によって論じられていたものが、清朝君主権が強固になるとともに、抑制されていたものである。それが清末になって復活した。これについては、張之洞は賛成している。それはこの方向は督撫漢人官僚の分権政策に合致していたからである。次に華夷論についていえば、清末排満興漢思想および運動の昂揚とともに一部提唱されるが、康有為等の立憲派は、華夷の別はすでに克服されたものとして認識し、これを論ずることを敢えてしなかった。それは一八六〇年の北京条約によって外夷という用語を使うことを国際的に禁止された事情もあったからである。

戊戌政変後は、変法派と革命派によって立憲君主制か共和革命かということをめぐって論争があり、それが辛亥革命まで続けられるのである。革命派は、君主制度そのものを廃止しようとしており、これは辛亥革命によって実現する。また地方自治論についていえば、孫文は地方自治こそ中華民国建設の基礎といっている。しかし彼が考える地方なり郷村は、国家と郷民の間に介在する郷紳（士大夫）の権益を否定する形で位置づけられていたのではないかと思われる。経世学が、元来、この士大夫の権益を獲得するために登場してきた学問と考えるならば、それが王朝体制の崩壊に伴って消滅したのも当然である。

この表題を「清代経世思想と経世学」としている点についてまとめてみると、経世とは治世ということであり、その点では政治思想といってもよいが、あえて経世としたのは、当時の歴史的用語を使うことによって、その意味をより鮮明にしたかったからである。中国で政治学という言葉が近代的概念の用語として用いられるようになったのは、民国以降の国家であって、王朝時代にはなかった言葉である。最初にのべたように、清末になって中国が欧米の思想を受容するようになって生まれた言葉であった。これは換言すれば、中国が近代法に基づく法治国家になってから、はじめてこの用語が公に使用されたのである。経済についても同様であり、王朝時代には経済といわず食貨とか理財とかいっていたし、また清末になっても平準とか生計とか国計とかいって論争していた。

経世学という用語については、これは当時使用されていたものではなく、私が設定したものである。ただ経世を治世ととらえるならば、治世学もしくは政治学といってよいだろう。ところで、治世を学問研究の対象とするのは、明末清初から盛んになるが、これをはっきりと学問研究の対象としたのは、魏源であった。私が経世学という分野を清代の学術の中で設定したのは、魏源の経世学を研究していたからである。

（「大谷敏夫教授　最終講義概要」一九九七年三月）

(四) 書評『「清朝考証学」とその時代』（木下鉄也著）——●

ある思考のスタイルの出現　清朝考証学がもつ歴史的意味を考える

本著は清朝考証学をその時代に係わりのある出来事や人物の思想及び行動に関連させてのべようとしたものである。「はじめに」で本書出版の意図をのべているが、著者は「清朝考証学」が成立し、一時代の知性をほとんど網羅する程に盛んに行なわれたことが、歴史上如何なる意味を持つかと言えば、ここである「学術的」な言説のスタイルが、ひいては思考のスタイルが、個性的に明確な形で出現し、以後の人々にその影響を与えたというところにあろうとのべ、更にこのスタイルの芯に「自由なる生の息づかい」があるとし、これを考えるのが本書のテーマであるとのべているが、これはユニークな見解と言えよう。

特にこの観点から論じた段玉裁の「説文解字注」を研究された章は本書の核心をなすものである。ところで著者は「清明考証学」を研究した他の論者の観点を批判するのであるが、その主張は一部理解できてもいささか疑問な点もある。濱口富士雄著『清代考拠学の思想史的研究』（国書刊行会、一九九四）の中で、濱口氏は井上進氏の研究「漢学の成立」にみられる漢学には外圧に抵抗すべき理論的根拠がなかったとする見解に対して、考拠学には理論的根拠があったとし、儒学的な思想的根拠の関連性を思想史の立場から解明した。これに対し著者は濱口氏と同様井上氏の説には批判的であるが、濱口氏の研究方法自体にも問題があるという。すなわち氏が研究の枠組みとして「思想史」と自己限定すること自体に疑問をもつと共に、更にこのように清代考拠学に枠組をはめた上に、その思想を「儒学的形而上学」としていることである。この著者の濱口著に対する批判が妥当かどうかは検討する余地もあるが、ここでは一応おいておいて筆者の理解する範囲内で清代考証学についての見解をのべておこう。筆者は清代の学術について、経世の志を喪失していたとか理論的考拠がなかったとかいう見解には同意できないし、この点では濱口氏の見解には賛成である。しかし濱口氏が考拠学の理論的根拠を形而上的側面を強調するあまりに形而下的側面について問題にされていないとするならばどうかと思うものである。但しこれはあくまで著者の見解による筆者の理解であることを注記しておきたい。ところで筆者は拙著『清代政治思想史研究』（汲古書院、一九九一）で清代の学術を論じ、清代の思想を経世の側面から研究したが、その中で考証学者（銭大昕等）も経世の意をもっている点を指摘した。ここから考証学者が形而上の世界の枠内でのみ学問研究をしていたとは思えないし、また彼等の伝記を読むと、人間として生への息づかいの中で思索し行動していたことが伺えるし、これらの点の著者の指摘は興味深い。

但し著者がこのような観点を強調されるならば、更に多くの経世に関心をもつ学者も含めて論じられるとより説得力があっただろう。

最後に本著一章から四章までの叙述について紙面の関係で書評を省略せざるを得なくなったが、全体として感じた点をあげておこう。まず各章にそれなりの主題はあるが、各章の論述間のつながりが不鮮明であり、各章が単なる寄せ集めの感がするし、著書として論述するならば、十分整合性をもたせてほしかった点である。また本著のテーマである考証学が盛んになった時代のとらえ方はユニークであるが、それが本論の展開で必ずしも生かされていない点もあり、これは今後の著者の研究に期待するものである。

（「週間読書人」一九九六年六月）

その七　旅行記

中国旅行記――山東から河南へ――●

水滸の旅

八月下旬より九月上旬にかけての十二日間、中国文学者であり小説家でもある駒田信二先生を団長とする水滸の旅の一員として、山東省から河南省にかけての水滸ゆかりの地を旅行した。訪中は昨秋に続いて二度目であったが、昨年は「京都人文社会科学者友好参観団」といういかめしい名称のつく文字通り大学訪問による日中研究者の学術交流を中心とするものであり、その他、工場新村、人民公社等々のおきまりのコースまであっていささかうんざりしたこともあって、今度は思いきり自由に散策できそうなこの訪中団に加わることにしたのである。それに何よりもこの旅の魅力は、なるべく列車を利用するということであったので、沿線の風景を十分に楽しめるのではないかという期待感もあり、体のことを心配する家族の反対を押し切ってこの団に参加したのである。参加人員三十六は、奇しくも梁山泊にたてこもった人数と一致しており、団員には、大学・高校教員、書家、医者、雑誌・新聞関係の記者、カメラマン、商店主、会計士、中華料理店のコック、それに小説家を志望する家庭の主婦等と多種多才の顔ぶれであり、その点でも一定の枠にとらわれない自由な気分を満喫できる雰囲気が感じられた。さて、我々一行をのせた飛行機が上海空港に着陸すると、我々の道案内をしてくれる『人民中国』編集長の康大川氏が編集部員の田さんと共に出迎えてくれた。康氏と団長は戦時中重慶の収容所で知りあった仲ということであり、三十数年ぶりの再会に喜びをかみしめられているようであった。その日の夜行列車で我々は、最初の目的地、山東省に向った。

曲阜から梁山へ

早朝我々は兗《えん》州に下車し、そこからまず曲阜を訪ねた。曲阜には、孔廟・孔府・孔林等の史蹟が保存されており、さすがに孔教のメッカであると思った。ここでは孔子七十五世という孔祥林氏が案内役をつとめてくれた。

三十才を中ばすぎた年頃の孔氏は、曲阜にある中国旅行社に勤務しているとのことであったが、丸顔のふくふくとした顔だちと、ゆったりとした物腰は、いかにも孔子の子孫であるかのようであった。ただ彼は論語すらほとんど読んでいないということであったが、これには地下の孔子様も苦笑していることであろうと思った。この曲阜にも文革の嵐は吹きまくり、紅衛兵達は孔林にある孔子家の墓を打倒したり、腰斬の刑と称して真二つに割るなど破壊につとめたとのことであるが、同行の康氏は、このことを語る時、口をゆがめて侮蔑感をみなぎらし、肩をゆすっていたのがとても印象的であった。そして現政府は、この孔教関係の史蹟を文化財として永遠に保存しようとする方針を明らかにしているとのべたが、将来共、果して康氏の希望通りになるだろうかと、案ずるのである。それは批林が批孔に結びつけられた文革の過程が証明しているように、中国では現実の政治路線の対立が先鋭化する時、いつも孔子が利用されるからである。

孔子廟にて（1980年８月）

曲阜の次の訪問地は梁山であった。梁山は戦後始めて日本の参観団を受け入れるということもあって、省政府副主席が、梁山県政府主席と共に出迎えるという歓迎ぶりであった。まず役所につくと、関係者全員が一列に整列して我々を迎え、建物内部は隅々まで水洗いがしてあり、我々が顔や手を洗うための適温の湯を入れた金だらいまで用意してあった。また便所もきれいに掃除してあり、紙まで準備してあったが、中国では一流のホテル以外はこういうことはまれであるので、これはよほどの接待であったのである。ここで少し休憩した後、我々は梁山に登ったが、梁山は平野の真中に小山が三層連がるように並んでいるだけであり、ここが水滸の一団のたてこもった要塞とは到底考えられないものであった。ただ水滸の時代（北宋末）には、この付近一帯は大きな湖であり、そこに梁山が島のように並んでいたとなると、やはり攻めにくかったかもしれないと思った。頂上に至る三ヶ所の石垣の跡はそのままであり、頂上には、かの「替天行進」の「杏黄旗」が立てられたという穴が残っており、またその付近には瓦の破片などがちらばっているのを見ると、はるか昔の戦場の跡を偲ぶ思いがつのってきてしばし感慨にふける。ここは水滸の時代だけでなく、その後も官軍と戦う義軍の根拠地となり、幾多の人がいれかわりたちかわりここにこもったであろう。山頂にたって見渡せば、はるか遠方に黄河の一筋の流れがみられる。この黄河は大水が出る時、この付近一帯を水びたしにするということであり、梁山の向側にみえる山を安眼山というのは、村人がここを避難所にしていたからだという。古代中国にノアの箱舟伝説とよくにた神話があるのも、おそらくこのおそろしい大洪水のときようやく助かった人々が箱舟にのってたどりついたところがこの安眼山であっただろうと想像すると、その自然のすさまじいドラマに圧倒される感がある。この安眼山の付近の山に目を転ずると、その山はだに、「農業は大寨に学べ」「愚公山を移す」と刻まれた字がとびこんできた。このスローガンは、文革中、山西省の大寨でとなえられ、自力更生の精神主義によって、一時は一世をふうびしたものである。しかし四つの近代化路線にきりかえられた今は、ひからびたものとなっているものと思ったが、やはりその後遺症は残っていたのである。そういえば、この付近一帯の人民公社の土壁の到るところにこのスローガンは残存していたので、その点を康氏に聞くと、一たん書いたものを消すには、尚、時間がかかるものですという答えが返ってきた。しかし私には、その答えの中には、人民公社内部で、まだ自力更生主義を尊重する思想がこの付近では強いので、容易に近代化路線にきりかわっていないということを言いたかったと察したのである。ここは水滸の根拠地であり、おそらく文革中には、当時の水滸の精神をその運動に生かそうということをめぐっていろいろ論議が行われたであろう。その場合、特にその指導者宋江を投降路線とする見解もあらわれ、水滸の精神を裏切ったものであるということが一時強調されたが、これはどのような論争のもとにでてきたのか、また今は、宋江の評価はどうなっているのかという疑問が生じ、同行の記者がこのことを質問したが、適切な答えは得られなかった。

泰山に登る

梁山の次は泰山を訪れた。泰山は東岳といわれ、古代から帝王が封禅の儀をする名山であり、漢の武帝や清の乾隆帝もここを訪れたとのことである。全程七千の階段があり、中途には、中天門、南天門などの名所がある。今は中天門まではバスが入り、いずれ日本の協力で頂上付近まで空中ケーブルがつくということであった。泰山登山中途の岩壁には、「穏如泰山」とか「重如泰山」とかいう言葉が刻まれていたが、それと共に毛沢東の「為人民服務」という革命用語が目についた。これは人民政権がここを訪問する中国人に革命精神を復習させようという意図で刻んだものであるが、これはいかにも政治優先の中国の思想状況を感知させるものであった。私にはこのようなスローガンには目もふれず、黙々として一歩一歩登山する纏足の老女の姿が印象的であった。この老女は一体何を考えてはるばるここを訪れたのであろうか、一生に一度、泰山に登るということに彼女の全生命をかけているようなそ

泰山にて（1980年８月）

の姿に私はある種の感動すら憶えたのである。纏足の習慣を洗い流した清末の革命、大陸を舞台としてくりひろげられた軍閥の抗争と日中戦争、そして大戦後の国共分裂とそれに続く内戦、そして文化大革命と続いた一生の中で、彼女は一体何をよりどころとして生きてきたのかとつくづく思う。この老母のすぐ側を、登山者の荷物運搬に精を出す、まっ黒にひやけした半身はだかの男達が通り過ぎていく。おそらく彼らは泰山近郊の労働者、農民であり、小銭を稼ぐために余暇にアルバイトをしているのであろう。この男達の姿をみて、私はふとかつての山東苦力とはこんなものではなかったかと思う。山東苦力と言えば、かの大戦時に、日本の鉱山が強制的に彼らを日本に連行して、日本各地の鉱山で働かせ、終戦後、彼等が待遇改善や早期帰国を要求して暴動をおこしたことがあったと聞いたことがある。またその内の幾人かがそのまま日本に残存しており、その生活の実態についての報告もあり、こんなところにも戦争のきずあとがあると思ったものである。山東省は、二十世紀の初め、義和団の乱の舞台となったところであり、この付近は、外国人排斥運動が最も苛烈に行われた。その後、二十一ヵ条の要求に始まる日本の権益拡張に従って日本の勢力がここに強く及び、これに反ぱつする山東人の抵抗も一だんとはげしかったようである。日中戦争の時、日本軍は山東省を通過するさい、特に警戒をきびしくしたとの話も聞いたが、このような現在に至る様々の歴史の折りなす舞台にたって、単なる史蹟をめぐる観光客にはなりえないものもあったのである。しかし私はここで少しもかつての日本軍の侵略行為についての説明を案内人から聞かなかった。また博物館等では、そのような個所は除去したようでもある。これは一つには、今の中国が日本との友好を重んじているので、この点には特に配慮しているのであろう。それに義和団の排外運動については、今の中国では近代化路線を妨げたものとしてむしろ批判的にみる研究も出てきており、排外だけでは民族の発展に何ら寄与しないということに気がついたということも考えられる。つまり欧米や日本等の近代文明国から受けた文明の意義を再認識しようという姿勢が背後にあると思う。我々は過去の日本の取った侵略行為を免罪することはできないが、その点のみを強調して引いてはかつての中国人のすべての排外運動まで是認するような歴史観は見直されるべきであろう。中国理解はまずその実態を知ることであり、ここから自分にとっての内なる中国は何かということを模索することにある。私にとっての内なる中国は、やはり悠久の歴史であり、その歴史の舞台で模索しつづけられた自然と人生の協和を求める思想であり、それこそ黄河の流れに象徴されるものである。

李白と私

山東省の見学をおえて河南省に向う我々のコースはこの黄河に沿っての旅でもあった。

君見ずや　黄河の水天上より来る
奔流して海に到って復た回らず
君見ずや　高堂の明鏡　白髪を悲しむ
朝には青糸の如きも暮には雪と成るを
人生　意を得れば　須らく歓を尽すべし
金樽をして空しく月に対せしむる莫かれ

と唐代の詩人　李白は「将進酒」という題名の詩の中で歌っているが、これは私の最も好きな詩の一節であり、この黄河を実感としてつかみたいというのが私のかねての願いであったわけである。済南から徐州をへて開封に至る約十時間の列車の旅は、延々と続くこうりゃん・棉畠を左右にみて広大な自然に埋没しそうな感じがあった。私は梁山で買った酒を取り出し、その色をつくづく見入った。

鲁酒は琥珀の若し　汶魚は紫錦の鱗
山東の豪吏　俊気あり　手に此の物を携さえて遠人に贈る

と李白は歌っているが、果してこはくのように透徹して美しく黄色に輝いていた。私は梁山の役所での豪華な昼食会で、同席の県の中年の人の好さそうな吏員が、私に鲁酒をなみなみとつぎ、のみほすとまたつぎ、笑顔をたやさなかった情景を思い、それに感激して鲁酒を買った私の心境と李白のこの詩に何か共感があるのをみて一人でほほ

えんだ。私はまた列車の外に展開する自然に見とれている内に、

荘周　胡蝶を夢み　胡蝶　荘周と為れり
一体にしてかわるがわる変易す
万事　良に悠悠たり

という李白の詩の世界にひたる思いがした。

私はひたすら李白の世界を追い求めて旅をしようと心ひそかに思い、うとうととしばらく眠っている内に、列車は開封についた。

開封と鄭州

開封は北宋の首都であり、史跡もふんだんに残っているのではないかという淡い期待もあったが、宋代のものは鉄塔を残すのみで、いささかがっかりした。聞くところによると明代の黄河の大氾濫で、ほとんど水没したのだという。その後、再建された明清の史跡もしばしば水害に遇い、また戦乱にまきこまれ古い建造物は消失したり、こわされたりしたそうだ。それでも処々古い水路が残っており、それが昔の面影を偲ばせてはくれた。だが私は夕食前の一時、開封の町に散歩に出かけ、せまい街路に植樹されたプラタナスの木の枝につりさげられた多数の鳥かごを見かけた時、私はそこに小鳥を愛する中国人の心の一端にふれる思いがした。私の職場のIさんが、戦争中、北京の街角で鳩をすみきった青空に放してその帰りをいつまでも待つ老人の態度に感銘したと述べられた話も併せ思い出し、この小鳥や鳩を可愛がる精神は、単なるペットとしての飼育ではなく、自然と我との一体を求める彼等の気宇壮大な気持ちのあらわれではないだろうかと思ったりした。

開封から鄭州に至る沿線は、黄河の氾濫でしばしば水没した湿地帯であり、今でも芦の密生する未開拓地となっている。ところが鄭州市内に入ると整然とした街並みとなり、いかにも近代都市という観がする。ここは河南省の省都であり、北京から武漢をへて広州へ向う鉄路と、上海から西安をへて成都に至る鉄路の交差点として近年めざましく発達したという。市の中央には二・七記念堂があり、これが一九二三年の鉄道労働者のストライキを記念して作られたものであるということに、この町の面目躍如たるものがあるようだ。

康氏の語るところによれば、この鉄路の町を文革中牛耳った造反派のリーダーは、鉄道ダイヤをまひさせ、企業生産をストップさせたりして町を混乱に陥れたという。その頃は人々が規則に違反しても造反といえば誰も注意しなかったようだ。その後遺症として今でも夜、自転車はあかりをつけないで走っているということだが、これは電気機具が普及していないところにも原因があるのだろう。

とにかく夜となると町は薄暗い。明るいネオン輝く街になれている我々にとっては、この暗さはたまらなくさびしい。物資文明の恩恵に十分浴している我々には、中国のテンポの遅い変化についていけない面もある。康氏はこれを文革のせいだといったが、それ以外に何かがある。

殷墟と安陽

鄭州で殷代の城壁跡を見学したが、これが三千五百年前のものであるという説明を聞いて唖然とした。鄭州の郊外ではあるが周囲には労働者のアパートや農民の家が点在しており、果してこんなところにそんな古い時代のものが存続できようかという疑問もわいたが、周辺の遺蹟・遺物の調査によれば確かなものらしい。こんな疑問をいだきつつ次の見学地、安陽の殷墟を訪問した。殷墟周辺は牧歌的な素朴な田園地帯であり、こんなところに古代文明が繁栄していたとは思われないほどの静寂さがたちこめており、時間が一瞬停止した思いにがられた。そして私が、今まで学んだ殷墟についてのあらゆる知識も、今この田園の中にたたずむ時、それさえ空しい響きに聞こえるのである。一体三千五百年の歴史とは何であったのだろうか。

日出でて耕し、日入りて息う、帝力何ぞ吾にあらんや、という『史記』にみえる帝堯以来の農民の姿がここにあり、幾多の戦乱、政治的激変にも拘らず、黙々と大地と共に生きている感がある。しかしこの付近には確かに三千五百年の昔、殷代の都があり、殷王の墓があったことは考古学・文献学の研究によって明らかにされている。そして其後も政治の舞台となったところであり、近代になってかの袁世凱がここを拠点に政治的野心を練ったのである。安陽には袁世凱の墓があり、中国人の案内者は、袁世凱を中国最後の皇帝と説明した。私は、ここに中国の王朝体制の発祥地が同時に終焉地であったという歴史の奇妙なる符合に思わず息をのんだのである。袁世凱の墓は、彼の部下の手で帝王の墓と同じ形式で作られており、中国人の意識の中に存在する帝王思想の一面をかいまみた気がした。しかしさすがに革命中国は、この墓地にたてられた安陽博物館付属の袁世凱資料展示館では、袁世凱の名の上に罪人の二字をつけており、これを反面教師として革命後の世代を教育しようとする意図はみせているのである。

黄河の水

安陽を出て鄭州へ戻る列車は、午後六時日没時に黄河の鉄橋を渡るというので、我々は一斉に車中から写真機をかまえた。まちにまった黄河を渡り始めた時、車中から一斉に拍手がおこった。我々はあちらこちらに場所をかえ、およそ十分ほどの渡河まで写真をとり続けた。真赤な太陽が黄河の地平線に沈まんとしてはなつ光が黄色の水に漂っているさまは、一幅の名画をほうふつさせるような美しい景観であった。その後我々はこの感動を今一たびと今度は鄭州からバスで黄河河岸まで見学に出かけた。ここは邙山揚水ステーションといい、黄河の水を高さ二十米も汲みあげ、付近の農耕地をうるおすと共に、鄭州市内に送られて飲料水・工業用水に使われている。一九七三年に完成したというが、これによって鄭州付近は飛躍的に発展したという。幾多の洪水に悩まされてきた中国人にとっては、黄河は決して浪漫的な河でなく、むしろ兇悪な源泉にしか映らなかったかもしれない。このことは当然の心情であり、我々にしても河川の横暴に対して怒りをぶつけることもあろう。しかしそれが詩の世界で吟じられる時、その怒りを超越して自然の営みに対する畏敬の感さえあるのである。黄河の治水を歌った現代の詩を私はかつて幾つか読んだが、それが文字として定着せずに今でも李白の詩が尊ばれるのは何故かと私は思う。私ははるかかなたの対岸がかすんでみえる黄河のほとりに立ち、その渦巻き流れる黄色の濁流を眺めながら、悠久の昔に思いをはせるのである。老人の団員の一人が、この黄河の流れを見たので私はここで死んでもよいといった心情を、単に感傷的なものとして考えるよりも、人はいずれ自然に帰っていくという人生のきびにふれた言葉として私は感動的にこれを聞いたのである。

嵩山と少林寺

鄭州から我々は登封県をへて嵩山に向う。途中は黄土層地帯であり、それは丁度シラス台地のようになっている。上層は一面に耕やされており、下層は所々穴が掘ってあって、人の居住もみられるし、また貯蔵庫や、レンガ造りの工事場として利用されている。これは恐らく何千年にわたって変らぬ生活様式であっただろう。このほら穴には道士が居住し神仙術にふけっていたことであろうし、また錬金術師が黄金の製作に励んでいたであろう。更に辿れば、禹の伝説にまで至るのである。

禹の父親、鯀は嵩山のふもとに住んでいたといわれ、治水に失敗して刑死した。その後をついだ禹は十三年間、家にもよらず治水につとめ、遂に成功したので、舜のあとをついで天子の位につき、国号を夏后氏といった。この嵩山一帯は夏の伝説地がやたらに多いところであり、中国人の案内人も嵩山の歴史を禹からさりげなく始めるのである。中岳廟は嵩山太室山の南麓にあり、その前身の太室祠は秦代に建てられ、漢の武帝の時に整備された。その後増建重修され、唐宋期最も盛んであったが、その後廃興をくりかえし、清の乾隆期に大規模な整修が行われた。現在の建物はほとんどこの時のものであるという。

嵩山から少林寺に向う道は、曲りくねった山道であり、マイクロバスは相当に振動するのでそれだけ疲労もはげしい。二時間ほどしてやっと少林寺につく。少林寺はだるま大師開祖で、日本でも少林寺拳法で知られた禅寺である。ここでは日本の参観団のため、現地若者達による拳法も披露された。彼等は近くの人民公社やレンガ工場に働く労働者である。少林寺にはかなり老齢の寺守といった自称禅僧が一人いたが、それ以外には僧らしい者はみかけなかった。唐代の昔、ここにはかなりの僧兵がおり、この武力をかりて唐はこの地方を平定したそうだ。付近の僧林には、唐から清に至る高僧の墓が林立し、中には日僧のものもある。はるばる禅の修養のためやってきて、この地に骨を埋めた日僧の心中はどんなものであっただろうと考える。

嵩山から少林寺の見学によって私が感じたのは、夏禹以来今日までえんえんと続く文化的伝統の重みであった。数百年の単位を刻みつつ、古い文化の上に、新しい文化が開花し、またその上に次の文化が育つというこの文化的な重層の中にこそ、中国の文化的進化があると思うのである。

中国の現在と未来

鄭州発上海行の夜行列車で我々は帰路につく。これから十六時間ほどの旅だ。我々ののる車輌は軟臥車（一等寝台）であり、一般中国人の硬臥車と違って寝台も広くゆったりしている。特別運賃を払っているからであるが、終戦直後の外人専用列車のようであまりいいとはいえない。しかし中国としては、外貨をかせぐためと、むやみなまさつをさけるためにこうしているとのことだ。翌朝、列車が揚子江を渡り南京に到着すると、その停車時間内に数車輌先の食堂車に乗る。そして二時間後に停車する鎮口で再びもとの車輌に戻ったが、これは中国人の乗車する硬臥車を通過することが満員でできないからであるとのことだった。確かに朝になると特急停車駅では多数の中国人が乗車するので、まるで終戦直後の日本の列車のような混雑ぶりである。今、中国は四つの近代化実現のため、貨物優先のダイヤを組んでいるからであると康氏は説明された。こんなことから中国が今、直面する人口問題、産業の近代化、交通等の問題について康氏を囲んで同室のメンバーと論じ合った。康氏によれば中国ではラジオのニュースの度毎に、結婚適齢期の遵守と、子供一人を奨励し、それには報奨金すら出すほど神経質になっているのに人口が減らないのは、都市よりも農村に原因があるとし、農村が今なお人口が増加し続けているのは、農村では封建的慣習が残存しているからであるという。つまり、農家が一人娘であれば、嫁がせると、その家の家族労働が減少するだけでなく、家系がとだえるからなかなか政府の方針に従わないという。康氏のいう封建的慣習とは、どうやら農家が家族労働によって収入をまかなっていた段階から今だに脱却していないことをさしているようだ。それに人民公社も老後の保障などの社会福祉の点では、まだまだ完全でないことも原因しているようだ。しかし現在では農村人口は飽和したままそこに定着させようとするのが政府の方針である。なぜならば農村人口が都市へ流動化すれば、都市の失業者を増加させることになるからである。つまり産業労働力として農村人口を吸収しうる工場がないからである。現に上海のような商工業都市でも、三交替制が実施されており、そのため昼間休憩中の労働者が街路にあふれている。そこで日本と技術提携して宝山製鉄所を建設する計画があるが、これが完成してもオートメ化した最新の設備による工場では、必ずしも人口問題解決につながらない。中国ではむしろ中規模の労働人口を吸収しうる工場設置が急務である。更に農村と都市間における物資の流通がスムーズに行えるような市場網の整備や、輸送機関の充実、それに産業の効率化等種々の問題にまで議論が及んだ。康氏は、大躍進政策から文革に至る数十年間の経済政策の失敗が、中国経済の発展を遅らせたと強調し、今進めている四つの近代化にかなりの期待をもっていられるようであった。

こんな話からより具体的に同行の田氏の給料からその生活水準を検討することにした。田氏は三七才であり、人民中国の編集部に入って十二年間、給料は約七十円である。田氏の妻の給料は約八十円であり、合計で約百五十円である。中国の一円は大体日本円百五十円で交換されるので、百五十円ということは、日本円三二、五〇〇円ということになるが、これは両国の物価指数を無視した比較なので、これを加味して考えるとおよそ次の通りとなる。すなわち物価指数の基準として米の値段を較べてみると、中国では米一kgが三二銭で日本の約一二五〇分の一である。ここから田氏夫妻の給料を換算すると約十九万円となる。その他、家賃は二円五五銭、水道・電気代二円、ガス代二円七十銭であり、その他雑費を集計しても十円弱であり、また一週間、子供を祖母にあずける謝礼が二五円であり、幼稚園の費用が一二円、夫婦の外食代が一人当り約二十円で両者で四十円であり、これら総合計は百円弱で残りの五十円ほどは貯金できるということであった。テレビは白黒十二インチが五百円、カラーは十四インチ一、五〇〇円であるから、白黒インチは約十ヶ月で買えることになる。但し、現在は数量が不足しているので予約制だという。そこでテレビの所有率は全人口の約三分の一程度である。この田氏の家計は、中流上であるとのことである。因みに田氏の職場である「人民中国」には、最高一八〇円程度の給料をもらう人がいるし、鄧小平で四〇〇円程度であるとのことである。

この田氏の家計から判断して、中国政府は衣食住・光熱費という基本的な生活に関するものに対しては、出来るだけ安価に供給していることがわかる。ただ住居が完全に快適なものであるということではない。しかし、日本では今や生活必需品になっているテレビに関しては、その普及率といい、価格といい、まだまだ日本には及ばないし、その他、消費物質全般に亘って不足している。それに旅行などレジャー産業については、全くといってよいほど差があるようだ。中国では国内旅行も容易ではないようだし、海外旅行となると公的なものを除いて皆無に近い。これが今後の中国の課題である。我々の会話が終りに近づいてきた頃、列車は上海に到着した。この日は黄浦江に近いホテルで旅の疲れをいやし、明日の帰国の準備をした。

わずか十二日間の短い旅であったが、今度の旅行で私はえがたい多くの経験をし、見聞も拡められた。百聞は一見にしかずとは、正にこのことを言うのである。二、三千年前の出来事をさも昨日のように考えるとてつもない長い時間の尺度と、その中で登場してきた歴史上の人物を今の人間の政治行動に投影して考えようとする思想等が中国の風土と自然とに何等かのつながりがあろうと日頃考えていたことが、幾分なりとも立証しえたのである。

ここ数年来の中国の動きには確かに理解に苦しむことが多々あり、中国研究を志す私にとっても途方にくれることがしばしばある。しかし確実にいえることは、中国を理解する場合、目先に起こったささいな事象にとらわれず、長い目でみる見方が必要であるということである。こんなことを考えている内に上海を飛立った飛行機は、わずか三時半ばかりで大阪空港に着陸した。日本と中国は目と鼻の先にあり、中国ぬきで日本の将来はあり得ないことを痛感したのである。

（『鹿大史学』第二十八号　一九八〇年十二月）

中国旅行記—江南の春を訪ねて—●

三月二十八日から四月七日まで鹿児島大学中国歴史研究会一行は、ようやく春の訪れた江南の農村や都市をかけ足でみて回った。この旅の目的は、福建省にある廈門《あもい》大学や、社会科学院を表敬訪問して相互に研究者間の交流を行うということにあったが、それと共に、この機会にできるだけ中国の自然と歴史、そして現在のありさまの一端にふれてみたいという願望もあったのである。

さてわれわれ一行が最初に訪れたのは、南宋の首都であった杭州であった。杭州には西湖という風光明媚な湖があり、また由緒ある寺院や史跡も多く、さすがに古都としての風格をもった都市であった。

しかしわれわれはこの都市で思いがけない情景に出くわした。それはわれわれが禅宗五山の一つ霊隠寺を訪れた時のことである。この日は清明節《せいめい》であったため、近郊農村から寺に参拝する農民たちが続々とつめかけていた。農民たちのほとんどは老女であり、手に手に線香をもって祭壇に押しかけ、そこに安座する釈迦牟尼《しゃかむに》像にひれ伏した。釈迦牟尼は民衆に慈恵をもたらす仏として信仰の対象となっていたものである。

この農民の集団はさらに西湖のほとりにある岳飛《がくひ》の墓を訪れ、やはり墓のかたわらの殿宇に祭られている岳飛の像に向かってひれ伏し、墓前にある地にぬかずいた秦檜《しんかい》夫婦ら四体の像に対して、つばをかけたり、棒でたたいたりしていた。

岳飛は南宋初期（十二世紀初め）に活躍し、西郷隆盛の尊敬を受けた人物である。異民族王朝である金の侵略に対して徹底抗戦を主張したが、時の宰相秦檜らにはかられて、はかない最期をとげた。ここから岳飛は漢民族を守る英雄としてあがめられ、秦檜等は裏切り者の烙印《らくいん》を押され罪人とされたのである。

だが棒をもつ農民はどの程度岳飛と秦檜のことについて知っているのだろうか。もしもこの事実を知っての行動であるならば、彼等の民族精神の強さは驚嘆に値するものがある。ともかく私には、次から次にやってくる農民の集団の同じような行為を見ているうちに、それが異様なものに見えてきた。そこには長年にわたって中国の社会に根をおろした習慣のもつすさまじいほどの迫力があった。杭州での中国の農民の行動は、私のこれまでの中国農民観を一変させるほどのものであった。

菜の花畑（江西省）（1983年３月）

ところが杭州でみた農民の集団とは対照的に、江西省の農村でみた農民たちの行動にはゆったりとした落ちつきがあった。そこには、まるで一幅の絵をみるように、広々とした見渡す限りの菜の花畑と、その中でのびのびと水牛を使って耕作に励む農民の姿があった。中国のアニメによくある水牛の背に乗って遊ぶ子供たちの姿がそこにはあった。私は昔、小学校唱歌で習った「朧月夜」の一節を思わずくちずさみたくなった。〝菜の花畑に入り日うすれ、見渡す山の端かすみ深し〟という歌の文句さながらの世界がそこには展開していた。

江西省の陶磁器の町、景徳鎮はさすがに千年以上にわたって数限りの名器を生産してきた町の風格を備えていた。ここでは近代的技術を導入した最新の陶器生産をする一方では、昔ながらのロクロを回した手作りの磁器工場も残存させており、伝統工芸を保持していこうとする中国の意気込みを感ずることができた。

ところで、陶磁器工場で磁器の染め付けをする陶工たちの筆のもち方が、みな清朝の書論家、包世臣のとなえた筆のもち方と同様であったことは、私にとっては一大発見であった。

私とY氏は他の団員と離れて景徳鎮から鷹潭までの五時間、SLけん引の貨車に乗車したが、この間私は中国民衆とじかに接するよき機会となった。私たちを温かく迎えてくれた車掌長は、日焼けした肌に幾筋かのしわの見える年のころ五十半ばの温厚そうな人であった。たどたどしい中国語で彼と話しているうちに、彼が大戦中長沙作戦に参加した中国軍民兵であったことがわかった。そのことを語る時、一瞬その表情にかげりが見えた。この時、私は日中戦争を惹起した日本の罪の重さを改めて痛感し、ただすまない思いでいっぱいとなった。

この車掌長と対照的に人のよさそうな若い車掌は、私のもっていた『中国語会話』の本を手にし、その中の「私には二人の子供がいる」という箇所を指さして、うれしそうに笑った。

それからわれわれはお互いに、家族、故郷のことなどについて語りあったが、やがて彼は鷹潭郊外に建設中の日本の技術による製錬工場のことを述べ、〝感謝〟〝感謝〟といって手をさしのべてきた。四つの近代化の一つ工業の発展を重視する中国人の願いが、こんなローカル線に乗車している人々の中にも浸透していることがわかり興味深かった。

日本と中国との企業提携は、今回われわれが訪中した廈門、福州などの福建省の海岸都市においても見られ、改めて両国の関係の深いことを痛感した。今、廈門にはジェット機の就航する国際空港が建設されている。それが完成したら鹿児島と廈門の距離はさらに縮まるであろう。

二年後の一九八五年の夏に廈門で開かれる林則徐生誕二百年を祝う学会の時に、再度当地を訪れることを約束して、私たちは帰国の途についたのである。

（『南日本新聞』一九八三年五月二日　朝刊）

中国旅行記 ―福建省を訪ねて―

この春、本学法文学部及び他大学の教官および本学学生、鹿児島市民によって構成された鹿児島大学中国歴史研究会一行二十名は、中国中南部から東南部に位置する江西・福建両省の主要な都市や農村をめぐる旅行をした。わずか十日間の日程であったが、その間得られた成果は多大なものがあった。この旅の前半である江西省でのことは、既に地元新聞紙上（「江南の春を訪ねて」）にのべたこともあるので、ここでは省略させて頂き、後半の福建省のことにつき報告しておこう。

一　廈門《あもい》

我々一行が江西省の旅をおえて南昌郊外の鷹潭というところから廈門行きの夜行列車にのったのは、夜十二時近くであった。廈門到着は翌日の午後五時ということであるから、これから十七時間ばかりの長旅であった。

廈門のバスターミナルにて（1983年 3 月）

左　筆者　右　傅衣凌教授（廈門大学にて）
（1983年 3 月）

この路線は新中国成立後、中国中南部と東南部を連絡する目的で建設されたということであり、これによってそれまで海岸線からしか行けなかった陸の孤島福建省の開発が一層進むことになったということである。中国の寝台列車はなかなか快適であり、乗車すると酒を一ぱいひっかけてすぐ眠りについた。翌朝目をさますと列車はすでに福建省の山岳地帯を走っており、途中山間にひらけた沙県とか永安とかいう明中期の一大農民反乱として著名な鄧茂七の乱の拠点となった町々を通過していった。鄧茂七はこの地域の佃戸（小作人）や鉱山労働者を組織して、官憲及び地主の圧迫に抵抗したのであり、当地には今でも民衆の守り神としての鄧茂七伝説があると聞いたことがある。列車はやがて眼下に流れる川を見下しつつ登りはじめたが、ここは中国でも有名なループ線となっており、前と後とにS・Lをつけて登るさまは、まさに雄大そのものであった。日本ならさしづめ、S・Lマニアのカメラが放列するところとなるであろうと思った。このあたり一帯は焼畑となっており、山頂までよく整備されており、そこには人家がちらほらみえてくる。これが資料にでてくる棚民であろう。一行の地理学者石村さんから、この付近の地理について詳しく説明してもらっていると、この地方の自然がまさに生々として迫ってくるものがあった。この山岳地帯を出て平野部に入ると、そこはもう水田地帯になっており、農耕にいそしむ農民の姿が各所にみられた。福建の農業開発は宋代以降一層進み、明清時代には、中国でも有数の米作地帯となっており、二期作も行われていたということである。眼前に展開しているかなりゆったりした農家や、よく耕作された広々とした田畑をみていると、この地が先にみた江西省の農村より総体的にみて豊かであると思った。

ところで福建での明清時代の農村研究の大家といえば、廈門大学副学長の傅衣凌《ふいりょう》教授であるが、私達一行はこの高名な教授とお会いすることができた。傅教授は、京都大学人文研の客員教授でもあり、日中間を精力的に往来して、両国の学術交流に多大の貢献をされている。廈門大学は、一九二〇年、当地出身の華僑、陳嘉庚《ちんかこう》という人が私費を投じて設立した。陳嘉庚はマラヤでゴム園を経営し、巨額の財産を作ったが、彼は当時中国革命運動に従事していた孫文を支持した愛国者でもあった。日中戦争から第二次大戦中は、中国共産党のシンパとして活躍し、人民中国成立後は、中共の要職についた。特に彼は中国の将来は教育にありと考え、故郷集美に小学校・中学校・工業学校を建てて、人材の育成をめざしたのである。

またこの廈門という町は、明末清初にあって清軍に徹底抗戦した鄭成功が拠点としたところであり、近代になってからは阿片戦争敗北後の南京条約によって最初に開港されたところでもある。この町の一角にある風光明媚なコロウ島には、鄭成功《ていせいこう》記念館があり、鄭成功関係の資料が数多く展示してあった。この付近一帯は旧租界時代の洋風のレンガ造りの建物が立ち並ぶ非常にエキゾチックな感じのところである。私達が到達した日は、香港から毎週一回かよっている定期船にのってやってきた華僑でこの町はごったがえしていた。華僑の服装はカラフルであり、化粧さえした女性達を

福建省の農村風景（1983年３月）

見ていると、日本のどこかの町にいるような感じさえした。華僑は廈門旧租界にある教会で敬虔な祈りをしており、この町ではかなり自由化が進んでいるのではないかと思った。また廈門郊外の経済特別区では、外資導入による経済建設も始まっており、これが完成したあかつきには、中国でも指折りの工業都市に生まれかわるということであった。この特区の一角に、一九八五年をめざしてジェット機の就航する空港の建設も進められており、いずれは名実共に上海と並ぶ外国に開かれた玄関になるということであった。廈門大学の先生方の話では、このような経済的・文化的背景に基づいて、ここでの研究課題は、①傅教授自身の研究である明清時代における福建省の社会経済、②日中両国のかけ橋としての鄭成功の研究、③福建省の近・現代における社会経済と華僑の果たした役割、④阿片戦争期の研究―特に同省出身の開明政治家としての林則徐―について、ということであった。

二　泉州

私達一行は廈門をバスで出発して、次の目的地泉州に向った。泉州は宋元時代に世界的な貿易港として栄え、アラビア商人が多数居住していた町である。元代この地を訪れたマルコ・ポーロは、ここを世界一の繁華な港としてヨーロッパ人に紹介した。しかし明中期以降から衰え、清代には単なる地方港になってしまった。この泉州には、北宋時代に創建された中国最古のイスラム寺院である清真《せいしん》寺を始めとして遺跡がまだかなり残存している。私達は期待に胸をふくらませて、まず清真寺を訪れた。旧市街の狭い路地の一角にある清真寺は昔の面影がなく、寺内の僧坊は市民の住居と変っていた。ただ中央の礼拝堂の天井にはイスラム教寺院らしいアラベスク模様の装飾が薄く消えかかってみえていた。中国人のガイドの話では、清真寺の再建計画があるとのことであるが、早急にやってもらいたいと願うものである。

泉州の旧市街に明末の陽明学者、李贄《りし》の旧居があると聞いて、そこに出かけることにした。李贄は陽明学を私欲肯定の倫理にまで発展させ、その結果士大夫・官僚が尊崇する道学（朱子学）を徹底的に批判したため、彼等から「名教の罪人」として投獄された人物である。この李贄がイスラム教徒であったという研究もあり、そのルーツを探りたいと思い旧居を訪ねたが、そのあたりは旧市街の狭い道路をはさんで密集する商店街の一角であった。李贄の思想に、商人の営利活動を弁護したり、また士大夫の蔑視する恋愛小説を人間の純粋な欲望をのべたものとして評価するのも、案外このような環境のもとで育ったことが関係しているのではないかと思ったりした。また街の溝をみると豚がそのままほうりこまれており、これは豚を食べないイスラム教徒の習慣のなごりではないかとさえ思ったのである。

泉州では最近作られた泉州海外交通史博物館にも出かけた。博物館の中央に、一九七四年、泉州湾の四米の深さの処から発掘された宋代の海船（長さ約二十四米、広さ約九米）が安置されていた。所々くちはてていたが修繕もしてあり、マストを除いてほぼ全容に近いものであった。また海船と共に出土した香料・銅鉄銭・陶器・銅器・竹製品なども展示してあった。現在、福建省ではこれら遺跡・遺物の発掘を全面的に行っており、遺物の大半は福州にある福建省博物館に保存している。

三　福州

泉州で一泊した後、福州に向った。福州は福建省の省都であり、南京条約によって開港した港町であった。市街地に入ると高層ビルが各所に建築中であり、非常に活気のある町であるとの印象を受けた。この福州の侯官《こうかん》県に生れたのが、かの阿片戦争の立役者、林則徐《りんそくじょ》であった。市の一角に林則徐記念館があり、ここには林則徐関係の資料がきちんと整理されていた。彼の一生を図示したパネルによると、彼は貧苦の中で学習にいそしみ、二十数才で科挙の最高試験である殿試に合格し進士となった。その後、彼は地方官として各地を赴任したが、そこでは民生の安定につとめ、人民から林青天とまで言われ大変したわれた。しかし一方では国際的センスに富んでおり、時の皇帝、道光帝は阿片問題を解決するのに最適の人として抜擢した。林則徐の外国に対する態度は、当時半鎖国状態にあった中国を開国して列強と平等互恵の原則に基づく貿易を行うが、中国人の肉体をむしばみ、また銀の流出の原因となっている阿片の密輸には断固立ち向うというものであった。私達が記念館で参観していた時、たまたまこの町の小学生らしき一行に出合ったが、彼等は熱心に説明文を読みメモを取っていた。彼等の目の輝きを見ていると、林則徐がこの町では子供達の英雄として今でも生き続けていると痛感したのである。

私達は、五年前この地に作られた福建省社会科学院を訪れたが、私達を出迎えて下さったのは、林則徐五世の子孫林《りん》子《し》東《とう》先生であった。林先生は六十を少し過ぎた気品のある女性であったが、私が阿片戦争の研究者であり林則徐を尊敬しているとのべると、いかにもうれしそうな笑顔をされた。そこで私は日本における阿片戦争研究の現状についてお話をした。林先生は翌々年の一九八五年、林則徐生誕二百年に、ここで林則徐研究の国際学会を開催するので、ぜひおいで下さいと招待された。私は自分の研究の出発点が阿片戦争—林則徐であり、今もそれをライフ・ワークとしているので、これにゆかりのある土地を訪れ関係者とも会談できたことは、私にとって、この上もなく幸せなことであった。

ところでこの科学院には、⑴歴史・文学、⑵哲学、⑶経済、⑷東南アジア研究所があり、それぞれの分野で研究活動が行われているが、特に対岸の台湾の学術・文学・経済等の研究を重視しているとのことであった。これは数十年前、台湾との間に緊張関係があったときに較べるとかなりの変化であろう。台湾で発行された演劇の台本が数年前から福建省の各市でも上演されていた。私達が廈門で見た宋代の名裁判官、包拯《ほうしょう》を主題とした演劇は、明清時代に書かれた台本を基に台湾で創作されたものであった。このような文化面だけでなく経済面でも台湾との交流が見られた。それは台湾産と思われる商品を福州の百貨店で見かけたからである。恐らくこの商品は華僑を通じてもちこまれたのではないかと思う。政治的・軍事的には大陸と台湾には、まだまだ厚い壁がみられるが、文化・経済など交流可能な分野では、徐々に壁が取り除かれつつあるのではないかという印象を得た。

今回初めて訪中した団員は、自らの目にうつる中国の生活水準が日本のそれとくらべてかなり低いことや、人々の言動にかなり根強い伝統や習慣が残存していることなどから、相当なカルチャー・ショックを受けたようである。しかし一方では、中国を理解する尺度として、西洋や日本のそれをもってはかれないものがあると感じたようである。つまり中国には底知れないスケールの大きさがあるのではないかと言うのである。私は日本人が中国に対しても印象として、これは率直な感想であろうと思う。よく中国と日本は同文同種の国であると言って、その文化・民族における共通性を強調するむきもある。これは決して間違ってはいないが、同時にその差異性もまた見きわめなければならない。その前提の上にたって相互理解を進めることこそ、今後の課題であろう。しかしそのためには、決して第二次大戦前の日本の取った誤った大陸政策をくりかえしてはならないであろう。相互の平和と友好こそ、何よりも肝要なのである。中国は今、四つの近代化実現をめざして国の総力をあげて取り組んでいる。農工業生産に於いても今世紀末に四倍に増加させ、一方では十億に近い人口を抑制して、生産と人口のバランスを取ることを目標にしている。この方向にそったスローガンを各地で見かけたが、それを性急にやるのでなく、徐々に行なうとしているのである。この計画を実現するため、中国は日本や欧米諸国に対して開放政策を取り、その高度な技術や、資本の導入を図ろうとしている。そして中国は今や日本との間に、二十一世紀に向けて友好関係の更なる発展を望んでいるのである。それは私達が福建省社会科学院を訪れた時、林先生が〃あなた達は千里の海を越えてやってきた日中両国を結ぶ友好の使節である〃とのべた歓迎の言葉にいみじくも表現されていると思うのである。

（『鹿大史学』第三十一号　一九八四年一月）

中国旅行記―福州から西安を訪ねて―●

私は一九八五年十月中旬、福州で開催される林則徐生誕二百周年学術討論会に参加するために中国を訪問した。この学会の話は、二年前の春、鹿児島大学中国歴史研究会の団長として福州・厦門を訪問したときに聞いていたのであり、林則徐研究者として、今回の訪中は予定通りのことであったといえる。この討論会の組織委員長は、厦門大学の傅衣凌教授であり、副委員長が福建社会科学院副委員長の林子東先生であったが、両先生とも前回の福建訪問に際し、我々を暖かく歓迎して下さったことが走馬燈のようによみがえり、再びお会いできる日を楽しみに訪中の旅にでた。なお私と一緒に人文学科の下野先生も訪中されたが、先生は民俗学の見地から福建を研究したいということで期待に胸をはずませておられるごようすであった。

一　広州から福州へ

十月九日、大阪空港を出発した飛行機は、三時間半たらずで香港空港に着陸した。空港には旅行社の人が出迎えてくれており、すぐホテルに向かった。ホテルはビクトリア公園の側にあり高層ビルの十七階であったが、この付

林則徐像の前で（1985年10月）

近はホテルが林立しており、さすが国際都市香港という感がした。

十月十日、午前中に我々は蛋民の多い湾にでかけた。下野先生は民俗学者らしく、カバンに二個のカメラをいれ、次々に写真をとりまくっていられた。蛋民は見物客にかなり世なれしているようで、適当にポーズを取ってくれる者もいた。午後旅行社の人と別れて香港から広州行きの列車に乗車した。車中に入ってまず気がついたのは、全車禁煙であったが、奇妙なことには、車中の広告にアメリカの煙草を宣伝していたことである。香港から三時間の旅であったが、途中桜島とそっくりの山をみつけ、下野先生は大喜びでこの山を写真におさめられた。広州につくと広州社会科学院の若い李先生か出迎えてくれた。しかし李先生は日本語が話せず、しかもひどい広東なまりで、話しの内容がさっぱりわからず閉口した。それでも筆談をまじえ、身ぶり手ぶりで話している内に、何とか通じたのでほっとした。

十月十一日、この李先生の案内で広州の史蹟や博物館を見学した。特に阿片戦争の際、広東人民がイギリス軍を撃退したという三元里の古廟につれていってもらったことは大変うれしかった。下野先生は古廟よりもそこに至る街路の両側にまだ残る古い住宅が気にいったらしくパチパチと写真を撮っていられた。この日の夜、私たちは珠江の岸辺の道を散歩したが、付近一帯若い男女のカップルであふれていた。下野先生はそれをみて、将来の中国はすごく活気ある国になりますよとさかんに感心していた。

十月十二日は、李先生におくられて私達は飛行機で福州に向かった。一時間ばかりの飛行であっという間に福州空港についた。空港には先日来鹿された福建社会科学院の林道周先生や梅韜先生、それに組織委員会の若い通訳の施君や王さんが出迎えてくれた。私達は福州市内の新築したばかりのホテルに宿泊することになった。このホテルは中国と香港の合資でできたもので、福州にはこの他日本と合資のホテルもかなりあり、外資を導入して近代化につとめているようすがありありとわかった。

十月十三日、いよいよ学会が西湖賓館を会場として開始された。日本からの参加者は、林則徐研究の第一人者である田中正美先生と阿片戦争の研究者である浜下武志さん、それに私の三人で、他にオブザーバーとして、小説家の陳舜臣氏の顔もあった。会の組織委員長、傅衣凌先生が病気で出席できないということで、いささかがっかりしたが、副委員長の林子東先生の元気な姿に接し、大変うれしく思った。会の主席は、中国歴史学会の長老である戴逸先生であり、列席の中国人学者の中には、『洋務運動』の著者である牟安世先生や、『林則徐年譜』の著者である來新夏先生、また胡思庸先生など著名な学者もおられ、総数百数十人ほどでなかなか盛大であった。会期は十月十三日より十八日までであったが、十五日は外国人参加者の見学会にあてられ、十八日は自由行動であったので、討論会のあったのは四日間であった。しかも討論日も昼休みの休憩時間は二時間ほどたっぷりとっており、ゆっくりとした日程であった。しかし討論会の時間には報告者が熱っぽく意見をのべ、それに対する反論もあり、非常に活発なふんい気で

鴉片戦争博物館にて（1985年10月）

あった。日本の学会が最近いささか討論のあり方においてマンネリ化しているのを感じていた私にとっては、率直に言って大変刺激を受けた。また、参加者すべてが主題にそって報告者と同様、五十枚程度の報告書を提出しており、全員で会を成功させようというようすがありありと察せられて大いに感動したのである。

ところでこの会の主題は、①林則徐の思想特徴と阿片戦争前後の社会思潮、②阿片戦争の中国近代歴史上における地位と影響、③阿片戦争時期の統治階級、④阿片戦争時期の中外関係ということであったが、私は第四主題について報告した。報告の題目は、日本における『海国図志』研究ということであり、『海国図志』が幕末日本の開明的な官僚や思想家に大きな影響を与えた点につき報告した。この報告の内容は『福建論壇』に掲載されるので、ここでは省略するが、一つだけ報告の中で強調したのは、幕末の阿部政権と林則徐の政策の中に共通点があることを指摘したことである。その共通点とは、欧米列強の進出に対して、開国してその軍事・産業技術の導入を図るという所謂洋務思想である。林則徐がイギリスの阿片密輸に対して断固戦ったということをもって排外派とみるのはまちがっており、彼こそもっとも開明派として国際問題に対する認識も深かったのである。この討論会での中国人の研究者もこの点では一致しており、中国近代化の基《もとい》を開いた人物として林則徐を位置づけているようすがよくわかった。現在、中国政府は四つの近代化（軍事・工業・農業・科学技術）を進めており、この政府の方針にも林則徐の政策や思想は一致するものがあるのである。福州の博物館の入口には、今年三月林則徐の像がたてられ、林則徐の住居であった記念館も二階が作られ新たに関係資料を陳列し、そのお墓も整備されるなど福州での林則徐熱はいやが上にもますばかりである。福州では小さな子供までも林青天は偉大だったと言うのをみると、中国が彼の思想を末ながく子孫にも伝えようとしているのがよくわかるのである。

十月十五日、我々外国人研究者は、林則徐の後継者の一人である左宗棠が開いた福州郊外、閩江の河口にある馬尾港にでかけた。馬尾は風光明媚な土地で、高台にある羅星塔からは港景が一望できた。時あたかも芙蓉の花が満開で、それが、一面に咲きみだれ花園の感すらする。左宗棠はよい所に目をつけたものだとしきりに感心する。しかし彼の時代は、列強の進出が一段と増し、彼はそれに対抗するために、港湾建設、造船所、翻訳館などを次々に作ったのだ。福州は阿片戦争直後の南京条約で開港したが、この土地に最初に目をつけたのはフランスであり、次にイギリス、それに日本もその仲間入りをした。今、福州市内の閩江南岸にかっての租界の跡が残っているというので、自由活動の日出かけたが、旧イギリス領事館は、学校の宿舎に、旧日本領事館は住民に解放され、すっかり変わってしまい、昔の面影はない。私を案内して下さった福州師範学院の謝先生の話では、これも二、三年の内にとりこわして、あとには近代的なビルを立てるそうだ。

戦前の名ごりをとどめるものが、確実になくなっていくのが、今の中国の姿である。

二　福州から西安へ

十月十九日、福州での学会をおえた私は、学会関係者の見送りを受け、福州駅から南昌行きの夜行列車にのりこんだ。下野先生はこれより三日前に、泉州と厦門の民俗調査に出かけられ、それからは別行動となったのである。

南昌までは約十四時間の旅であったが、軟臥車であったので、ゆっくりと睡眠がとれた。時々同席の中国人と会話を加わしたが、なかなか通じず、これは骨のおれる仕事であった。南昌は二年前の春、行ったことのある町であり、その時にくらべると駅前や市内の目抜通りは十分整備されており、すっかり変わった感がする。それに広場には夜店も立ち並び、衣服やカセットテープなどを販売しており、個人の小営業を認める政府の政策が徐々にしんとうしつつあるようだ。

十月二十一日、南昌を朝早くたって長沙に向かった。私の同席は、北京から南昌に観光旅行にきた郵便局員の一行三人であった。彼等は盧《ろ》山に登ってきたとさもうれしそうに語った。中国では一生のうち泰山・嵩山・盧山など所謂名山に登ることを目標としているようだ。この人達は政府から長年の勤務を表彰されており、その報酬として今回の旅行を許可されたそうだ。まだ日本人のように自由に国内・海外旅行はできないのである。彼等は長沙で戦友に会う約束があると言ったが、これはどうやら日中戦争の時の戦友であるようだ。三人のうち一番の年長者は六十才ぐらいであったが、彼がメモ用紙に日中両国人民は末長く平和でありたいとかいて私に渡した。私もそれに対して同意と返事したが、やはり今回の旅でもかっての日中戦争のつめ跡を感ずる思いがした。ところで福州では、私は夏姿をしており、室内には冷房すら入っていたが、南昌にきてみると非常に寒く、長そでのジャンパーにセーターもきる有様であった。私が同席の中国人にこちらは寒いですねと言うと、彼等はうなづいてやおらズボンのすそをあげ毛糸の長くつ下を私に見せた。つまり防寒具を身につけているというのである。私はその用意のよさに感心したのである。夕方長沙駅につくと、香川大学の植松さんが出迎えてくれていた。彼とは長沙でおちあって西安まで旅行する約束をしていたのである。私は久しぶりに日本語で話しができることをよろこび、思うぞんぶんその夜は酒を飲みながら語り合った。

十月二十二日、私たちは午前中、長沙の岳麓山に出かけ、愛晩亭にもたちよった。唐の詩人、杜牧の詩に因《ちな》んで名づけられた愛晩亭は、その詩にふさわしく全山紅葉の中に奥ゆかしくたっていた。長沙と友好都市になった鹿児島はそれを記念して愛晩亭をモデルとした共月亭を錦江湾に面した天保山公園にたてたのであるが、付近の環境があまりにも長沙と違っており、何かそぐわないものがある。午後、博物館に出かけたが、副館長が我々を出迎え大いに歓迎の意を示してくださった。副館長は私が鹿児島大学の教官であることを喜び、今後長沙と鹿児島との学術面での交流を深めて行きたいと希望をのべられた。

十月二十三日、私たちは長沙を出発して武漢に向かった。これからは国際旅行社の世話にならないで、自分でキップを購入し、宿泊所もさがすのである。列車にのるために長い行列をつくり、駅の構内に入ると重い荷物をもって客車めがけて走るものだから、大変つかれることになる。その上、のった客車は超満員で身動きさえできない。武漢まで五時間だったが、これはもう殺人列車である。午後八時、武昌駅につくと、翌朝のる襄樊行きのキップを購入するためにならび、一時間ほどしてキップが手に入ると、この日の宿泊するホテルをさがさなければならない。

岳陽付近（1985年10月）

もう九時をすぎると外国人が宿泊できるホテルはなく、我々はようやくドミトリーという学生たちが宿泊する六人一室の宿泊所を見つけ、ようやくおちついた次第である。こんな状態だからこの日は夕食にありつけず、リンゴ一個で空腹をしのいだ。

十月二十四日、我々は武昌から襄樊に向かった。

この列車は襄樊行きであったので最初から座ることができ、ほっとした。途中でのりおりする乗客が多く、この地方の風俗・人情をかいまみることができた。襄樊とは襄陽と樊城の二市が合併した都市で、漢江をはさんで向かいあっていた。襄陽はかの三国時代、蜀の名宰相であった諸葛亮が居住していたところであり、また宋と元が大決戦をしたところでもある。更に明末にはかの農民反乱の指導者であった李自成が一時襄京政権を立てたこともある。昔から交通の要所であり、史蹟も多い。

この都市が外国人に解放されたのもごく最近であり、日本人はほとんどみかけなかった。樊城は城壁をほとんど完全な形で残しており、部分的に修理をしていたが、いずれ観光地として有名になるであろう。

十月二十五日、襄樊から夜行列車を利用して洛陽に向かった。早朝六時頃洛陽東站に着き、その日のうちに龍門の石窟や白馬寺などを見学し、夕方洛陽東站に戻った。この付近の旅社で宿泊することにしたが、一たん我々の宿泊を許した旅社の主人が、日本人は宿泊することはできない規定があるといって他の宿泊所にかわるように言ったのには驚いた。やはり中国では個人旅行はまだまだむりがあるようだ。結局は洛陽駅近くの賓館におちついたが、しばらくの間は本当に心細い思いをしたものだ。

十月二十七日、洛陽から西安に向かった。私たちはもう相当つかれていたので、今回は軟臥車にした。途中、黄土地帯を走るので、車中から穴居生活のようすがよくみえ、めずらしい風景をずい分楽しむことができた。西安に夕方つき、市内中央にある鐘楼飯店という大きなホテルに宿泊することにした。西安はさすがに古都であるのでかつての城壁を修理保存しており、街路もごばんの目になっており、寺院や史蹟もよく整備されていた。私たちはホテルは一流にしたが、食事は毎回外で取ることにした。西安は夜店が多く、いろいろな料理をそこで食べることができた。特にイスラム教徒は商魂たくましく、何でも売って、小銭をたくわえているようだった。例えばトルファンから二昼夜かけて送ってくるうりはイスラム商人街で売っていたが、これのうまさと言ったら天下一品だった。それから柿のあぶらあげなどめずらしいものもあった。ここで幾ら食べてもせいぜい一元ぐらいであり、ホテルなら最低十五元ほどいるから、本当に安上がりであったわけだ。私たちは西安市内の博物館や大雁塔、小雁塔などあちらこちら見学したが、すべて超満員のバスで出かけた。バスにのると、例えば西安站（駅）両個《りゃんこ》（二人）と言えばそれで行先が通ずるので、そのこつもよくわかってきた。西安滞在中、一日は観光バスにのって、華清池、兵馬俑坑博物館・半坡博物館などをめぐり、他の一日は、乾陵、昭陵、茂陵など、唐代の皇帝の墓をみてまわった。これら観光地についてはもう多くの日本人も見学している所であり、ここではその印象については省略しておこう。ただ西安はもう何年か前から外国人の観光客を受けいれているので、観光なれをしているというのが実感であった。

今回、私は今までの団体旅行と違って友人と二人で個人旅行をしたわけだが、ここでの経験は得がたいものがあった。私たちはなるべく中国の民衆とじかに接したいという願望があって、今回のような旅にしたのである。

中国の民衆はなかなかしたたかな面もあるが、また実に善良なところもあり、私たちが外国人とわかってもわけへだてなくつきあってくれた。西安の町かどでやきいもをかったが、わずか一角（注　十角が一元）で二、三個もあり、私はこれでよいのかと聞いたほどである。ただ中国政府は外国人には民衆の使用している人民幣ではなく外貨券の使用を求めている。これは外貨券によって観光収入を増やしたいという政策的なものであるが、この外貨券で中国人の買えない品物が購入できるとなると中国人の中には、この外貨券をほしがるものもあり、これは政府にとって頭の痛いことであるらしい。ともかく最近の中国は、自由市場がやたらにふえ、民衆は商品になるものは何でもうって小銭をかせごうとしている。農業・工業に責任請負制が認められて以来、民衆は国家が定めた責任を果たすと、余暇を十分活用することができるのである。今後、自由市場がどの程度発展するか、これが中国の将来をうらなう一つのめやすとなるのではないかと思うものである。

十月三十一日、西安から上海行きの飛行機は予定より十二時間近くおくれて出発した。これは中国ではよくあることであるが、交通体系の整備が今後の中国の課題であることは確かである。都市の交通にしても公共バスはいつも超満員で走っているし、車道と歩道とがはっきりしていないところもある。最近自動車が増えてくると交通事故も頻発するようになった。それでようやく都市には信号ができ、また歩道・自転車専用道なども作られるようになった。しかし我々はこれでもって中国はおくれていると考えたらいけないと思う。我々は日本の尺度をもって中国の近代化をみるのでなく、彼等の進むべき道を隣人として暖かく見守る姿勢も必要である。

十一月一日、上海から大阪経由で帰国したが、それから一ヶ月以上たった今日まで体の調子がよいのに気がついた。今までの中国旅行では、帰国後、よく体の調子をくずしたが、その原因はどうやら旅行中ホテルで連日ごちそうぜめにあったことがよくなかったらしい。

今回はなるべく中国民衆の食べる食事で、腹八分程度ですませたのがよかったのではないかと思うのである。

（『鹿大史学』第三十三号　一九八六年一月）

台湾紀行

今年三月と七月、二度にわたって台湾を訪れた。訪台の目的は、台北郊外にある故宮博物院の清朝時代の檔案《とうあん》資料の調査と、台北大学や東海大学の清朝史研究者との交流であったが、余暇を利用して、春には台南の史跡見学、そして夏には阿里山見学を行った。

台南にはオランダ統治時代のゼーランディア城の史跡があり、これを攻略した鄭成功に関する史跡、更には清末沈葆楨《しんほてい》によって築かれた要塞等があり、清朝史を研究する私にとっては、みのがせないものが揃っていた。台湾は、台湾海峡をへだてて中国大陸の福建省と接しており、その距離はわずか二百キロメートルである。台湾は、明清時

台北　中正紀念堂（1988年５月）

代より中国からの移住者がみられたが、今日彼等のことを本省人と言っている。もともと台湾には原住民である高砂族が主に山岳地帯で狩猟生活を営んでいたのであるが、ここに中国人が渡来して海岸地帯で農耕生活を営むようになった。この台湾にオランダ人が渡来してここをオランダの東アジア経営の拠点とするようになった。これは十七世紀の始めのことであるが、当時オランダは新興の海洋国家としてスペイン・ポルトガルにとってかわって貿易によって巨大な富を築きつつあった。周知のようにこのオランダが江戸幕府成立後、鎖国日本にあってただ一つ長崎で貿易を許された国であったが、オランダの狙いは長崎と台南、そしてインドネシアと続く東アジアから東南アジアにかけての海上貿易の利を独占することにあった。ところがこのオランダのもくろみは、鄭成功によってうちくだかれた。鄭成功は明朝の遺民で、満州民族のたてた清朝に徹底抗戦を続けた人であり、福建省アモイを中心として活躍していたが、大陸では清朝の勢力が強くなって、やむなく台湾を拠点にすることを考えた。そこでここに拠点を定めていたオランダ人を駆逐したのである（一六六一）。清朝が台湾を統治するようになったのは、康熙帝の時代であり、鄭成功の卒後鄭克塽《ていこくきょう》が一六八三年清朝に降伏してからである。因みに鄭成功の母は、平戸の人、田川七左衛門の娘であり、彼は平戸の海辺でうぶ湯を使ったといわれている。過日私は平戸に行きその場所を訪れたが、ただそのいわれを記した石碑が立つのみで、博物館にも鄭成功関係のものはあまりなく残念に思ったものである。それにひきかえ一九八三年の春、アモイを訪れた時鄭成功を記念する堂々とした博物館が旧租界地に建てられているのをみて、中国が鄭成功の事業を高く評価して後世にそれを残そうとする意気ごみがみられ感動したものである。

そして台湾に於いても鄭成功は台湾開拓の祖としてこれを評価しており、現在政治・経済・社会体制の違いによって中国本土と対立していても民族意識としては同一のものをもっていることを痛感した。また、台南にある砲台を作った沈葆楨は福州の出身で、彼の妻は林則徐の娘である。昨秋、私は林則徐生誕二百周年学術討論会に参加するため福州を訪れたが、開明的官僚としての林則徐の評価は、今日でも根強いものがあることを痛感した。この林則徐が自分の後継者の一人として沈葆楨を選んだのである。台湾での沈葆楨の評価は高いものがあり、ここにも鄭成功同様、中国人の民族意識が強くあらわれていることを知った。

台南を後にして列車で台中を訪れたが、この町は日本統治時代に建設された町で、町の随所に日本時代の建設の跡がみられた。日清戦争に勝利して台湾を領有した日本は、この土地の経営にのりだした。産業・交通の発達・教育の普及・衛生設備の改善などそれなりの成果は上ったが、それも日本の植民地支配を確立するために行われたのであって、原住民である高砂族や中国人にとっては、低賃金で働く労働力としてしか考えられていなかったのである。私はこの夏阿里山に向う車中で、六十才位の温和な中国人の男性とその家族の一団に出合ったが、この男性は戦前、嘉義農林を卒業したということであった。その頃、日本の大陸侵略が露骨になり始め、学校の日本人の先生の中にもそれを謳歌するものもいたが、ただ一人、日本のK大学出身の先生が、中国人の学生に孫文の三民主義をといて、これを忘れてはいけないと言ったそうだ。この教えを受けた学生の中から、戦後台湾の発展に尽力した逸材がでたと彼は私に話してくれた。孫文の三民主義は、今でも台湾、人民中国を問わず、中国の行く道を示した指針として、重んじられているが、今後中国が統一する場合には、三民主義の精神で一致することになろうと思った。
ところで現実は、第二次大戦後、中国大陸で国民党と共産党が対立し、その結果中国大陸を追われた国民党支持の人々が台湾に移住したが、彼等のことを外省人とよんでいる。台北で交流した台北大学の先生は私に今日の台湾の民族的課題としては、この外省人と本省人、それに高砂族との関係をいかに調整してみんなが一つになって台湾の発展のために尽力するかということにあると語ってくれた。しかし更に大きな展望としては政治・経済・社会体制の異なる人民中国との統一が可能かということであろう。現在の台湾は人民中国成立直後のような大陸との間に険悪な関係はないが、やはり強い不信感をもっていることは確かである。これは大陸を追われたことが原因となっている。しかし人民中国成立後三七年たった現在、台湾の経済が発展し、その点で大陸より優位になった自信が、今後の統一への話しあいを可能にさせるのではないかと思うものである。八月一日の某紙に、台湾が中国系米人学者の入国を認めて大歓迎という見出を付け、この学者が度重なる大陸訪問をし、鄧小平など中国指導者との親密な関係があったところから、台湾ではむしろ「要注意人物」とみていたのに、その入国を認めたことは、今春来の台湾の柔軟化路線であると記している。台湾では、大陸中国との差異をあくまで主張しながらも、一方では文化・経済交流を通じて両者の歩みよりを探っているとも受け取れる。二つの中国を作った責任は過去の日本にもある。ここで日本のやれることは、過去の大陸への侵略行為を謙虚に反省し、現在置かれている二つの中国の橋渡しが可能であるか尽力することであろう。現在日本人は大陸にも台湾にもほとんど自由に往来できるが、ただ単にその往来が観光のみに終らず、真の交流が可能であるか研究する時期にきているものと思う。

この夏、台湾を訪れた私は、念願の阿里山登山を行った。台北から列車で嘉義まで行くのであるが、これが全車禁煙車であるのには驚いた。私は一日三十本以上煙草を吸う愛煙家ではあるが、この列車に乗った時、ふしぎに煙草を吸う気にはならなかった。他人に迷惑をかけてはならないということを実行している点、むしろ大いに勉強になった。さて台湾南部の町、嘉義から三時間半以上もかけて森林鉄道で阿里山に登るのである。平地の嘉義は亜熱帯気候であるので、やし、びろう、バナナ等の熱帯植物が全山一帯に拡がり、その景観のすばらしさにまず圧倒される。二千米近く登ると今度は温帯林にかわり、楠などの広葉樹にかわり、更に進むと杉・檜などの針葉樹がひろがってくる。この間、列車はループを描きながら登り、眼下に拡がる嘉義付近の平野が右に左にみえかくれする。またみごとな森林地帯を二度・三度にわたってスイッチバックするものだからたまらなく楽しい気分になる。阿里山の終点付近の台地は、海抜二三〇〇米であり、真夏というのに冷気を感ずる。ここには樹齢三千年以上もあるという杉の神木もあり、巨木がそそりたつさまは、みごとという他ない。ここには天然林も多いが最近では植林にもつとめ、この豊かな資源を末長く保存していこうとしている。戦前・戦後を通してこの杉・檜が日本に輸出され、神社・寺院建築等の素材とされているようだ。翌日私は三時半に起床し、四時半出発の登山列車で更に三十分ほどかけて御来光のみえる祝山に登る。祝山からは、台湾最高峰三九九七米の玉山（新高山）を中心とした山なみが展望でき、その間から太陽が昇るのである。五時すぎ、東の空が徐々に明るくなり始める。山なみは黒ずんだ色から藍《あい》色に変化し始め、雲々はだいたい色に輝く。五時半、遂にまばゆいばかりの太陽が山々の間に姿を見せる。この瞬間、私は天地が一体となった自然のすばらしいドラマに思わずかたずをのんだのである。この日の午前中、私は阿里山周辺の森林を散策したが、樹齢三千年にもなる杉の神木や、失恋した姉妹が身を投じたという姉妹池の濃淡の水の色など数々の自然美に接して十分旅の味わいを満喫したのである。

そしてここを散策中にであった二人づれの台湾娘が頭には蝶のリボンをつけ、胸には蝶のブローチをつけているその愛らしさも忘れがたい印象を私に与えた。蝶はこの山に数多く飛んでおり、また幾種類もある色とりどりの蘭の花にもみとれ、私はこの旅の思い出に、蝶のブローチと蘭の絵葉書を買ったのである。私は今回の旅で善良で気だてのよい何人かの台湾の人に会った。そして昨秋、大陸を旅行した際にも同様な人にであった。ところがこの同じ中国人がまだ十分交流できない現状は、何とも言い難い悲しささえ感ずるのである。

私はこの原稿を旅行記として書き、学術報告は省略した。しかし最後に少し学会交流の感想をのべることによって責を果し、詳細な研究報告は他日を期したい。現在台湾の歴史研究は膨大な資料を保存する故宮博物院を除いては考えられないほどその存在は大きい。もともとここの資料は北京の故宮博物院にあったものを国民党政府が台湾に渡った際に運んだものである。そのいきさつは別として、やはり歴史研究にかかせない資料が、台湾の学者によって徐々に公開されていくのは、ありかたいことである。特に清朝史を研究する私にとっては、康熙・雍正・乾隆・嘉慶・道光・咸豊・同治・光緒と続く各皇帝の檔案資料や、文武官の奏摺類などが続々と公開されることによって研究が一段と進んだのは事実である。

しかし反面、地方志や文集の類は少なく、これに関するものはむしろ大陸から時々出版されているに過ぎない。ただ大陸でも残存していた檔案資料を刊行しており、この両者をつきあわせてみると、清朝史の全貌はかなりはっきりする。今日、資料の面ではかなり出揃った感がするが、台湾と大陸の学者をまじえて日本など世界の中国史の学者が一堂に集って研究会ができるということになると、これはまだむつかしいようだ。しかし私を含めて日本の研究者の中には、台湾と大陸を問わずその研究成果を取りいれた研究も徐々に行われており、学界誌の上での交流は進んできている。しかし今回訪台したのは、誌面での交流だけではなく研究者と直接会うことによって意見を聞くことであったが、これは時間も短かく十分その目的は達せられなかった。

（『南科研資料センター報告』三十二号　一九八六年十二月）

付記
本文の台北での写真は一九八八年五月鹿児島での台北訪問団に参加した際にとったものである。

アメリカ紀行

私は昨年文部省在外研究員として九月一日より十月二十七日まで約三ヵ月にわたって合衆国と連合王国にて研修する機会を得た。私の研究目的は両国における東洋学研究の状況と資料収集にあったが、この間この目的以外の面でも種々の貴重な体験を得たこともあったので、本誌の紙面をかりて披露しておこう。

九月一日秋晴れの大阪国際空港よりノースウエスト航空により合衆国に向ったが、この機は一時成田国際空港に寄港した。この大阪―成田間は国際線らしく外国人客もかなりのっていた。私の隣席は合衆国に商用で二週間ばかりでかける自動車関係の商社マンであったが、彼の話によると相当過密なスケジュールであり、最後の一日ナイヤガラの滝見物にでかけるのが楽しみだと言っていた。これは後でわかったことだが、合衆国では日本車が二台の内一台が走っており、合衆国が貿易摩擦を問題とするのもわかるような気がした。とにかく日本人は外国にでかけてもよく働いていて、これが日本経済の成長をもたらしたと思うのであるが、余暇の善用となると十分とは言えないものがある。成田空港の待合室は、アメリカ各地に向う東南アジア系の人々で混雑していたが、彼等の身なりはみすぼらしく集団でいるのが印象的だった。合衆国は最近では外国人の移民をかなり制限しているとのことであるが、それでもかなりの人数を受け入れており、その点では外国人移民をきびしく制限している日本と対照的である。しかし移民がもたらす社会問題がかなりあり、特に貧民対策に苦慮しているとのことである。特に西部カリフォルニア州にはメキシコからの移住者が多く、ロスアンジェルスでは、彼等によりかの映画のメッカのハリウッドすら占領されてしまった感があると言われている。しかし移住者にとっては合衆国が一番自由な国としてうつっているようだ。

成田からニューヨークに向う航空機の中で私の隣席には、合衆国生れで内科医の父の帰国で一時日本に行っていた若者がのっていた。

彼はやはり合衆国の高校の方がよいとの理由で両親と離れて合衆国に行くとのことであった。その理由を聞くとこちらの方が自由でのびのびしているとのことだった。成田からニューヨークまでの約十二時間のフライトであったが、途中暗くなりかけてはすぐ明るくなり、室内を暗くするがなかなかねむれず、これが時差ボケということかなと実感した。

ニューヨークケネディ空港に到着して入国手続きをすまし国内線でボストンに向うのであるが、入国管理局の手続きが長びき、その上荷物の受け取りなど時間を要し、国内線の発着場所もわからないこともあって、これほど心細く思ったことはない。ようやく国内線にたどりついた時は出発時刻の二十分ほど前であった。ニューヨークからボストンまでは約一時間のフライトであったが機内はすいていて、その上非番の黒人スチュワーデスとも気軽に話もできのんびりと過すことができ、やっと落ちついた気がした。合衆国では黒人がかなりの分野で活躍しており彼等の自信のほどを伺わせるものもあったが、まだ多数の黒人は貧困であり、そのせいもあってか白人とくらべると余裕のなさがみられる。しかし今年の民主党候補になったジャクソン氏のように黒人は今や合衆国においてその政治的発言権を強めて、まもなく合衆国を支える存在となるのではないかと思った。

このニューヨークとボストン間は通勤圏となっており、週末ともなると多数のビジネスマンが利用してドル箱路線だということである。合衆国では航空機が網の目のように発達していて、人々の移動は鉄道よりも航空機と自動車ということであり、航空運賃も各社が競い合っていることもあって格安であるそうだ。ボストンでは最初市内のホテルに宿泊したが、予め日本で予約しておいたハーバード大学近郊の民宿の主人がバカンスで二週間不在であると聞き、急きょ宿さがしをせねばならない破目になった。合衆国ではこんなことはよくあると聞き全く驚いたが、後でこの民宿をキャンセルした時、一ヶ月相当の予約金の一部しか返却されなかった。ともかく宿舎はハーバード大学のインターナショナル・オフィスに行き事情を話して大学近郊の閑静な住宅地の民宿に入ることができた。

ハーバード大学のあるケンブリッジ市はボストン郊外にあり、イギリスのケンブリッジを模して作られたと言われているが、アメリカの新天地に建設された都市らしく明るくのびのびとしたふんい気をもった印象を受けた。この町の中心にハーバード大学があり、大学の正門近くにあるハーバードスケアーは文字通りこの町の中心街として商店・飲食店・劇場・郵便局・銀行等が立ち並び、相当ににぎわっており夜遅くまで人通りが絶えず、スケアーのあちこちで学生達や市民が談話にふけっていたり、また音楽を楽しんでいた。しかし一歩構内に入ると大学本部・研究所・教室・図書館等の建物が広いキャンパスに立ち並び、ゆったりとしたふんい気の中に調和もとれていていかにも学園の府といった感がした。

私は東アジア研究所に籍を置くことにしたが、ここはアメリカの著名な研究者であったフェアバンクの名を取ってフェアバンクセンターとも言っている。そしてこの研究所こそ特に第二次大戦前後におけるアメリカの東アジア政策を立案した研究グループが活躍していたと言われている。この研究所とは別に燕京図書館があり、ここには中国・朝鮮・日本の古今の書籍・雑誌類が多数収集されており、中には貴重な文献も含まれている。私の研究分野で言えば、日本ではみられない清朝士大夫の論稿等もあったので早速コピーをした。ところで私はここに収められている日本の雑誌の中に「鹿大史学」を見つけ、しばらく手に取って眺めてみた。

「鹿大史学」は全巻揃っていなかったが、ある時期まで購入したようだ。アメリカでは一時期日本の雑誌をなるべく購入したようだが、これも今では円高で前にくらべると購入できないと図書の係りの人が言っていた。私は持参した最近の「鹿大史学」を寄贈しておいたが、出来れば今後とも多くのアメリカの図書館に「鹿大史学」を寄贈したいものだ。後に訪れたイギリスのロンドン大学の図書館では「鹿大史学」は見当たらなかった。イギリスはアメリカほど日本の研究を評価していないことは、イギリスの研究者との会話の中でも伺われた。特に阿片戦争を中国近代史の初めとする見解は、どうもイギリスでは認め難いようだった。この燕京図書館は日曜日を除いて夜は十時まで開館しており、閲覧室には大学関係者だけでなく仕事をおえたサラリーマン風の人を見かけることがあった。特に台湾や香港からきた中国人は研究熱心であり夜遅くまで学習していた。ここには日本の新聞も置いてあって、その日の内に日本の重なる出来事は知ることができたのである。こんな所にも情報化社会が国際的になっていることが伺われる。

ハーバード大学で私は著名な中国研究者と会談したが、中でもシュヴォルツ博士は今でも健在で退職後も研究室をあてがわれており、毎日研究室にきては、一定の時間会談したり執筆したりされていた。シュヴォルツ氏には清末の西洋思想受容の第一人者であった厳復のことを書いた名著があり、また中国共産党史の研究もあるが、今は中国思想の源流である古代殷周から春秋・戦国時代の研究をしているとのことであった。シュヴォルツ氏は戦後従軍記者として京都にも行ったこともあると思い出話しをされていた。私は博士と私の研究テーマである中国経世学について話しをし、経世の英訳を治術と訳しているのは誤りであってむしろ治学とすべきであるといったのに対して賛同を得た。これはフェアバックセンターでの昼食時間での歓談の時であったが、博士は居並ぶ後輩の研究者に私を紹介しつつこの訳語についての見解を議論のテーマにされたことに恐縮した。

　このシュヴォルツ氏と並称される中国近代の研究者フィリップ・クーン教授は、私と久しぶりの対面であった。それは私が昭和三十四年京都大学人文科学研究所の「雍正硃批諭旨研究会」に出席していた時に京都大学にて研究していたクーン氏もこの会に出席されていた。雍正硃批諭旨とは清朝雍正帝の時に地方官が帝におくる密摺に対して帝が　をもって批（見解）を書き地方官に返送した文書を言うのであるが、これはなかなか難解な漢文であった。クーン氏はこの会に出席し清朝史をやる自信を得られたと私に思い出を語った。其後クーン氏は帰国後清代の反乱に関する名著『後期中華帝国における反乱とその敵』を刊行したが、私はそれの書評を書きクーン氏に送ったところ丁寧な返事を頂いた。この時のことを話すと、クーン氏は今後共日米研究者が共同で研究することの必要性をのべられた。しかし最近は日本よりも中国に行く機会が多いこと、日本は円高でなかなか行きにくくなった等のことをのべ、日本の研究者がもっとアメリカにきてほしいとも言った。

ハーバード大学にて、フィリップ・クーン教授とともに（1986年10月）

　私はクーン氏の講義と演習に出席してみた。講義は清代のコミュニティ論であったが、基本的には氏がかつて書かれた先述の名著をもとに最近の研究を取り入れたものであった。アメリカの研究者は、コミュニティ論に象徴される社会学的方法論に深い関心を有しており、それを歴史上の諸問題分析の視点に導入しているようだ。これは、アメリカ自身がコミュニティを基礎として成り立っているという認識によったものである。ここから太平天国の乱とは、正統社会と異端社会という二つのコミュニティの衝突ということになる。ところでクーン氏の演習をのぞくと、これは清朝道光末期広東に発生した鐘人杰の乱を素材とされていた。この乱は後日おこった大乱である太平天国の前哨《しょう》戦といったものであり、研究の意義は大いにあるものだが、クーン氏はこの乱に関する当時の資料と共にこれら資料に出てくる語彙の英訳集をもとに専門研究生の指導に当たっていた。受講生は、アメリカ人の男女各二人とハーバードで建築工学を学ぶ中国人男性一人の計五人であった。演習の形態はあらかじめ用意された原文資料を中国語で読み、後で英語に訳すというもので、後で、先生が訳すと共に語彙の説明をするというものであった。ところで私のつたない英語の知識をもってしても最初当ったアメリカ人の訳にはあやまりが多く、そこに出席していた中国人がそれを指摘し、その後で先生が完訳されていた。それでも微妙な文章の表現となると先生も困っていられたようで、たまたま出席していた私にも聞かれた。その後で私に一度漢文で読んでほしいと言われた。

もちろん私の口語をまじえた訓読でさえ、アメリカ人学生には全くわからなかったであろう。ただクーン氏はたぶん学生に同一資料を取り扱う場合にも日本とアメリカでは講読の方法が違っていることを知らせたかったのであろう。こんな面からも外国の研究者が相互理解につとめなければ、なかなか交流といっても難しいものがある。クーン氏は日本で経験した研究会での漢文訓読が今でも時々役に立つこともあると言われたが、これはまんざらお世辞ばかりとは思えない。アメリカの研究者が日本の東洋学を評価するのも、日本人が中国資料を的確に読み取る能力があるからと言われている。アメリカ人の場合、中国資料の微妙な表現をよみ取ることがにがてのようでこまかい所で誤りがみられるのは致し方ない。しかしアメリカの研究にはある問題を総合的に把握したり、発想の豊かなことなどユニークなものもある。この点、アメリカにきている中国系の学者には、資料を的確に読む能力と発想の豊かさという両面をもった人もあり、彼等がアメリカの中国学をリードする存在となっている。

ハーバード大学にも王陽明研究で著名な杜維明教授がおられ、お話する機会を得た。杜教授は台湾生れであるが若年の頃アメリカに渡り、ここで中国学を学び、ハーバード大学に招かれた人物である。

ハーバードでは専ら中国儒学史を担当されているが、その流暢な英語はさすがに本場じこみの感があり、日本の研究者でこれはどの英語を話せる人は少ないのではないかと思った。杜教授は一般教養をも担当されており、大教室で百人近い学生を前にユーモアをまじえて話されていた。この講義の題目は中国の伝統と変化と称し、杜教授とフォーゲル助教授が専任講師として主催し、マックレー助教授が主任として協力して企画されたものであり、他に九人の研究者が交互に講義を担当することになっている。

この講義の授業開始は秋九月二十一日からであり翌年一月十五日に終了するが、毎週月水金と三回あるので、途中休暇を除いて三十回講義があることになっている。この間中間試験もある。この講義は科学センター教室を使用しており、その名の示す通りテレビ、ビデオ、映写機、ワープロ等の凡ゆる設備がととのっており、丁度鹿大のL・L教室のようでもあるが、ずっと広くゆったりしており、学生がのびのびと授業が受けられるように設計されていた。

この講義は導入から始まって毎日講義テーマが設定されているが、それを列記するとおよそ次のようになっている。まず導入は杜教授とフォーゲル助教授が行ない、第二回は杜教授の中国文明の起源、第三回は杜教授の中国人の世界観、第四回はツァン講師の殷周における権威と権力、第五回は杜教授の儒教伝統の起源、第六回は杜教授の道教・儒教・法家、第七回はフォーゲル氏の秦漢の中央集権国家、第八回はフォーゲル氏の分裂時期の国家と社会、

第九回はマックレー氏の中世中国の仏教の役割、第十回は杜教授の隋唐帝国の復興、第十一回はオーエン氏の唐詩、第十二回はフォーゲル氏の宋代における貴族と国家であり、ここで中間試験がある。この講義は更に元から明清そして近現代まで続き中国史を概観することになっている。この講義メンバーの中には前記クーン氏の他、最近日本でも翻訳された『知の帝国主義』の著者であるコーエン氏がウェスタン・インパクトを講義し、その他現代中国政治の研究者マクファアキュアー氏の同名の講義もあり、現在アメリカ近現代史研究の第一人者を揃えている。

私は最初の数回講義に出席したが、講義毎にレジュメが配布され講義の大要を知ることが出来た。学生達は色とりどりのスタイルで授業を受けているが、まじめにきちんとノートを取っており、必ず授業が終ると拍手をしていた。私は日本において各種講演会でこのような経験をしたことはあるが、日本の大学では鹿大も含めて一度も拍手されたことはなかったので最初は異様に思えたのである。

また授業が終った後も何人かの学生が質問を先生に求めそこに輪ができる風景もみたが、日本では授業が終ると学生はいそいそと教室を去っていくことが多く、帰国後はしばらくこのような日本の大学に失望したものだ。

学生気質と言えば、アメリカの学生は外国人に対しても気軽に声をかけてくることがあり、私もこの授業中に隣席の女子学生に自分は将来現代アジアの政治を学びたいがこの講義は役に立つかと聞かれた。もっとも私は英会話がそんなにできるわけがなく、筆写してくれるように頼んで彼女の質問の意図がわかった。

私も出来るだけアメリカ人に語ろうと努力したが、何しろ英会話が苦手でなかなか相手に自分の意思を伝えることができず、やきもきした。しかし何度か同じような言葉を聞いているとわかることもあり、英会話上達の道は外国に居住してとにかく話してみることだと思ったものである。

ところで杜教授には自宅にも招かれて歓談したが、そこには台湾と中国両方の研究者が招かれているのには驚いた。

聞けば杜教授は一昨年曲阜で開かれた国際儒学研究会に参加されており、そこで知り合った山東省の中国人研究者をハーバードに招待された。又一方ハーバードにいる台湾系の研究者もこの会に招いて私をまじえてこの会談を実現されたところに、杜教授の並々ならぬ努力の跡が伺がわれた。台湾と中国の交流は今はかなり緩和されてはいるが、まだ相方の研究者間の交流は実現していない。従ってこのようなささいな努力のつみ重ねの中から、やがて中台間の真の交流が実現するものと思うものである。

さてハーバード滞在中、私の通訳をしてくれたのはフォーゲル氏であった。氏はかつて私が京大助手をしていた頃、私費で京大に研究にきていたのであるが、今回私の訪米に際して種々のお世話になった。フォーゲル氏は、今はハーバード大学の東洋学の助教授であるが来年任期がきれることになるので更新を希望しているとのことである。ここで地方の大学に行く気があるならば就職は可能だが、ハーバードは希望者が多いのでなかなか容易でないと言った。アメリカではテニュアをもたない助教授は一種の一時雇用であり、時期がくれば再申請しポストがなければやめなければならない。ここから助教授の時には業績を重ね出来るだけ早く博士になろうとする。彼は日本に近現代の東洋史学者に関心を持ち、内藤湖南を研究して著書まで出し博士にはなっているが、それでもテニュアになれない。テニュアとは地位の保有条件とも言ったものであるが、これには各大学によっても違っているし、ハーバードはこのテニュアになるのは大変むつかしいということであった。彼に言わすれば歴史の古いハーバードの体質を改善しない限り新進の研究者には研究の道が閉ざされているというのである。それでもハーバードには蔵書の多い図書館や研究施設が整っており、研究のためにはここに居なければならないと言った。こんなところは日本でも同様であり、研究をするためには確かに東京や京都にいる方が恵まれている。しかし日本とアメリカの相違は、日本の大学では終身雇傭制となっていて、アメリカのようにその地位が不安定でないところであろう。これはどちらがよいという問題ではない。大学での研究とはどういうことかということこそ検討しなければならないことであろう。ところで今秋、私の友人U氏がハーバードに行った時、フォーゲル氏は今はハーバードにいないということで、他の大学に移ったか無職になったか定かではない。いずれ彼のニューヨークの自宅に私信して、現状を尋ねてみたいと思っている。

ハーバード滞在中私は出来るだけボストン近郊の町々を訪れた。ボストン近郊にはセイラム、プリマス、コンコード、レキシントン等、アメリカ建国の歴史に深い係りのあるところが多く、ボストンからは観光バスが出ているのでわりと楽に行けた。もっとも私は最初バスで行って、次に鉄道を利用してもう一度見のこしたところをゆっくりみることにした。セイラムはかつては貿易港として栄えたところで、かのホーソンがここで貿易監督官をしていた。ホーソンはそんな関係で東洋特に中国の陶磁器や絵画などを蒐集していた。その一方では小説も書いていた。ホーソンの住んでいた家を現在見学することができるが、内部は迷路になっていていかにも怪奇小説家らしい面影を残している。このセイラムの町にはまた魔女裁判の家や話が残っており、ヨーロッパの魔女伝説の影響をいちはやく受けたところでもある。

次にプリマスはメイフラワー号が最初に着いたところであるが、ここではメイフラワー号を保存しており、この舟の中や周辺の地域にその頃と同じ生活を再現している人々がいた。そして彼等が最初に作ったというぶどう酒を観光客にふるまっていたが、決してうまいものとは言えなかった。私は一ヶ月後、メイフラワー号が出港したイギリスのプリマスにも行き、そこから海上を望んだ時、大西洋を航海した当時のピューリタン達の苦労と忍耐のようなものを思い浮かべた。

プリマスに上陸した移民達がボストン近郊に次から次へと新開地を建設していくが、この植民地の人々が自由を求めて独立するためにはイギリス帝国と戦わなければならなかった。レキシントンやコンコードはその古戦場といったところであるが、ここにも当時の面影を伝えるものが現在大事に保存されていた。ここはアメリカ合衆国歴史発祥の地として、沢山の観光客が訪れている。しかし私にはこのコンコードの森に十八世紀エマーソンを始めとした詩人・小説家のグループが居住して、アメリカ文学の発祥地ともなったということに興味をもった。エマーソンの家には、彼が友人のホーソンから贈られたという中国の花びんなどをかざっており、かなりの東洋趣味の持主であったということも私にとっては新発見であった。このことは後ほど訪れたケンブリッジに残存するロングフェローの家にも多くの中国の陶器が飾られており、建国後まもないアメリカ人の文化的生沽にはなくてはならないものが東洋の古美術であったのである。

東洋の美術と言えば、ボストン美術館には日本・中国の多くの美術品が保存されているとのことであった。明治の初め来日したフェノロサは日本の美術に感動し、岡倉天心も亦日本美術の再認識を土張した。フェノロサはボストン近郊の出身であり、そんな関係もあって岡倉天心もボストンに行った。その時、日本の浮世絵や仏像等が多数ボストン美術館に運ばれた。明治初め日本人によって一時省りみられなかった日本の美術が海外に流出した。この時と同様第二次大戦後も日本の美術品の流出があった。今日日本人はピカソの絵画等を巨額の資金でもって購入しているのであるが、一たん流出した日本の文化財は二度とかえらないとなると大変惜しい気がする。

ボストンは早くから開けた土地であり、町の随所に十八世紀の建築物が残っているが、今盛んに取りこわし新しいビル建設が進んでいる。まもなく古都ボストンもその様相を一変するであろう。

ボストンの秋の紅葉は美しい。特に郊外に出ると木々はだいたい色から真赤にはえて、絵のような風景が展開する。恐らく十八世紀のアメリカの文豪達はこのような風景に魅了されたのであろう。私も滞在中しばしば郊外に出てからこのボストンの秋を満喫した。僅か二ケ月足らずの滞在であったが、やはり百聞は一見にしかずとはこのことをいっているのだなあと思った次第である。

（『鹿大史学』第三十六号　一九八九年一月）

東北（満州）旅行

昨年十月の秋、一週間の駆け足旅行であったが、中国東北（旧満州）を訪問した。この地を訪問したのは二度目であり、一九九六年七月資料調査のため北京に行った帰り道に、大連・瀋陽に立ち寄ったことがある。その時は瀋陽では清朝建国の祖ヌルハチと、その息子ホンタイジの皇宮である故宮を見学し、大連では唯宿泊のみしただけだった。そこで今回は前回見学しなかった所を出来るだけ見て廻ろうと考えたのである。往路は大連から瀋陽、瀋陽から長春、長春からハルピンへと鉄道の旅であり、宿泊は旧大和ホテルにした。復路はハルピンから大連まで航空機にした。この旅行で感じた事をまじえて現代中国の東北について述べよう。なお記述に当って、便宜上戦前この地域の呼称であった満州を使用する。

満州は清朝を建国した満州族の故郷である。満州族は女真族ともいわれ、主に狩猟生活をしていたが、十二世紀の前半部族集団をまとめた阿骨打が北満に中国式王朝である金朝を建国した。金朝は中国本土に侵入し、北宋を打倒した。金朝は都を北満から華北に移し、燕京（今の北京）を首都とした。しかし金朝はモンゴル族の王朝（元朝）に滅ぼされた。この王朝が南宋も滅ぼし、燕京を大都と改名し首都とした。元朝を継いだ漢民族の立てた明朝も三代永楽帝の時から大都を北京と改名し、そこを首都とした。清朝建国の祖ヌルハチは建州女直の一首長であったが、十七世紀前半部族集団をまとめ、瀋陽を首都として国号を後金と称した。二代目ホンタイジは満州固有の政治軍事組織である八旗制の充実と共に中国的官制も採用し、国号も清と改め国家体制を整備した。三代目順治帝の時に、李自成に攻略されて明朝が滅ぶと、これに乗じて清朝は中国本土に侵入し、北京を占領し、ここを首都として明朝の後継王朝となった。清朝では十七世紀後半から十八世紀後半にかけて統治した四代目康熙帝・五代目雍正帝・六代目乾隆帝の時代は全盛であったが、その後後国内での大規模な宗教結社の反乱とアヘン戦争に始まる外国の侵略に直面して衰亡する。一九一一年辛亥革命によって清朝は滅亡し、中華民国が成立する。清朝最後の皇帝であった宣統帝溥儀が退位したのは僅か五歳である。この溥儀が再び歴史の舞台に登場するのは、一九三一年天津で日中両軍激突の最中に、ここを脱出し満州に行く。同年関東軍は奉天郊外柳条溝周辺の満鉄路線を爆破し、満州事変が始まる。一九三二年満州国が成立し、溥儀は満州国執政に就任し、その二年後に皇帝になった。一九三七年北京郊外蘆溝橋で日中両軍が衝突し、これが全面戦争（支那事変）に発展し、更にそれが一九四一年の太平洋戦争へとつながっていく。一九四五年の日本の敗戦と共に溥儀は退位し、満州国は崩壊する。満州国は成立当初から国際連盟も承認しない日本の傀儡政権であった。中華民国もこれを偽政権と規定した。この点は今日では定説となっている。しかし歴史上何故満州国が創られ、其れをどのように考えるかについては、歴史事実に基づきもう一度検証してみる必要がある。

現代の中国は基本的にその領域・民族構成において、清朝全盛期の乾隆帝の統治範囲（外モンゴルは辛亥革命期に分離・沿海州はロシアに割譲）を継承している。中華民国建国の父である孫文は、五族協和（漢・満・蒙・西・回）を提唱した。これにより満族約百万人は殆んど漢化した。ところで清朝は中国を支配した当初中国文化を尊重した反面満州族固有の文化の維持に努めた。満州を満州族の聖地とし、清末まで漢民族の入国を認めなかった。又満州語の保存に努め、公文書は漢語と併用した。清末約四億人に及ぶ人口過剰対策として満州への移住が認可された為に、主に漢民族の農民が入植した。民国になってからも、新天地を求めて移住民は増加した。その結果人口は約四千四百万人になった。この満州を地盤とした張作霖のような軍閥も登場した。又秘密結社も流入し、これに加入した農民が匪賊化するものもいた。

日本は一八九四‐一八九五（明治二十七‐二十八）年の日清戦争に勝利し、満州の玄関ともいえる遼東半島を清国から割譲させたが、これは三国（露・仏・独）干渉によって清国に返還した。その代償としてロシアは遼東半島の先端にある旅順・大連を清国から租借した。ロシアはそこに堅固な要塞を構築した。一九〇四‐一九〇五（明治三十七‐三十八）年の日露戦争に勝利し、日本は満州におけるロシアの利権を引き継いだ。これに対して、清朝は満州に東三省（遼寧・吉林・黒竜江）を設置し、内地と同じ行政区域にした。民国成立後一時軍閥の力が強くなり、満州では奉天を拠点とした張作霖が権勢を保持した。日本は満州での権益護持のため、一九二八年張作霖を爆殺した。この頃民国では北伐軍が北京に入城し、その功績により蒋介石が国民政府主席に就任した。蒋介石は民国の国益維持のため日本との対立姿勢を次第にとるようになった。この背景には満州をめぐる日本とアメリカ合衆国の対立があった。第一次大戦後アメリカは満州市場に参入しようとしたが、日本に阻まれ容易に為しえなかった。その対抗策としてアメリカは日本の移民を制限する処置をとった。その上一九二九年の世界恐慌によって日本の経済は困窮化し、そのため最も影響を受けたのは農村であった。その過剰農民のはけ口として満州を選んだ。満州移民が始まったのは、満州事変直後である。最初は土地を奪われて匪賊化した中国人の攻撃に備えての武装移民であった。一九三六（昭和十一）年満州拓殖公社が設立されると、移民は国策となり、村・県・国ごとの満蒙開拓団が作られた。一九四五（昭和二十）年には、約二十二万にもなった。終戦後、これ等移民の孤児が残された。

日露戦争敗北後、極東から手を引いた帝政ロシアは衰退の道を歩み、十年後に起こった第一次世界大戦の最中に革命が発生し崩壊する。その結果社会主義国家ソビエト連邦が成立する。このソ連の指導者になったのが、レーニンの後継者になったスターリンである。一九三九年ヨーロッパでドイツは英・仏・米を相手として戦争を始める。第二次世界戦争の勃発である。その後ドイツはソ連にも侵入する。この間日本は一九四一（昭和十六）年日ソ中立条約を調印する。その一方で英・米・仏・蘭を相手として太平洋戦争を始める。一九四四年ドイツは無条件降伏し、ヨーロッパでの戦争は終わる。ソ連は戦勝国として英・米の首脳とヤルタ会談を行い、英・米側に参戦し、日本攻撃を約束する。一九四五（昭和二十）年八月九日ソ連は中立条約を破棄して、ソ満国境より満州に侵入する。終戦後残された軍属・民間人がシベリアに抑留された。それらの人が最後に帰国できたのは、終戦後十年以上たっていた。

中国で共産党が結成されたのは、一九二〇年でロシア革命の影響によっている。この結成大会に毛沢東も参加していた。当初都市革命派が主導権を握っていたが、農村革命を提唱する毛沢東の勢力が増し、一九三〇年代には毛沢東が指導者となった。最初国民党の弾圧を受けていたが、一九三六年の西安事件（蔣介石が監禁されて共産党と抗日戦線を組むことを約束させられた）以後、共産党はゲリラ戦法などで抗日の主役となる。ところが太平洋戦争が終了して日本軍が撤退すると、国共は分裂し、再び内戦が始まる。一九四九年共産党は勝利し、この年十月に中華人民共和国が成立する。一方国民党は台湾に移動し、あくまで中華民国を存続させ、両国の亀裂は一層深まる。共和国はソ連社会主義陣営に所属し、民国はアメリカ自由主義陣営に参加する。共和国は社会主義政策を推進し、一九六〇年代に企業の国有化、農村では人民公社の設立に至る。ところがこの政策が失敗であり、工業・農業生産力が減退する。この状況を打開するために毛沢東は文化大革命を発動する。即ち失敗の原因を中央・地方の実権派という党幹部に負わせたのである。文革は十年間に及んだが、その行き過ぎを是正するために、これを推進した毛夫人江青等四人組は断罪され、周恩来は再び実権派の鄧小平を登用する。一方毛沢東は一九七二年米中和解のためアメリカのニクソン大統領と会談する。その背景には中ソの亀裂があった。中ソはアムール川（黒竜江）の珍宝島付近で軍事衝突があった。この外交転換が内政にも波及する。因みに日本の田中首相が訪中したのもこの年である。一九八〇年鄧小平は四つの近代化（軍事・科学・農業・工業）を提唱する。そのために開放経済に転じ、資本主義諸国との貿易交流を実施する。そのため沿岸部に特別区を設け、そこを拠点にする。其れと共に従来の統制経済から市場経済への転換を徐々に行う。これを社会主義市場経済と表現する。鄧小平は「豊かになれる者から豊かになる」と述べたが、上海等交易都市に多くの富民が現れる。その一方農民は相変わらず貧困で都市との格差が大きくなる。それと共にある程度経済的自由を持ち得た市民の中から更なる政治的自由を求める機運が生じてくる。一九八九年これが北京での学生・市民の民主化運動になって現れる。その際、鄧小平はこの民主化運動に理解を示した総書記趙紫陽を解任し、解放軍によって弾圧する。これを天安門事件という。そして趙に代わって総書記に当時上海市長であった江沢民を登用する。一九九〇年代江沢民は毛沢民についで主席となり軍事・行政全般にわたる権力を掌握する。江沢民は鄧小平の路線を継承し、市場経済と開放経済を一層推進する。企業経営に於ける株式の導入やWTO（世界貿易機構）の加入である。この方向は資本主義経済組織と同じものといえるが、中国ではこれを特色ある社会主義市場経済と相変わらず表現する。その理由は、政治に於ける共産党一党独裁体制を維持するためであった。共和国が成立以降中国では基本的に共産党以外の政党活動を禁止した。中央・地方組織の要職は主に共産党員が任命されていた。このしくみは中央の方針を地方の末端に至るまで伝達するのに効果的であったが、地方の実情を的確に把握することにおいて問題がめった。ここから地方の郷村レベルでは郷民の選挙・推薦によって代表を選ぶ地域も出てきた。しかしこの方法が県から省へ、省から中央にまでに至らないとなると民意の反映といえないであろう。地方官僚の中には、地方で起こっていることを隠蔽したり、賄賂を取ったりする汚職が増加した。そのたび毎に綱紀の粛正を布告するが、一向止む様子がなかった。これを是正するためには、地方組織の根本的改革が必要であろう。

江沢民は共和国成立の原点に戻って中国の振興を図った。反日教育を実施したのも、そのためであった。戦後五十年近くもたって日本の大陸侵略を知らない世代が増えてきた。この世代に反日教育を行うことによって愛国心を鼓舞しようとしたのである。その理由として開放経済の進展によって日本の製品が中国市揚に多数流入することに対する一定の歯止めになることを考えたし、またアジアにあって中国が政治的・軍事的に主導権を取る事をねらったものと思われる。西暦二千年代に入り、中国は高度経済成長を継続している。当面二〇〇八年の北京オリンピックと、二〇一〇年の上海万博を目標として、一層成長を続けるであろう。しかしその一方ではいくつかのひずみが生じている。その一つは都市と農村の所得格差の問題、住民の貧富の差の問題がある。これに対して政府は調和の取れた関係を作る必要性を説いているが、まだ具体策がない状態である。次に環境問題である。急激な工業化を進めた結果、汚染が進行し、各地で公害が発生した。これに対する政府の取り組みは遅く、深刻な事態になっている。次に人口問題である。中国の人口は約13億に達している。一九八〇年代過剰人口を抑制するために、一人っ子政策が取られた。この政策は都市部の富裕層には遵守されたが、農村部では必ずしも守られなかった。農村では働き手として男子を必要としたからである。また都市部では一人っ子は小皇帝といわれ、しつけなど問題が多い。この都市の子供が反日教育を受けたから、中には二〇〇四年の反日運動に参加した者もいたと思われる。次に高齢者福祉問題である。中国では総人口に占める子供の割合は少なくなっていく傾向にあり、対するに高齢者が増えている。従来は大家族・小家族制度によって高齢者は家族によって介護されていたが、現在は殆んど核家族になって高齢者は看護されない状態になっている。また高齢者を収容する介護施設も普及していない。従来は儒教の精神によって都市・農村の慈善家が資金を出して養護施設を作っていた。これの見直しが現在課題となっている。

以上は筆者が最近の中国について感じた事をメモしておいたものである。これを念頭において、満州旅行で思ったことを書いてみよう。

大連で宿泊した大連賓館（旧大和ホテル）は中山広場に面しており、バロック式の建築物である。内部も豪華な洋風の装飾が施されており、欧米列強と並ぶ国家になったということを誇示している感がある。付近にある満鉄本社もローマ風の石柱を立て、豪華な概観を見せている。このような建築物にも国家の偉観を示そうとしていたことが伺われる。

長春の満州国国務院は日本の国会議事堂をまねて造られたものであるが、塔のついた屋根を有し、中西折衷の様式である。これに地下道でつながっているのが関東軍司令部である。この建物は上層部を天守閣のある城郭のような構造にしてある。現在ここは中国共産党吉林省委員会が使用している。総じて東北では満州時代の各種建築物をそのまま活用しているが、植民地であった韓国では、日本が建築したソウルの総督府等取り壊すようにしているのと対照的である。満州国が日本の傀儡国家であったことは、この国の殆んどの建築物が、日本によって造られたものであったことを見てもわかるのである。

長春の溥儀の皇宮の入りの石畳に共産党主席であった江沢民の碑がある。そこには国恥の日として「一九三一年九月十八日を忘れるな」と刻まれている。この皇宮には嘗て毛沢東主席も訪問したこともあったが、ここまではしなかった。江沢民は一九九〇年代主席として反日教育を推進したが、其れがこんなところにも見えているのに気がついた。私は決して日本の中国侵略を肯定しているのではない。満州における関東軍の軍事行動、そしてその行き過ぎを抑えることができなかった政府の対応が、中国に多大の迷惑を与えたのは事実である。日本が今日この点において謝罪するのは当然であり、これは日中国交回復の際にも、そして一九九〇年代の村山首相談話でも行っている。その同じ頃に石碑が刻まれたことに違和感をもったのである。ハルピンでは案内のガイドが、この地だけは満州の中で大戦の戦火をこうむらなかったと説明したが、私は終戦後進攻してきたソ連軍によってハルピン居住の日本人が被害を受けた話を思っていた。唯中国人にとっては、ソ連軍は解放軍であり、このように考えるのも致し方ない。それにしても終戦時の混乱によって在満の日本人の中で、帰国できなかった人々や孤児のことを思うと心が痛むのである。

私が今回訪問した東北の都市は高層ビルが立ち並び、自動車も町に溢れている。これは都市の一部の市民の所得が増えた結果である。人口も遼寧省の省都の瀋陽で約七百万人、大連で約五百五十万人、吉林省の省都の長春で約六百五十万人、黒竜江省の省都のハルピンで約五百七十万人であり、各都市も増加の一途を辿っている。これに対し、農村は依然として以前と変わらない所得であり、貧困状態が続いている。車中から見える農村の住居はみすぼらしい。収穫したとうもろこしを家々の屋根や道一杯に干している。これが収入源だそうだ。一方工業化を促進するために、石炭採掘を強化し、その結果東北でも炭鉱事故が頻発した。また吉林の化学工場が爆発して、松花江が汚染し、その為下流のハルピンは水道が供給出来なくなった。更にこの水が黒竜江（アムール河）に達し、ロシアにも影響を与えた。これらの責任を負って吉林省の幹部が自殺した。このように今日環境対策が課題となっている。

今回長春で見たテレビ番組に大戦中に解放軍（八路軍）の兵士が農村で農民救済に尽力している場面を放映していた。人民に奉仕せよと人々に呼びかけていると思った。

清代史の研究者として、私が最も関心があったのは、満州が清朝勃興の地であることである。瀋陽にある故宮博物院は前回参観したが、素朴な中に壮大さがあり、建国の意気込みを感じさせるものがあった。今回はホンタイジと皇后の陵墓を見学した。この辺一体は北陵公園として市民の憩いの場となっている。下馬牌から神道が延びており、その奥に方城がある。方城の中心に隆恩殿がある。方城の後方に宝城があり、その中心の宝頂の下に、ホンタイジと皇后が埋葬されている。方城をぐるりと一周し、その後方にある宝城の陵墓を見渡すと、そこに楡の木が植えてあるのが印象的であった。遼寧省博物館に行くと、そこに唐三彩と共に遼三彩など珍しい展示物などある。ガイドは特別展示室に案内し、文革中に周辺の名家から献上または没収した数々の美術品を説明した。文革がこういう面にまで影響を及ぼしていた事を改めて知ったのである。満州は清代満州族の聖地であり、狩猟地であったが、近代には日露の角逐の場となり、今では中国の重要な工業地帯になっている。

しかしその事によって農村・人口・環境など新たな問題が生じている。又満州族の残した文化遺産を保護し、ここに文化的環境を創りだすことも課題となっている。日本人は嘗ての侵略者の面をかなぐり捨て、東北の発展に寄与する事が、大切であると思うものである。

（二〇〇六年　記）

その八　家族と趣味

フィレンツェにて（1999年7月）

フランス ヴェルサイユ宮殿の庭園（1999年8月）

私のファミリーヒストリー●

最近のテレビでいろんな人のルーツを上演しているので私なりの先祖について調べてみた。明治百五十年ということで、この時代から今日までの大谷家の歴史を辿ってみた。

私の曾祖父、大谷宇太郎は、幕末土佐の国須崎の年寄として庄屋吉村虎太郎の部下であった。須崎は土佐の西部にある港町で、江戸時代には大阪から商船が到着していた。大谷宇太郎は、ここで商品の管理を担当する仕事をしていた。この宇太郎の妻・近は、須崎の隣の町久礼の庄屋岡家の出身であった。因みに大谷家の先祖大谷勘之丞は久礼の庄屋大谷与大夫の分家として須崎に移住、庄屋として在住し、享保二年（一七一七）に歿している。その子孫は代々庄屋もしくは年寄・老として在任したが、嘉永年間に没した大谷栄作には子がなく、中田寅平の息子宇太郎を養子としてむかえた。

ところで吉村虎太郎といえば、幕末土佐勤皇党の首領として同志と共に京都に行き、当時公家の中山忠光を中心として結成されていた天誅組の首領になった人物である。これが禁門の変の際、大和十津川豪士と組み、大和で幕府打倒の旗上げをするが鎮圧される。大谷宇太郎は土佐に残り、明治政府成立後、最初の高知県須崎町の町長となった。ところがこの宇太郎は、明治六年四十二才の時、病死する。その時、大谷家には、長女亀、次女勝、三女鶴、四女繁がいたが男児は四才の友四郎だけだった。大谷家は、須崎町鍛治町四十二番屋敷に住み、女性はすべて近隣の名家に嫁いでいた。友四郎は高知の中学校に進学し、長じて板垣退助設立の自由党に参加、友四郎は郷里土佐にいた頃には、中江兆民を崇拝していた。

中江兆民はルソーの「民約論」を研究し、自由民権運動家として活動していた。ここから兆民の影響を受けた民権派が土佐に輩出していた。明治二十六年二十四才で須崎町の助役となり、明治二十七年町長退職後一時代理となる。ところで、町政をになう重職につく一方、当時盛んになってきたかつお漁業にのりだした。これが海上で遭難したため、私財を失うことになる。

これより先、友四郎は自由党大会が岡山で開かれたあと京都に行き、そこで京都山科の名家磯田家の娘であるなみと結婚した。なみの父種発は四百年前から続く三六郷士の一人であり、幕末までは京都山科の奴茶屋《やっこ》を経営し、そこが参勤交代で江戸に向う大名の本陣ともなっていた。また母さちの父は、永観堂侯人であった棚橋如水であった。この如水の先祖伊藤崇伝は南禅寺の塔頭をつとめた。ところで禁門の変の際、公家七人の萩落ちを引導した山田忠積は妙法院の侯人であるが、その子成澄の妻やすは種発の姉である。この二人の子である姉三枝子はもと阿波藩士中島錫胤の妻となり、妹もとは初代大丸社長になった下村駒之助の妻である。因みになみの弟嘉六の妻ゆきは三宝院侯人高田越前守の孫であり、三宝院侯人高田越前守の姉おことは中山家の養女となり中山けい子となった後入内、孝明天皇の第一女房となり明治天皇を産んだとのことである。このなみが長女春美出産のため京都に里帰りしていたこともあって、友四郎は町長代理を辞し、京都に向い宇治に居を定め、ここで京都師団に商品を納める御用商人となる。

友四郎は自ら士族の商法と称するごとくいわゆる殿様商売をやり、それに日露戦争後の景気後退もあり、商売に失敗し、ここで警察官に転身する。友四郎が警察官になった理由はわからない。とりあえず生活の糧を得るための職としてえらんだのであろう。しかし警察官になった友四郎は、その後定年までその職をまっとうしたものの若年にいだいた志とはほど遠い一生であった。特に妻のなみが脳溢血で三十八才の若さで亡くなったことも関係があろう。

父、文哉は友四郎の長男であったが、五才の頃、父が転職し警察官になってから生活が一段と苦しくなった。当時警察官の給料は安く、父は少年の頃から母を助けて少しでも生活費に役立てようとしていた。父は最初薬剤師になろうとして高等小学校卒業後、単身東京に出て明治薬学専門学校をめざしたが、肺を患い帰郷後、一年間父の姉鶴がとつぐ高知志和の医師古屋家で療養につとめた。その後帰京し、父、友四郎と同様、警察官になった。

大正十四年二十六才になった父は、母の森操と結婚する。これは友四郎が京都周山の警察署にいた時、周山の小学校の校長をしていた森馬太郎と知り合ったことによる。森氏は先祖が明智光秀の家臣で、周山城に勤務していた武士であったが、明智氏滅亡後、農民となり当地にすみついていたとのことである。因みに周山という名の由来は、光秀が古代中国の周王朝より命名したと言われている。幕末から明治になると馬太郎の父、一之丞は、初代府会議員に選出されている。森家は明治初、周山の村長にもなったが、その職は弟にゆずり、馬太郎は京都師範に入り学校の先生となった。そして近郊佐々江の農家の娘、下村まさと結婚し、その次女として生れたのが操である。森家には八人の子供が生まれて学校の先生の給与では到底この子供達みんなに中等教育を受けさせる余裕がなく、操も小学校卒業後は、お針り子といって和裁を仕事とする職人の家に住みこみ就業する。しかし、操はそのその間にあっても日本や欧米の童話などを自力で読んでいたとのことである。

成人した操は父文哉と見合結婚であったが、この母の助けもあり、父はただちに京都代表として、東京の警察大学に一年間派遣されることになる。帰郷後、父は三十代の若さで、警察署長になり、四十代半ばには警視に昇任する。母はこの間五人の子供を育てるのに尽力するが、羽仁もと子氏の発行する「婦人の友」を愛読し、その自由教育をモットーにする。当時、小学館が刊行していた小学生全集、そこに日本や世界の童話から歴史や科学書がおさ

鹿児島にて母操とともに（1987年８月）

めてあったが、それを全部とりそろえる。またその一方では情操教育につとめ蓄音機を購入、私も幼児から童謡から日本・世界の名曲に至るまで聞いて育った。また母は映画が好きで、幼い私を映画館につれていってくれたが、その一つ「阿片戦争」は、私がのちこの戦争について研究するきっかけにもなった。

姉・康子は音楽が好きでいつも歌っていたが、この姉から私は日本や外国の名曲を習い口ずさむようになった。この姉の一人娘久美子は同志社女子高校に入学、そこから宝塚に合格、のち京都に諏訪ミュージックスクールを作り、その経営に当り、また一人娘のさきも宝塚に入団している。兄・隆、弟・恒雄はいずれも会社員となり、また妹滋子の夫も会社員である。兄・隆は私の子供の頃からいつも精神的に私を支えてくれた。この家族の歴史を書くことをすすめてくれたのも兄だった。

付記

兄隆が二〇一八年十二月二日悪性リンパ腫瘍で急逝した。心から冥福をお祈りします。

ところで父は四十代の後半日本が日中戦争（支那事変）から太平洋戦争（大東亜戦争）へと進んでいく中で警察官をやめ民間の

会社に転職したが、日本の敗戦と共に会社も倒産し、戦後仕事もなく路頭に迷う生活が始まる。父がようやく仕事を得て生活が安定するまでに十年の歳月をへた。その間父は胃の手術を行ない、体が衰弱していく中で一生懸命に働いていた。

私も高校から大学に進む中でアルバイトに精を出したが、それでも両親は私にむいている職は学校の先生であるからそれをめざすように励ましてくれた。昭和三十年代、学校の先生になった私がやったことは、その日の反省をするホームルームの時間に、当時流行していた名曲を歌うことであった。私が妻・旦《あさ》と結婚したのは、三十年代の後半、二十九才の時であり、旦は二十四才であった。

妻の実家、杉野家は両親共金沢の人であり、妻の父・立は富山薬専を出て薬剤師、薬剤関係の会社に勤務していたが、母の桓子は金沢の女学校を出て、実家でいろいろ習い事をしていた。実家倉谷家は金沢西方の津幡近郊にある浄土真宗の名刹誓入寺で桓子はその住職の娘であった。桓子の父見慶は金沢の名刹専光寺藤分家の出身であるが、この藤分家は愛知県碧南市にある西方寺の住職清沢満之と親戚であった。私の妻、旦の名を名付けたのは見慶であったと聞いている。

私が結婚した時、誰よりも喜んでくれたのは両親であった。その翌年父は六十四才の若さで脳出血のため一週間の患いで死去した。父は私が幼少の頃から歴史に関心のあるのを知っており、中学校の教職についてからも機会があれば大学で研究する日のくることを願っていると言ったことがある。母は父が死んだ時、五十九才であったが一年間の傷心期間をすぎた六十からの手習いと称して謡曲、詩吟、歌曲、短歌などを学ぶ為に、老人大学に入ると共に、それぞれの分野の先生に学んだ。また老後の生き方を学ぶために、清水寺管長・大西良慶師の暁前講座にでかけた。また老人合唱団に入って数々の歌曲を歌った。その中で人々とつき合うことの大切さを体験した。母は私が鹿児島在中に、しばしばやってきて桜島や霧島など美しい風景を見て感動していた。母は老人病院に入り、一年後九十八才で亡くなった。

その後、妻が六十九才の一月、白血病で入院することになった。その前年の暮、私達夫婦はかって若かりし頃、共に訪れたことのある雲ケ畑周辺の野山を散策していた。その時、妻が私に花が枝につく様を丹念に教えてくれたことを覚えている。妻が白血病と聞いた時、信じられない思いがした。その時、私は病院から腹部動脈瘤の手術について日程を決めることになっていたからである。私の手術は血管にかわるステントという器具を入れることになり、五月に手術し退院した。妻の病状は注射によって一時おさえられる期間の八月中、一時だけ退院したが、すぐに再入院し十一月二日かえらぬ人になった。

旦は奈良女子大学理学部化学科でイノシン酸を研究テーマとし、科学者となることも志していたが、一方子供の教育にも関心を有し、大学卒業後、私の勤務する中学校の理科教師となり、そこで初めて出合った。私達はただちに結婚し、その後、私が大学院で研究者になるため、学校退職後、妻が精神的・経済的にも私を支えてくれた。妻との思い出と言えば、夏冬休みの期間を利用して、日本各地の夏山登山、冬山スキー等に何度も出かけたことである。又、定年後の数年間、ヨーロッパ各地の名所・旧跡を旅したことである。妻は教師になって数年後に障害のある子供達がかよう養護学校に移り、五十才中頃までつとめた。退職後は仏教大学の通信学生として近現代日本史の家族制度を研究し、その卒業論文にとりかかろうとした矢先、病魔に冒されたのである。旦が養護教育退職後の十数年間、このテーマを研究する為に読みあげてきた日本史・日本文学の書籍が、今は空しく書棚に並んでいる。その一冊一冊毎に、朱線を引いた箇所があり、その旺盛な意欲に頭がさがる思いがする。私が六十五才で単身赴任していた鹿大を定年退職し、それから妻がなくなる十年間共に暮した。その間私は妻から日常生活のルールともなる生活様式の基本となるようなことを教えられた。特に朝食から夕食に至る一日の生活の中で、食事作りの重要性をしつけられた。食材の選び方から作り方、それから後始末という何でもないことがいかに重要であるかということを身をもって体験したのである。妻なき後、十年間、私はこのことがようやくできることになり、それが健康維持に役立っていると思っている。それに亡き母から歌うことの楽しさを教えられた私は今でも毎日歌っているのである。

（二〇一八年六月　記）

付記

高知大学の吉尾寛教授より『中土佐町史』等の史料の収集、現地訪問などでいろいろとお世話になり感謝しております。

京都での思い出 ——●

一九九七（平成九）年三月、鹿児島大学を定年退官し、故郷京都に帰った後、一年間の京都女子大学での非常勤講師をへて、翌年大阪茨木市にある追手門学院大学文学部に勤務をすることになった。ここに退職後の三年間の非常勤を含めて七年間在職していたのであるが、その間念願の文学部アジア文化学科に修士課程を作ることに尽力し、二〇〇〇年にそれが認められ、在任中に私の学科に何人かの大学院生が進学してきた。彼等の中には、更なる研究をすることを目的として、他大学の博士課程に進学する者もいた。しかし大学の方針としては、実社会にすぐ役にたつ人材を育てることが肝要であるとの理由で、従来の文学部教育に批判的な傾向が有力になり、私の退職後はい

京都の自宅にて（1997年４月）

よいよその方向が顕著となり、実学指導の学部が増加する一方、文学部は虚学として廃止された。私は帰郷後、直ちに谷川道雄先生にさそわれて「内藤湖南研究会」の一員に加えてもらった。この会は毎月一回河合塾の教室で、会のメンバーが内藤湖南に関する研究報告をするのであるが、その成果は、二〇〇一年刊行の「内藤湖南の世界」（河合文化教育研究所）に刊行されている。その後もこの研究会は継続するが、その間先生の持論である「中国共同体」や「基層社会」の問題も加味され、先生が亡くなられる前年の二〇一二年までに至っている。

　ところで私は帰郷により一八年間の単身赴任の期間が終り家族と同居することになった。妻は私と息子の家族が生活する場として、以前購入していた西賀茂の土地に新居をたててくれた。それまでは、妻の両親が住む烏丸鞍馬口の家の近くにある二間のマンションに暮らしていたのである。西賀茂は賀茂川をはさんで東にある上賀茂神社と向いあう土地であったが、この西賀茂の東側に流れている賀茂川のそばを歩くことが私の楽しみであった。私の帰郷後、妻は長年勤務していた学校を退職し、仏教大学の通信教育に入学、日本近現代史の家族制度の学習を始めた。息子誠は同志社大学で英文学を学んだ後、文化史学の学位を取得した。われわれ家族は、そもそも私が京大の助手をしていた六年間、毎夏日本アルプスといわれる信州の山々を登ることを行っていた。私が今でもよく歌う「山ごやのともしび」は、この頃登った山々の思いがよみがえるからである。京都に帰郷した後は、若い頃のように山登りはできなくなったが、こんどは海外旅行をするようになった。しかしこれができたのは、ほんの十年間であった。まず家族そろってイギリスに旅行し、イギリスから中西部ハワーズや湖西地方をめぐった。これは息子が当時、イギリスのハワーズ出身の小説家、シャーロット・ブロンテの小説「ジェーン・エア」、妹のエミリー・ブロンテの小説「嵐ケ丘」、それに湖水地方の詩人ワーズワースに関心を有していたからである。これ以後は旅行会社が企画する団体旅行に夫婦で参加し、ドイツ、フランス、イタリア、オーストリア、それにノルウェー、スウェーデン、デンマーク、フィンランド等の観光地めぐりをした。また中国の北京や大連それに長春・ハルピンにも行った。これら家族旅行と別に、私は二〇〇〇年、国際東洋史学会がモントリオールで開かれた際にカナダにも行った。

更に二〇〇二年には、谷川先生が客員教授として滞在されていた中国の武漢にも行き、武漢大学で研究報告をする機会を得た。京都で生活を始めた私は、七十才を過ぎた頃から体のあちこちにある病巣が悪化してきた。一つは四十代の後半に直腸がんにかかり手術したこともあり、そのこともあって腸閉塞にかかることがあった。しかしそれ以上に血管の老化がすすみ、それにともなう腹部動脈瘤の症状があらわれた。この私の状態を誰よりも心配してくれた妻にも深刻な悩みがあった。老いゆく妻の両親の世話を誰よりもしたのは妻であった。その一方私の腹部動脈瘤の手術の必要性を医師からつげられ、その日をきめることでなやんでいた。ところがその妻が二〇〇八年の正月がすぎた頃、高熱が続き、それが白血病であると診断されたのである。この年、妻は日赤病院に入院し、私はこの年の五月府立病院にて腹部動脈瘤の手術をした。私の場合幸運にもステント器具を使用することが認められたので手術がやりやすくなったこともあり、術後回復が早かった。私と息子は交替で妻の側で寝とまりした。

妻は同年八月一時退院したが、すぐに再入院し、病状が悪化して十一月二日、帰らぬ人となった。妻は一時退院した際、身のまわりの整理をしていた。八月十六日自宅からみえる舟形大文字を手をあわせてみていた。息子と三人家族が揃ったその夜、妻が私をみそめたのは、生徒会誌に掲載していた「黄河の水」を読んだ時からであると初めて言った。妻は大学の友人から聖女と言われていたと聞いたことがあるが、妻の一生は本当にきよらかな月の光のように思った。それから十年、私は七十代の後半から八十代の後半になったが、健康をモットーに生活し続けている。それには、食事・運動・学習を規則正しく実行することにあると思っている。それに何よりも楽しいのは、なつかしの音楽を聞いたり、歌ったりすることである。それは、私には生きてきた時代であり、それをたどることによって、今の私があることを思い、明日へと一歩ずつ進んでいきたいと思っている。

（二〇一八年 記）

大谷敏夫先生を送る

追手門学院大学文学部
アジア文化学科　楠山修作

大谷敏夫先生は、十八年間、国立鹿児島大学に勤務され、定年退職された後、一年後の一九九八年四月本学文学部教授として採用され、アジア文化学科に所属し、二〇〇二年三月末日をもって定年退職された。

先生は、みずから、研究課題を「明末清初から清末に至る清代政治史について、特に経世思想との関連に焦点をあわせて研究する」とかかれているように、清代とくにアヘン戦争以後の中国政治思想史を主たる対象として研究を進めて来られた。

本学に来られる前にすでに『清代政治思想史研究』（京都大学へ学位請求論文として提出された）、『中国近代政治思想史概説』（いずれも汲古書院刊）、『清代政治思想と阿片戦争』（同朋社刊。この書は宮崎市定先生が創始された東洋史学の代表的な著書を収載することで定評のある「東洋史研究叢刊」に四十九号として収められている。）の大著を世に問われ、さらに米国の著名な中国研究家フェアバンク教授の『中国の歴史――古代から現代まで』を大田秀夫氏と共訳してミネルヴァ書房から公刊されておられる。

なおその上に、二〇〇二年度の本学文学部出版援助費を得て『清代の政治と文化』を朋友書店から最近刊行された。

筆者が本学に就職したのは、一九九五年四月で大谷先生より三年前であった。先生は一九三二年、筆者は一九三三年の生れであるから、先生の方が一歳上ということになるが、先生は二月生れ、いわゆる早生まれなので、学年では先生が二年上ということになる。

大学をでただけで以後いっさい大学と関係の無いところで勤務してきた筆者の経歴も学者としては変わっているが、大谷先生の学者としての閲歴も変わっているといえば、かなり変わっている。すなわち、先生は、京都学芸大学を卒業して以来まる十二年間、中学校教諭として教鞭をとって来られた。

このことが、先生の学生に対する態度の基礎となっているように筆者には思えるのである。学者振ったえらそうなところが無いので、親しみやすいと評価する学生が一二にとどまらない事実がなによりもこのことを証明している。秋霜烈日というところが見られないが、春風駘蕩としたところが、生来の性質ということもあろうけれど、先生が中学校教諭時代に養った教育者としての美点である、と考える次第である。

ともあれ、この年月の間も先生の学問的情熱はいささかも衰えることなく、ついに教職を辞して、いまよりはずっと難関だったにちがいない京都大学大学院の入試に挑み、見事合格の栄冠をえられて学者の道を歩まれるに至った。

このように述べてくると先生と筆者は古くからの知己のように思われるかもしれない。しかし、本当のところは、先生が本学に赴任してこられてお目にかかり、初めてその存在を知ったのであった。それまでは、お名前すら存じていなかった。しかも前述したように先生の専門とするところは中国近代政治思想史であり、古代史を主たる研究対象とする筆者とは、あい交接するところがなかった。しかし、御高著を拝読すると、宮崎市定、佐伯富、小野川秀美、島田虔次氏などのお名前が出てくる。いずれも筆者の受業の師である。大谷先生は恩師に対して常に尊敬と感謝の念を抱いておられる。

その様なことがあり、人に対してはおだやかに接する態度をとられることもあって、私どもはすぐ打ち解けて何事も話し合える仲となることができた。

筆者は、聞かぬ気のところがあって強情を通して先生を困らせたり、立腹させたりしたこともあったであろう、と今となっては済まなく申し訳なく反省している。先生は寛仁大度の方なので許して下さったのだと、感謝している。大谷先生は、京都の出身で色白の優さ男とのみ思っていたが、会議が長引いてバスの時間があと五分というとき、「楠山先生、バスが出ますよ」といいながら筆者の横を駆け抜けていった先生の脚力には、膝に故障のある筆者はただただあきれ、羨ましく、かつ、感心するばかりであった。

先生が去られて、筆者はただ独りの昭和一桁生れとなってしまった。淋しい限りである。終りになったが、大谷先生の御健勝を祈念するとともにこれからも宜しく御指導のほどを切にお願い申し上げて筆を擱くことにする。

（「アジア文化学科年報」第五号　二〇〇二年）

父の死

父は昭和三十八年六月十七日午後三時半、永眠した。私は生れて始めて声をあげて泣いた。父は生前よく私たちに自分は家族に迷惑をかけたくないと言っていた。この言葉を裏書きするように父は五日前脳溢血で倒れると、家族には何一つ苦痛を訴えることなく、じっとたえしのんでいた。父は家族の手を取り、無言でにぎったまま亡くなった。

父は立志伝中の人であった。大谷家は代々須崎で庄屋を営む名門であったが、祖父の代に事業の失敗があり、家運が傾いていた。父は、それをたてなおす義務を背負っていると言っていた。家が貧乏で上級学校にも行けなかったが、ファイトをもやして警察官を志した。警官としての父は職務に熱心であった。又、一番勉強家でもあった。父の任官当初の職務は、駐在所であったが、暇があれば本を読んでいた。

一方、持前の度胸があり、不正を働く暴力団とも堂々と対決できる父であった。父は若くして警官の幹部試験にパスした。その後は出世街道を驀進した。だが大戦は父のこの順調なコースをくるわせた。官史としての父が大戦後の混乱時代に実業に手を出し、人にだまされ苦労

1933(昭和８)年　35才 自宅にて

の毎日が続いた。まっすぐで竹を割ったような父の性格には、きつねとたぬきのばかしあいのような実業にあわなかった。それでも父は歯をくいしばって頑張った。私たち家族五人の子供と母を路頭に迷わしてはならないという父の執念のようなものがあった。

父もようやく実業の術を心得、世間も又父の実力を認めるようになり、ようやく安定した職を得た。その内私たち兄弟姉妹も成長し、みな伴侶を得て独立するようになった。父にもようやく春がめぐってきたのである。しかし長年の辛苦の時代に父の体が蝕まれていた。そして父の必死の頑張りにもかかわらず病魔は徐々に進行し、遂に永遠に帰らない人となった。父は晩年よくペギー葉山の歌「南国土佐を後にして」を歌っていた。土佐は大谷家の故郷の土地であり、土佐への思いが一層強かったことから、この歌に共感したのであろう。


（「ある日の日記より」一九六三年六月）

歌集『ひと日ひと日』序文

岩田晉次

現在の京都シニア大学は、つい最近まで京都老人大学と称していた。生涯学習の機関として、変わることなくよき実績をあげている。

そのシニア大学の短歌サークルで、熱心に作品を詠んでこられたのが、この歌集『ひと日ひと日』の著者、大谷操さんである。

平成十四年九月八日、九十八歳の長寿をもって、現世でのひと生を結ばれた。お子様方が「母、操を偲ぶ会」の名のもとに、生前の詠草を一書にまとめることを思いたたれ、その編集を私がさせていただくことになったのも、尊い御縁である。

歌集名『ひと日ひと日』は、次の一首に依っている。

・手術せし身をいたはりて老の日のひと日ひと日の記録伸ばさむ（平成七年・31頁）

平成三年から十三年までの、足掛け十一年に詠まれた一一八首は、その「ひと日ひと日」の心の記録である。うつそみの大谷操さんはおられなくても、ここに収められた作品の一つ一つに有縁の読者が接するとき、操さんはその人の思いの中に甦られるのである。文芸の意義がここにある。

・湯気上り電気粥出来たる音が鳴る病み臥す我を励ませる音（平成四年・13頁）

・あぢさゐ忌二十九年をめぐり来て夫の遺影の年老ゆるなし（平成七年・19頁）

・太陽にぬくもる岩に腰掛けて潮騒聞くは何年振りか（平成七年・29頁）

・面影の去ることのなく七回忌　娘の墓前くれなゐの薔薇（平成八年・33頁）

そのときそのときの、物に触れての心の動きが過不足なく詠われている。

粥の炊き上がる知らせを我への励ましの音と聴き、夫の遺影の老ゆるなきを羨み、腰掛ける岩の日のぬくもりをとらえて逃がさず、逆縁の娘を嘆きつつ白ならぬ「くれなゐの薔薇」の描出でおさえている。

作者の心のくばりどころを、読者も見落としたくないものである。

・山吹の庭一杯に咲き盛り今年も在りて母を恋ひをり（平成九年・39頁）

・九十五歳我の迎ふる辰歳を我《われ》が祝《ほ》がむとうすく化粧す（平成十一年・51頁）

・梅雨晴れの駐車場に車なき広さゆたかな光わが家を包む（平成十二年・56頁）

・思はざる長きいのちを給ふ身にひと日過ごして何にいら立つ　（平成十三年・59頁）

「今年も在りて母を恋ひをり」「我《われ》が祝《ほ》がむとうすく化粧す」。このナイーブな心情は、かりに余人が持ち得たとしても、言葉には容易にあらわせるものではあるまい。柔軟な心は、それを的確にとらえ得る表現力があってこそ生きるのである。

「ゆたかな光」と受け取ることのできる感受性、「何にいら立つ」の自己省察。こうした中に、掛け替えなき一人の人生経験者の姿が示されている。

初盆を期して上梓されるこの集を、世には「遺歌集」の名で呼ぶ。しかし、『ひと日ひと日』の一首一首は、著者が世にあるとき心を尽くして詠まれたものである。生前に本になったか否かで「歌集」「遺歌集」の区別をすることに、私は疑問をもっている。私のこれまでの歌集だって、私が来世へ往けば「遺歌集」である。

そんなことで、敢えて「遺歌集」の名は用いない。お読み下されば、大谷操さんは必ず生きてあなたに呼びかけられるのです。

ここに収めたすべての詠草は、毎年秋に発行される京都シニア大学の『作品集』から、短歌のお友達の五藤艶さんが、丁寧に筆写されたものである。たいへんなお手間だった。そして題簽も、やはり歌友の奥村正子さんが、心を込めて幾枚も書かれたものから選び出した。

お身内の皆様の総意と、お友達の協力によって、『ひと日ひと日』は出来上がった。大谷操さん、おしあわせですね。

平成十五年　乞巧奠

母のこと（歌集『ひと日ひと日』あとがき）——●

母の名は操というが、これは母の父が囲碁の名人に因んでつけたということだった。ところが母は囲碁には関心がなく、読書や映画・音楽鑑賞を好んでいた。

母が生まれたのは明治三十七年八月であり、日露戦争の最中であった。母はよく私は明治の女だよと言っていたが、そこには父を助けて家庭をしっかり守ってきたという、誇りのようなものがあった。

大正十四年父と結婚し、三人の男児と二人の女児をもうけたが、羽仁もと子さんの友の会に入会し子育てに専念した。家には日本や西洋の昔話が一ぱい収められている児童文学全集や、童謡や歌曲などのレコードも揃っていた。そこには私達子供にとって、情緒を育てるすばらしい世界があった。

この子育ての期間は、日本が満州事変から日中戦争、更には太平洋戦争、それに敗戦後という大変困難な時代でもあり、その中で母は一生懸命家庭を守ることに精魂をこめていた。

この苦しい時代をのりこえ、母にようやく平安がおとずれてまもなく、父が六十四歳で他界した。その時母は五十九歳であったが、支えであった父をなくし、一時途方にくれる毎日を過ごしていた。

その中から母は自分の心をいやすために、当時清水寺の管長をしていた大西良慶師の暁天講座に行くことになり、その教えを受けて老後の生活を見出す努力を始めた。

もともと芸能や文学好きであった母は、謡曲や詩吟、コーラス、習字や俳句・短歌へと趣味の輪を拡げていった。やがて老人大学にも入り、沢山の人々と友となり、輝きコーラス、短歌作りにも精を出して、老後の生活を楽しむようになった。

母は芸能や文学だけでなく、日本の政治や社会のことなどにも関心をもち、よく虫めがねを手にして日々の新聞を丹念に読んでいた。何事にも好奇心をもち、前向きにものを考える人であった。

九十歳を過ぎて乳癌が発見された時は、手術をすることによって更に生き続けられるものと信じ、実行した。

母は老人は手足から弱ると言って、よく手足を動かす体操をしていた。それと共に、何歳になっても脳を使うことで老化を防げると考え、やれることは何でも意欲的に取り組んでいた、庭先にやってくる小鳥のさえずりを聞き、夕方には西山に沈む太陽を拝んでいた。

短歌は、母が心に浮んだことを表現するため、常に書き記しておいたものである。

母が残した多くの短歌の中に、母の心が満ちているであろう。今回母の歌集を出版しようとしたのは、母のこの思いを、少しでもゆかりのある人々に読んで頂けたら、亡き母に報いることができるだろうと思ったからである。

この歌集の出版に際し、母の短歌の師、岩田晉次先生に編集をお願いし、心暖まる序文を頂戴した。五藤艶様には筆写の労を、奥野正子様には題簽をお願いした。京都シニア大学短歌サークルの皆様方には、本当によくしていただいた。それぞれの方々《かたがた》に、家族一同篤く感謝申し上げます。

平成十五年　新緑の候

甑島の長目の浜 ―一九九二年十月三日―

大谷　旦

東シナ海に浮かぶ甑島。甑島随一の美しい長目の浜までは、里村からおよそ五キロの道のりであった。

漆喰で固められた低い軒先の続く家並。丸く丸く波に洗われた白い石の海岸。コバルトブルーに透き通った海。そして、芙蓉の花咲く、広葉樹の山々。

十月であるのに、日照りはきつかった。敏夫さんは、足が速い。

やがて山を登りつめていくと、山の側面が垂直に海に落ち込む。けれども、岩肌はない。どこもかも一面に樹々が被っている。時折、つくつくぼうしが思い出したように鳴く。風も吹かない。

そのとき、木の葉隠れに、たしかに見えた。海面に、白く細長くのびているものが。とっさに、テレビで見た韓国の砂洲を思い出した。

私は、展望台へ急いだ。

海の白いかけ橋は、やわらかい曲線を描いて羽衣のように、はるか彼方へ続いていた。高い峰から、低い山々がおだやかにのびて、麓に、濃い緑色の湖をたたえている。その湖をつらねて、白い羽衣がたおやかにたなびいている。まわりに広がるのは、青い空かと見まがう紺碧の海。

音はしない。ひたすらに、優美に羽衣がたなびいている。湖と海の間で。

太古の乙女が、羽衣を打ちひろげて、あの海が空と渾然一体となっている無限の彼方へ飛び去っていったのであろうか。

「旦は、もう再び来られへんのやから、よう見ときや」と、敏夫さん。吸い込まれそうな海と空とのまじわりに、やっぱり生の終わりに死があるんやなと思って、眼下の白い砂洲をじっと眺めた。

(右文は妻の遺稿である。妻は奈良女子大学理学部を卒業し、京都の中学校で理科の教師をした後、養護学校に転任し退職した。この文は妻の退職の秋、私とこの地を訪れた時のものである。妻はいつも鹿児島にくる時、列車を利用した。早朝京都を発つと、夕方阿久根から川内あたりを通過するが、車窓から見える東シナ海に沈む真っ赤に染まった太陽と、うっすらと青みを帯びた島々に感動し、ここそ天下第一の絶景だと言っていたことを思い出す。)

(二〇一〇年一二月一三日　大谷敏夫)

妻との思い出――●

一昨年(二〇〇八年)の秋、妻は白血病のため十ヶ月の闘病生活の後、他界した。

私達はともに京都出身で同じ中学校に勤務していた時に結婚した。結婚後間もなく私は中学校をやめて大学院に進学したが、その間、妻は経済的にも精神的にも私を支えてくれた。京大助手の時、生死にかかわる大病をして手術をする日、病室を出る私をやさしい顔で見守ってくれた姿は、今でも忘れられない。

四十歳代の後半、私は鹿児島大学に就職したが、妻は京都で養護学校の教師を続けたいとの願いもあり、単身赴任をした。妻はこの間、夏の休暇中に一週間ほど当地にやって来たし、私は冬の休暇中に京都に帰るという生活が続いた。鹿児島大学退職後、約十年間夫婦でともに暮らした後、妻は病気になった。

妻は鹿児島がとても好きで、来ると必ず一緒に方々を訪ねた。中でも鹿児島の海と山にあこがれ、そこで見たものや感じたことを文にしていた。甑島を訪れた際に、妻は私にしみじみと、ここには悠久の自然の中に有限の命を感ずるものがあると語っていた。

妻は、夕方、紫原の家を出て散歩中、通りかけた中学校で生徒たちが整然と掃除をしているのに感動した。京都の中学校では、ほうきやバケツがちらばっているのと比較しつつ、京都では組合思想に拘束されすぎて、かえって生徒指導が硬直化してしまったのではないか反省させられると言っていた。

母の自宅にて、母、兄、妹夫婦、妻と息子
(1989年正月)

妻が養護学校の教師になったのは、少しでも障害を持った生徒が幸せな人生を送れるよう手助けしたいとの願いからだった。生徒と日々文通し、いろいろ仕事や学習のアドバイスをしていた。退職して帰郷後、私は妻の誘いで養護学校の生徒が中心となって演出した劇を見学したり、彼らが製作した工芸品などを買ったりした。

妻の死後、養護学校の生徒からたどたどしい字ではあるが、一生懸命に書いた哀悼の手紙をいただき、妻への思いが一層こみあげて泣いた。病床の妻は私の見せた桜島や霧島などの写真をしばらく眺め、うっすらと涙を流していた。その上、苦しい中でも私がこれからも鹿児島に行くことをすすめてくれた。

妻は私に生きる命の尊さを教えてくれたものと思っている。

（二〇一〇年　記）

歌の思い出

兎本さんの紹介で三年前、「うずらや」で歌っているこの会に参加した。主催者の福森さんのユーモアに満ちた司会と共に、すばらしい岩野さんのアコーディオンにあわせてなつかしの曲を合唱する会はとても楽しいものでした。花小路に移った昨年、私はこの会に参加できなくなりました。その訳は、昨年一月、妻が白血病にかかり、治療の甲斐もなく年末に他界しました。妻は私と同じく京都出身でしたが、奈良女子大の理学部に在籍し、奈良町に下宿していました。

卒業後、妻は中学校の理科の教師となり、社会科の教師をしていた私と結婚しました。私と妻が親しくなったのは、休日みんなで奈良に歴史散歩した時からでした。その後、私は妻の許しを得て大学院に入学し歴史学を勉強しましたが、就職が決まるまでの苦しい時期を妻が経済的、精神的にも支えてくれました。妻とはよく忙しい合間に、童謡や歌曲を共に歌っていました。私がこの会に参加するようになってから、妻もいつか誘うつもりでいました。妻は大学時代の思い出の土地である奈良がとても好きだったし、「そのうち行くよ」と言っていました。私は妻との約束を果たすことができなかったことが残念です。でもこれからは、命ある限り、「奈良うたごえ」に参加し妻と一緒に歌った名曲の数々を皆さまと共に歌い続けたいと思っています。

（奈良うたごえ　一〇〇回記念　感想文集　二〇〇九年六月）

うたごえの思い出

百回記念うたごえ文集で、私は亡き妻との「歌の思い出」を書きました。それから五年間、私はいつも好きな歌を、どこへ行っても歌っています。

先日、私はかっての赴任地、鹿児島に行き、好きな歌を思い存分歌える店に出かけ、焼酎を飲みながら一夜を過ごしました。鹿児島時代、私は単身赴任であったこともあって、少なくとも週末二日間は繁華街に出かけ、歌の好きな仲間とおしゃべりしたり、歌ったりしていました。そこから、漢詩や中国の話などしてほしいという人々の要求もあって、「太白会」ができました。太白とは、かの有名な唐の詩人、李白の字（あざな）です。李白については、詩友の杜甫が「李白一斗詩百篇」と評しており、自ら酒中仙と称していたように、酒と作詩を人生の最大の楽しみにしていた人です。

この会に参加していた人とは、今でもお会いし、終生の友となっています。私が故郷京都に帰り、この奈良の歌こえに参加したことがきっかけとなり、岩野夫妻の提案で、この奈良でも「漢詩の会」を始め、今日に至っています。詩は、人の心を表現するものであり、歌はそれに節を付けて吟ずるものです。奈良のうたごえで、私が一番うれしく思うのは、会のメンバーと共に歌う時であり、その時、生きている幸せを感じます。

（奈良うたごえ　一五〇回記念　記念誌　二〇一三年八月）

うたごえと漢詩の会

奈良にて、漢詩会のメンバーとコンパ
(2015年1月)

今から十数年前、私は内藤湖南研のメンバーであった奈良加茂に住む兎本氏に誘われて奈良市のうたごえ会に参加した。この会の主催者であった福森さんは、昭和三十年代、京都の女子大学の学生の頃、盛んであったうたごえ喫茶に連日通っていたとのことであったが、私も当時、中学校教師のなりたてで歌好きだったので、うたごえ喫茶によくいっていたから、もしかしたらどこかで会っていたかもしれない。

当時歌ごえ会では、トロイカ・カチューシャ・トモシビなどのロシア民謡が盛んに歌われたが、時には当時シャンソン歌手としての名高かった芦野広さんも店にきて、シャンソン指導などもあり、楽しい日々を過ごしていた。奈良歌ごえのアコーディオン伴奏者である岩野さんは、私より少し年下であったが、ほぼ同時代を過ごした仲であり、やはり若い頃、歌ごえブームの時に、そこで歌われるロシア民謡やシャンソンからカンツォーネに至る分野まで演奏ができる能力を身につけられたとのことである。その後、測量士として勤務され、退職後は本格的に奈良での合唱団の指揮をされている。この岩野さんのよびかけで、奈良で漢詩の会を行うようになった。私は鹿大の頃に、鹿児島の市民の要請もあって、「太白会」という漢詩の会を主催していた。ここには当地の短歌や俳句にも関心のある男女の会員が月一回集まった。私は漢詩だけでなく中国の歴史や文化について語った。

「太白会」は、私が鹿大を退職し、京都に帰った年まで続いたが、その後も会員との交流が続き、時には私が鹿児島に行く時には、みなさまと会っている。奈良での漢詩の会は平成二十一年より今日まで月一回行ってきたので、百回以上になるが、主催者の岩野夫妻の他則貞夫妻、片山、星野、本田、村上、溝畑さんなど第一回以降毎回出席されている人々の他、随時、会員になった人も含めて、いつも熱気ある漢詩の講読会が続いている。

この会では、漢詩の名作を英訳したものも教材に選び、最初に英訳された詩の英文を読み、その後で漢詩を読むというやり方で、詩を学ぶのであるが、これによって一層すばらしい詩の内容を味わうことができた。

八十代になった頃、私は京都にもオリーブという店で、歌ごえの会があることを知り、参加するようになった。ここではピアノ演奏にあわせて、みんなが選んだ曲を歌うのであるが、時には主催者の岡田さんが、アメリカの名曲を選んで、歌唱指導をされるということもあり、大変楽しい会である。会員の多くは六十代以上であるが、その歌声のすばらしさは、とても高齢者とも思えないものがあった。また歌の中には、埴生の宿や旅愁など日本人が明治以降受けついできた名曲の数々をみんなが合唱するこの会に参加することにより、私は生きている喜びを感じている。

（二〇一八年　記）

唐詩と人生㈠

私が唐詩とであったのは、大学二年生の時の唐詩講読の授業でした。この授業で取りあげられた詩は、李白・杜甫、白楽天であったが、いずれも私の心に感銘を与えるものであり、その後もずっと暗誦して今日に至っている。杜甫の詩の「春望」の一節である「国破れて山河在り、城春にして草木深し」は終戦時の日本国土敗戦のさまを思うものとして心を打ったし、李白の詩の「将進酒」の一節である「君見ずや黄河の水天上より来るを、奔流海に到って復回らず、君見ずや高堂の明鏡白髪を悲しむを、朝には青絲の如きも暮には雪と成る、人生の得意須らく歓を尽すべし、金罇をしく空しく月に対せしむる莫れ」は、つかの間の人生を楽しむ酒のよさを教えてくれたし、白楽天の詩の「琵琶行」は、昔都で名声を誇っていた歌妓が落ちぶれて遠く長江の河辺の港町で琵琶を演奏していたのを、同じく中央の政争の犠牲となって左遷されて同地に滞在していた白楽天が出合い、歌妓の人生に感動して作詩したものである。この詩の結びの句に「座中泣下る誰か最も多き、江州の司馬青衫濕ふ」という言葉に詩人のやさしい心根を知り、これ以降白楽天が一層好きになった。この三人の詩人はいずれも唐代の人であり、李白・杜甫は、唐朝全盛期の玄宗時代に、白楽天はそれに続く時代に生存した。玄宗末期には安禄山の乱がおこり、これが契機となり唐朝は衰退に向う。詩の世界にあっては、盛唐に五言・七言絶句、五言・七言律詩が作られ、形式の上でも美しいものとなった。

しかし中唐になると白楽天の詩のように平易清新な詩風もでてくる。詩の精神面から見ると李白の詩には、人生を謳歌するするものが作られ、個人生活の充実を目標として酒や女、それに自然を尊ぶ詩が好まれた。又同期の杜甫は、李白が好んで酒を歌うのは、飲酒という行為の意味を知っていたからであるとし、その詩の心にひかれた。その詩の傾向は、理想社会を夢み、その中で戦争と闘争にあけくれる政治・社会に幻滅を感じ、その気持ちを作詩した。その中で戦争の犠牲となった民を思いやる一連の社会詩を多く作った。しかし杜甫は自然こそ人間本来あるべきものがあると考え、それを美しい調べの中で作詩した。この杜甫の心情は王維と通ずるものがあった。

白楽天は人間は微小な者であり、生命も限られているのに、争いをくりかえすのを馬鹿者と比喩するが、それでも人の運命に共感しその一瞬を詩にすることによって、それを後世に伝えようとした。白楽天の詩はよりわかりやすく人々に受け入れられるものとなり、彼の選んだ詩材はのち演劇等の大衆劇の題本となった。この三者の詩はいずれもすばらしいものがあり、後世の人々がいつまでも唐詩を愛誦するのは、彼等の人に対する情愛の深さによるものであろう。しかし唐詩のよさは自然に対する尊敬によるものである。その自然の中に自分を置いて一体化する。春風のよろこび、月光の憂鬱、夕陽の美又は悲哀等々である。自然こそ人の手を加えない物のありのままの状態を示すものであり、そこに悠久の美がある。彼等が俗世間をのがれて閑居する隠遁とは、そこに自然のありのままの状態があったからである。自然はただ感覚的にすばらしいということだけでなく、心情の象徴としてそこに自分の人生の終局の姿を見たのである。ところで古代の中国の聖典ともいえる「書経」には詩は志を言い歌は言を永くすという言葉があり、思想・感情の表現としての詩と、その詩のことばを永くのばして節をつけ音楽として歌うということが示されている。この節を音律というが、それを一定の法則にまで高めたのが、唐詩の絶句や律詩であった。これ等の詩は起承転結になっていることや、第二、第四の句尾を同韻の文字を使うことや、二字と四字の平仄を異にすることや、律詩の頷聯《がんれん》（第三・四句）と頸聯《けいれん》（第五・六句）に対句を用うべきのきまりが作られた。これは詩が美しいリズムによって暗誦することのすばらしさを教えるものとなった。

以上唐詩について概略のべてみた。最後に何故私が唐詩を好むのかということを考えてみた。それは唐詩には、自然の中から発見した美しさを忠実に追跡する心がある。しかもその自然はすぐ身近かなところに存在する。

それと人間自身と一番近い人間の社会に対して忠実でなければならないという感情を尊ぶ、このように人はただ自分一人で存在するのでなく人々の中にいるので、単に自己を完成することを目的とするのでなく、他者に対する人間愛のようなものも大切にすることを感じさせる詩に引かれたものと思う。

（二〇一五年　記）

唐詩と人生（二）

白楽天は名は居易、字は楽天と言った。楽天は中国の聖典の一つ「易」の「繫辞」（上）伝の言葉「楽天知命」から取ったもので、運命を知って、それがどんなものであっても楽しんで受け入れ、境遇に安じるという意味である。日本では物事を苦にしない気楽な生き方という意味にもなっている。白楽天の生き方はまさにこの字の通り楽天的であった。しかし彼の詩の中には、戦争を嫌って平和を願う詩や政治家や役人の不正を憤る詩や、貧しい民の生活を同情する詩や、婦人に味方して歌う詩など数多くあり、そこには民の生活が安定して幸せな人生を送ることを願う心にみちあふれていた。彼の生き方は、晩年には先人陶淵明のように自然に恵まれた静かな処で悠悠自適の生活を送る事にあった。彼の詩「対酒」は、世人は蝸牛角上の如き小天地で何を争おうとするのかという書きだしにはじまって、それはほんの一瞬間に過ぎないとつづき、だから金持ちも貧乏の人もいずれも世事にあくせくすることなく、酒を飲んで楽しく歌でも歌って大笑いし、世の中のいやなことも忘れましょうと歌うのである。

白楽天は人生はただ一度、この人生をできるだけ楽しんで生きましょうと問いかけている。彼は決して若い時から遊びほうけて暮らしていたのではない。役人としての彼の仕事はきっちりと果している。しかしそれだけが人生なのかと言いたかったのである。

唐の詩人は概して人生をほんのつかの間と考え、その生き方を歌ったものが多い。初唐の詩人劉希夷の「代悲白頭翁」の詩は、正にその代表的なものである。洛陽の街の若い娘が桃李の花が落ちるのに歎息する情景が毎年くりかえされるのを見て、毎年花は春になるときれいに咲くが、それを見る人は毎年同じではない。そこに全盛の紅顔の美少年が半分死にかけている白頭のじいさんに話しかけている。このじいさんの白頭はまことに憐れなものであるが、昔は紅顔の美少年だった。このじいさんもやがて病気になって毎日病床に臥すようになり、三年春がめぐってきても誰もたずねてこない。それに三日月形の眉や黒髪をほこるほどのいい女性も、たちまち白髪が糸のように乱れる老婆となりはてている。昔若者が歌ったり舞ったりして楽しんだ処は今はただたそがれ時にさびしく囀る鳥雀の声を聞くだけになってしまったと歌っている。詩の前半では女児と老翁とを対照的に描写し後半では死を間近かにする老翁と白髪の姿となった老婆の枯れかかった姿を出し人生のはかなさを歌っている。杜秋娘の「金縷衣」は唐にはめずらしい女性歌人である。作者は娼家に生れ人の妾となり、後皇子の傅母（保母）となった人である。この詩は金縷の衣は貴いものであるが惜しむに足りない。一たび去ってまた還らぬ少年時代こそ惜しむべきであることをあなたに勧めたい。花が開いて手折れるようになったら早速折り取るのがよい。ぐずぐずして花が散ってから枝を折るようなへまをなさるなと歌うのである。

かの陶淵明が「雑詩」で歌った「盛年重ねて来らず、一日再び晨《あした》なり難し、時に及んで當《まさ》に勉励すべし、歳月人を待たず」という詩と同一のことを示している。人生はやりたいと思ったことはやることであり、明日では遅すぎるというのである。詩聖と言われた杜甫は「曲江詩」に「人生七十古来稀」なりという名言を作詩したが、これは杜甫の四十八才の作品で、安禄山の乱がようやく下火となり平和が戻ったので都で役人についた頃である。詩の意味は役所より帰ると春衣を質に入れ酒を買って飲む日々が続いている。人生は七十まで生きられるのは古来稀だから酒を飲んですべてを忘れたい。ふと見るとはるかかすかに蝶蝶が花にとまっており、とんぼはゆったりと池の水の上を飛んでいる。このすばらしい風景よ、共に移り変っていく存在である私と一緒に、この一時を互いに大切にしようと歌うのである。

ここではただ酒を飲むだけでなく人をうらぎらない自然を共にして残りわずかな人生をまっとうしようとする詩人の心がみえている。

（二〇一五年　記）

唐詩と人生㈢

昨年イギリスのロンドンにある大英博物館で発売されている「中国愛情詩」という著書を息子が購入し、おみやげとして私にプレゼントしてくれた。私は早速この書の中に取りあげられている王維の雑詩を「漢詩の会」で取りあげた。　雑詩

君自故郷來　應知故郷事

來日綺窓前　寒梅開花未

とあり、君は故郷より来られたので、故郷の事はよく知っているでしょう。ご出発の日、宅の綺窓の前にある寒梅は、もう花を開いていましたでしょうか、どうですかとのべたこの詩には、故郷を懐しむ情のこまやかさがよまれている。ここにある綺窓とは綺をはった飾のある窓であるが、これは婦人の部屋に用いられるものであり、夫の帰りをまつ留守中の妻の消息をあんにたずねている。

漢詩の会では女子大の英文科卒業の村上さんの、英詩の朗読から始まるこの王維の詩の英訳は

You came, Sir, from my old village- You must know all the village affairs: Tell me, was the winter-plum
in flower Before my gauze window on the day you left?

とあるが、村上さんはリズムよくきれいな発音でこの詩を朗読する。

私が英詩を読んだのは、学生時代、漢文の相浦先生の授業で李白の詩を研究したアーサーデビット・ウエィリー著、小川環樹・栗山稔訳、『李白』という書を紹介された時である。小川先生のあとがきによれば、ウェイリーは一八八九年生れでケンブリッジ大学卒業であるが、大英博物館の職員のとき日本語と中国語を独学で習得し、中国の詩を読むことに感動し、詩の翻訳をしたとのことである。彼は李白・白楽天それに袁枚に関心をもち伝記も書いている。私のすきな詩人もウェイリー同様に李白・白楽天、袁枚であり、この三人には文体が平易明快なことであると小川先生がのべられている点、同感する。

ところで「中国愛情詩」の紹介文に中国では古代から現代まで続く詩の伝統があり、そのクライマックスは唐詩にあるとし、最も偉大と詩人として、李白・杜甫・王維・白楽天をあげている。次に中国詩には季節の変化や友人との別れといったことがポピュラーの論題となっているが、これは孔子の教えにある基本的な人間関係にとって友情が大切であるとみなされていることによっているとし、それにくらべて、夫婦の別れなど愛情をよむ詩はそんなに価値のあるものとみなされていないとのべている。しかし本書が「愛情詩」を取りあげたのは、中国詩においても男女の愛情の表現は重要な課題であったと考えていたからであろう。

この小文で私が王維の「雑詩」をとりあげたのはこの詩の内容が故郷から帰ってきた友への思いとその詩にこめられた妻への愛情が重なってみえるところに、この詩の神髄があるのではないかと思ったからである。

（二〇一八年七月　記）

ある日の漢詩の会より――●

漢詩の会の世話人、岩野努さんは次回の案内状に、前回の感想文を書いて会員に送っているが、その中から少し引用してみよう。

(1)九月初旬の例会は白居易の琵琶行でした。繊細で人の情がしみじみと伝わる詩で、ドラマのような浮き沈み人生のはかなさが、しばらくのあいだチクチクと刺すように私の心を揺らして、自分の来し方を思い返しておりました。

（二〇一三、十）

(2)三月の例会は八十才を過ぎて退官し、長安から徒歩で故郷に帰った賀知章の詩（回郷偶書）を読みました。懐かしいふるさとに帰ってみると、ほとんど知らない人ばかり、お国訛りばかりが心に響き、浦島太郎のような老人の心境が伝わってきて、わたしは思わず「故郷の廃家」の歌を連想してしまいました。

（二〇一六、四）

(3)一月の例会は老いが迫ってくるのを実感する盧綸《ろりん》の詩（臥病言懐）と、ドラマチックな英雄項羽のエンディング(4)「四面楚歌」に出てくる最愛の虞美人をモチーフにした虞美人草の詩（宋　曾鞏《そうきょう》の作）を学習しました。昔の中国の詩人は、じつに率直で人間味にあふれた人がいたんだなあと再確認する詩でしたね。入浴して就寝しようとすると、急に向こうスネが痒くなり昼間読んだ盧綸の詩を思い出し、思わずプッと吹き出してしまいました。

（二〇一七、二）

ここで岩野さんがとりあげた賀知章、盧綸、曾鞏と、それに袁枚の詩について解説しておこう。

(2)　賀知章　　回郷偶書

少小にして家を離れ老大にして回る
郷音改まる無く鬢毛《びんもう》催《もよほ》す
兒童相見て相識らず
笑うて問う　客何處より来ると

ここには久しく家を離れていた人が、突然帰郷した時の情景をありのままに歌っている。他郷に放浪することを多年、白髪まじりになり形貌がすっかり変りはてたが、くになまりの言葉は昔のままであるのに、子供達は私を見て笑いながらどこからきたのかといったとあるが、ここには全編を通じて老を傷む意がある。因みに賀知章は李白の長安時代の無二の友人であった。

(3)　盧綸　「臥病言懐」

苦心三十載　白首艱難に遇う
旧地孤客と成り　全家釣竿《ちょうがん》に頼る
貌の衰うるは　薬の尽くるに縁《よ》り
起くること晩きは　山の寒きが為なり
老病今此《か》くの如し　人の更に問い看る無し

作者盧綸は、山西の人、唐の玄宗期に生きた。八才の時、安史の乱が起こり、鎮宗後長安に戻る。この詩は作者四十才の頃に作られたというが、三十年も苦労しつづけ、白髪になるまで艱難にあったという。容貌の衰えは薬がつきたことにより、おそくおきるのは、山の寒さのためである。年老い病んで今がこの通り、見舞いにくる人など更にないと歌っている。

盧綸「行薬前軒呈董山人」
覚えず　老の将《まさ》に至らんとするを　痩《や》せ来りて　方《まさ》に自ら驚く
朝昏　病色多く　　起坐　労声有り
腠《そう》暖かに　肌《はだ》の痒《かゆ》きに苦しみ　蔵虚にして　唯だ耳は鳴る
桑公　霊術に富む　　一為　余生を保たん

この詩の結句は霊妙な医術に富む桑公（名医）に頼りて余生を過そうというのであるが、先の詩の、「臥病言懐」と共に、老境に入って次々と病にかかり、容貌が衰えていくさまを歌っており、その一方で三十年も官職がなく老人になっても誰も相手にしてくれないというところに、何ともいえない人生のやるせなさを感ずるのである。彼は進士には及第しなかったが監察御史という官職についている。

以上の詩は、苦労して官職についても、すぐ老人になり、病だけが進み、孤独な人生であったと心境を語るが、これは誰しも経験することであろう。ただ盧綸の同時代人の李白の詩には、人生をおおらかに過そうというところがあり、そこが私のひかれるところである。

もちろん盧綸の人生を歌った詩が、後世にものこる感動的な詩であることには変りない。

(4)　虞美人草は、項羽の愛人虞美人が、「四面楚歌」の囲みに陥った際、項羽が陣中悲愴の詩を作り、虞美人と別れを告げると、虞美人もまた項羽の歌に和して自殺した故事に因んで、宋代の詩人、曾鞏が作詩したものである。

詩の内容は、鴻門の会で項羽は沛公（劉邦）を逃がし、その無念のあまり、謀臣范増は沛公から贈られた玉斗を雪のようにこなごなにくだいた。項羽は進んで関中に入り、秦の降兵十万を血に染め、咸陽の宮殿を焼いたが、その火は三箇月も消えなかった。ところが項羽の覇業も秦宮の消えると共に滅んでしまった。そして項羽自身が万人の敵を学ぶと豪語していたのに、何も最後になって虞美人と別れを惜しんで、女々しくもなげき悲しむとは、何ともなさけないとよんだ後に

青血　化して　原上の草と為り
芳心　寂寞として　寒枝に寄せ
旧曲　聞き来りて　眉を斂《おさ》むるに以たり

とあり、美人の血潮は、化して原上の草となり、美人のかぐわしい魂は、さびしくも葉のおちたさむざむとした木の枝によりそい、人が虞美人の旧曲を奏するのを聞くと、葉が動いてさながら人の眉をひそめて悲しむさまににているとつづけている。そして、その悲しみうらむ情が、さまよいまわるも愁いて語らないのは、あたかも初めて垓下の戦いて四面楚歌を聞いた時のようであるという。

そしてこの詩の結句に

滔滔たる逝水　今古に流れ
漢楚の興亡　両つながら丘土
当年の遺事　久しく空となる
慷慨　樽前　誰か為めにか舞ふ

とあり、歳月は流水のように昔から今へと流れ、漢楚の興亡の跡も、共に空しく丘十《きゅうど》（おかの土）と化した。当年の後世に残された事物は今はなく、今はただ草のみが悲しみなげくかのように酒たるの前で舞っている。一体誰のために舞うのか、と結んでいる。虞美人の流した血は、ひなげし（虞美人草）になったといわれ、それが吹く風にさまようさまにこの故事を人々がいつまでも忘れないといわれている。しかし曽鞏の詩にはこの史実を冷静

にみるところに面白さがあり、それに感動するのである。

漢詩会の則貞さんは、南海電鉄の重役にもなった人であるが、中年以降、趣味として中国の歴史書を日々読んでいたとのことである。

⑸ 袁枚「赤壁」

最近でも十八史略を丹念に読み、春秋・戦国から漢楚の戦い、そして更に三国史から唐宋に至るまでの歴史故事をすべて会得されており、漢詩会でも時々講釈されている。今年の会で、清の詩人「袁枚」の作った「赤壁」を読むことにしたが、赤壁に関する故事は、則貞さんにお願いした。赤壁と言えば、後漢献帝の建安十三年（AD二〇八年）魏の曹操が八十万の大軍を率いに南下し、呉の孫権と蜀漢の劉備の連合軍と対戦したが、呉の周瑜の三万の水軍のために惨敗した。これが赤壁の戦いであるが、この戦いで周瑜は東風の急に起ったのに乗じ、曹操百万の船軍を焼きつくすに至って、ここに諸葛孔明の天下三分の計が定まったのである。この戦いを読んだのが宋の蘇軾の「赤壁の賦」である。これは元豊五年（AD一〇八二年）の秋、蘇軾が現地を訪れた際に作られたものである。その内容は、蘇軾が友と舟をうかべ、酒を友にすすめて明月の詩を誦し、窈窕《ようちょう》の章（「詩経」周南関雎《しょ》の篇に、窈窕たる淑《よ》き女は君子の好き逑《つれあい》）を歌っていると、月が東山の上に出て、斗牛の間（いて座とやぎ座）を徘徊していた。その時に友の中で洞簫（たてぶえ）を吹くものがあり、その洞簫は私の歌う調子に合わせて吹かれていた。するとその音はうううと怨むように、慕うように、泣くように、訴へるようであり、吹きおわったあとも、余音が細く長くひびいていてとぎれなかった。このすばらしい音楽に感動した私は、襟を正して坐りなおし、友にどうしてこんな気持になるでしょうとたずねると、客は「月明らかにして、星稀に、烏鵲《かささぎ》南に飛ぶ」これは曹操の詩ではありませんかと言ったと記せられている。

ところで「赤壁の賦」が作られて七百年の後、この地を訪問し、作詩したのが袁枚である。袁枚はただ一人この戦場を訪れた時の風景として、江水はひとりでに流れて秋たけなわ、漁船の燈《ともしび》は、今なお乱れちる萩の花を照らしているのに、簫を吹く友もなく、かささぎだけがさびしそうに泣く声が秋の静かな夜に聞こえてくると、寂寞懐古の情にみちた内容になっている。

袁枚は蘇軾の「赤壁賦」を題材としたとはいえ、戦跡赤壁に対する懐古の情を叙し、風景と情緒がみごとにこめられた詩となっている。悠久の四千年の歴史のある中国には、その国土に活躍した数々の人々の営みがあり、それを叙述するのが詠史詩といわれるが、そこには後世の人が、その真相を叙すと共に、感慨したり批判したりしている。袁枚はこの赤壁に一人来て、かつての戦いに思いをはせ、自分より七百年前にきて作詩した蘇軾が「月明の夜に烏鵲南に飛ぶ」とよんだのを、袁枚は「烏鵲寒声、静夜に聞く」と結句にしたところに、この詩の何ともいえない味わいがある。

袁枚は乾隆四年（一七三九）二十三才で進士になり各地の知県を歴任するが、早年官をやめ、江寧（南京）の小倉山に居を定め、ここで詩会を催し、多くのすぐれた詩を作り過した人である。彼の詩は真情の発露を主張、宋詩を重んじた。彼の詩「赤壁」は自らがこの地を訪れた際に作ったものであるが、そこには彼の先人の蘇軾の「赤壁賦」を意識しながらも、彼独自の発想より作られ、大変感慨深い作品となっている。

（二〇一八年七月 記）

映画「空海」

二〇一八年三月公開の陳凱歌《ちんがいか》監督の中国映画「空海」をみた。原作者夢枕獏氏は一九五一年生まれの日本人で数々の文学賞とった小説家であるが、この作品は八年ほど前からの構想で映画化されたものである。原作では橘逸勢と空海のコンビになっているものを、映画では空海と白楽天にしたところに、映画の面白さがあった。そこには当時の日中を代表する文化人の交流があって、その両者が美しき王妃の謎をといていくという展開であり、人々を幻想の世界に引きいれていく。しかも空海には密教を修得する目的があり、白楽天には美しき王妃楊貴妃に人間愛の極致を見ようとする思いがある。李白が玄宗皇帝がもよおす酒宴にまねかれた時に、その情景を詩にするよう命ぜられて作詩するが、その内容は「雲を見ると楊貴妃の衣裳を想い、牡丹の花を見ると楊貴妃の容姿を想う。春風が花壇のてすりに吹きわたって、まっ白に光る梅雨の玉を宿した花を細やかに密にしている。もしも、仙女西王母が住むという群玉山の上に行くのでなければ、仙女があらわれる華でかざった高台に月の夜にいけば、会えるかもしれないと、楊貴妃の豪華な衣裳とその豊麗な容姿を人間世界ではめったにみられないものとたとえている。

ところで映画「空海」では、楊貴妃が李白を「あなたは大唐の誇りです」と言わせるが、この一言は興味深いものがある。この映画の解説をされた刈間文俊氏がこの一言のもつ意味は、唐がその領土の大きさや経済力のゆえに偉大なのではない、自由の精神をもつ李白がいるから偉大なのだとのべられている点に同感する。私も李白の詩の中にみられるこの世に生をうけた人にとって何よりも大切なものとして、自然を友として思うがままに生きるその姿に魅力を感ずるからである。楊貴妃についてもこれまでは確かに傾国の悪女とされていたが、この映画では皇帝の后《きさき》となった一人の女性が、その地位と美貌のために翻弄され、挙句のはてに、国を滅亡の危機にさらした張本人として殺されるというはめになった人生を描《えが》いている。特に楊貴妃が殺される馬嵬での出来事を重視する。「長恨歌」では、安祿山の叛乱が起り、蜀都をめざして出発した皇帝のお供をした千来万騎の軍勢が都の西方百餘里の地、馬嵬の駅まできた時、そこで軍隊がこの乱の原因となった楊氏一族を除かなければ命に応じないといったので仕方なく楊貴妃に死を賜わったとあり、そのありさまを「宛転たる蛾眉馬前に死す、略、君王面を掩うて救はんとすれども得ず」と記している。だが、この映画では、この軍が楊貴妃の命を要求した際に、誰もが楊貴妃を殺す決断ができない時に、黄鶴という幻術師が鍼術によって楊貴妃を一時的に仮死状態にし、その後蘇生させるという案を密会で提示し、皇帝もそれを受け入れ、楊貴妃が仮死状態になる。空海と白楽天はこの密会に参加していた阿倍仲麻呂の日記から、楊貴妃の亡くなった時の状況を知り、彼等は楊貴妃の遺体が眠る石棺が安置された墓所に辿りつき、ここから驚愕の事実を知る。すべてを知った二人の前に、妖猫が姿を現わし、この妖猫から歴史の裏に隠された楊貴妃の死の真実が語られるというのがあらましである。

阿倍仲麻呂と言えば、遣唐留学生として入唐し、玄宗に仕え、李白・王維等著名な文人と交際し、帰国を果たせなかったこと、またかの地で作った和歌「天の原　ふりさけみれば春日なる　三笠の月に出でし月かも」はあまりにも有名である。この仲麻呂が楊貴妃に想いを寄せていたこと、しかも彼がのこした日記に、楊貴妃の死にまつわることが記されていたという点は、たとい創作としても興味深い。ただ二人の前にあらわれた黒猫が真実をあかすという設定は、歴史の真実には裏があるということを想定させる点で興味深いものがあろう。ここには、あの栄華をきわめた玄宗皇帝の時代から次代にかけて、唐王朝が衰退に向うきざしが宮廷内の奇好な出来事によって予測させるものがある。楊貴妃の死と深くかかわった陳玄礼の息子陳雲樵の妻、春琴が妖猫の魔術に取りつかれ我を忘れてしまうし、また雲樵お気に入りの妓生、麗香も春琴同様妖猫に取りつかれる。また現皇帝自身も奇病にかかっていた。ところでこの皇帝の病を法術によって治すために日本から呼ばれたのが空海であるが、目の前で皇帝が死ぬのを目撃した空海と、その場にいた記録係の役人、白楽天がこの皇帝の死の原因に謎をいだくところから、この物語が始まっている。

空海が入唐したのは、紀元後八〇四年で、唐では玄宗の子粛宗、孫の代宗をへて徳宗の時代である。この年は安祿山が叛乱し、楊貴妃が殺された紀元後七五五年から五十年たっている。白楽天は紀元後七七二年生まれであるから八〇四年といえば三十二才であり、楽天は都にいた。空海が入唐した時の皇帝は徳宗であったが、その年死亡し、翌五年即位した順宗も一年でなくなり、翌六年憲宗が即位する。同年空海は帰国するが、この間の皇帝は短命であった。

空海は入唐後、中国密教界の最高権威恵果から教えを受け、密教における最高の位である「遍照金剛」の名を与えられる。空海は帰国後、高野山に金剛峰寺を開き、真言密教の高揚につとめた。この略歴でもわかるように、空海の業績は日本に真言密教を普及したことにあるが、その一方全国各地に様々な逸話を残した点が注目されている。従ってこの映画が空海の入唐期間に、白楽天と協力して楊貴妃にまつわる謎の解明に取りくんだという設定は面白い。

この映画では楊貴妃の亡くなった状況を知る手がかりとして、空海と白楽天は阿倍仲麻呂の日記を読み、すでに廃墟となっていた極楽宴の会場の周囲を探索し、楊貴妃の遺体の眠る石棺に辿りつき、その蓋をあけるも遺体を見つけられなかった。そこに妖猫があらわれ、彼らは楊貴妃の死の真実を知る。そこには白楽天が「長恨歌」で展開している玄宗と楊貴妃の愛の物語だけでなかった。空海が白楽天の詩が真実でないと言われた時、二人の友情は一時、失なわれるが、更にお互いが真実を明らかにすることを求めて協力してきたことを悟り、二人の友情は復活する。そして空海が唐を去る時、空海が白楽天に遂にあなたは李白よりまさった詩人になったという別れの言葉が、実に印象的であった。

私はこの映画をみて、玄宗と楊貴妃の恋物語がなぜ今日でも語りつがれているのかという点に関心をもった。この映画がたとい事実と違う創作の部分があるからおかしいと言ってしまえば、そうだろうと思う。

白楽天の「長恨歌」がなぜ後世の人々に語り伝えられるかという点について、私なりに考えてみよう。白楽天に「胡旋女《こせんじょ》」という詩がある。その中に「中に太真（楊貴妃）、外に祿山（安祿山）有り、二人最もよく胡旋すると道《い》う。梨花園中、冊して妃と作し、金雞障下、養って兒と為す。祿山胡旋して君の眼を迷わし、兵の黄河を過ぐるも、未だ反せずと疑う。貴妃胡旋して君が心を惑し、死して馬嵬に棄つるも念《おも》い更に深し。茲《これ》より地軸天維転じ、五十年来制すれども禁ぜず。胡旋女、空しく舞うなかれ、数《しばしば》此歌を唱して、明主を悟らせん」と歌い、西域より入ってきた舞をよくする女を胡旋女というが、安祿山も楊貴妃もこの舞を得意としており、この二人がこの舞によって皇帝にとりいったこともあるので、明主は気をつけたらよいと歌っている。確かに映画では、この二人の舞ようを描写している。ところが「長恨歌」となると、詩の最後に「天に在っては願わくば、比翼の鳥と作《な》り、地に在っては願わくば連理の枝と為る。天長地久時有って尽くるも、此の恨み綿綿として絶ゆる期《とき》無し」と結び、二人の愛は、比翼・連理となるなど深いものがあるが、時にはつきることもあろう。しかしこの両人のうらみは、決してつきることがないというところに、この詩の真髄がある。ここには二人の恋物語の結びの句に、ひきさかれた長き恨みに同情する心情がみられ、それが人々を感動させるのであろう。

（二〇一八年 記）

桜島観光

今年七月猛暑の日、私は垂水在住の郷土史家瀬角君の招きで桜島を訪れた。瀬角君と私の関係については、本著「鹿児島での友情と趣味」のところでのべているので、ここでは省略するが、この日瀬角君から早朝電話があり、この機会に私を桜島から垂水にかけての史跡案内を致しますということであったのでありがたくお受けすることにした。鹿児島港の埠頭から連絡船にのり、約十五分ばかりで桜島港に着くと、瀬角君は車で私を迎えにきてくれていた。まず展望台に行き、そこからは錦江港をはさんで鹿児島市が間近にみえた。

母が林ふみ子の文学碑訪問（1987年）

次に桜島にある古里温泉付近を訪れたが、そこにかつてあった観光ホテルは今はなく、町全体の活気がなかった。その付近に昭和戦後の小説家で当地出身の林ふみ子さんの句碑があったが、訪れる人が少ないのか草をかきわけ現地に到着するありさまであった。今から三十年ほど前、私が鹿大教官の頃、京都から鹿児島を訪れた母を桜島に案内した時、この林ふみ子の句碑に手をさしのべ感動していたことを思い出し、一瞬私は今の状態を心むなしく感じた。その後瀬角君は大正噴火でうずもれた鳥居のある黒神地域にいったが、ここもかつて母と訪ねた地である。明治生れの母にとっては、少女時代に桜島の大噴火のことを新聞で読み、火山のおそろしさについて知っていたのである。そのありさまを黒神地域を訪れることによって実感した母は、少し涙ぐんでいたのを覚えている。

その後瀬角君は黒神地域にある大正噴火による溶岩の流出によってできた湾を訪れ、そのなりたちを説明してくれたが、私はこの入江湾の神秘的な魅力にとりつかれた。中国の哲人は、かつて「天のなせるわざ、人力いかんともしがたし」とのべたが、まさにこれは天がつくりあげた造形美といってよいだろう。瀬角君は、私に入江の周辺にのこる軽石をとりあげ、これが火山の噴火によって流出した溶岩を構成する石の塊《かたまり》だと言ったが、これが噴火時にこなごなになって、天から地上にふりそそいだというから、その時のありさまは、まさに地上の地獄といってよいだろう。

母が桜島訪問（1987年）

ところで桜島の噴火について、瀬角君は最近かつての記録を丹念に調べ、それをわかりやすい口語訳として公表している。それは桜島の安永噴火記録「桜島燃記」口語訳である。これは垂水島津家の家臣、伊地知季虔が天保九（一八三八）年に著したが、これは安永八（一七七九）年噴火の約六十年後に当っている。瀬角君の解説によると、この著が当時残されていた記録や体験談などを書きとめたものとある。この一文によると「火に焼けた噴石であったから、落下したところは草と言わず木とも言わず、家なども一緒に燃え上って、煙が同時に立ちこめてしまった様子に、桜島はすべて燃え崩れてしまうのではないかと、凄まじいとしか言いようがなかった」と、その噴火の恐ろしさをのべている。

　更にこの噴火をあびた人々のようすについて
　四十才くらいの目も大変泣き腫らした女の話として、「最初、噴火したちょうどその時、焼けた噴石が雨の降るように落ちかかって來て、家も残らず消失してしまったので、年寄りも若いものも皆せわしく逃げ惑い、自分の舟であろうが、他人の舟であろうが構わず、それぞれ勝手気ままに押し合いへし合い、乗り合わせて海へ漕ぎ出したが、その後からも人々が舟に乗ろうと取りすがって、いやが上にも舟は満員状態になったため、間もなく舟を乗り沈めて海底の水屑（みくず）となってしまったものも多く、たまたま遠くの沖へ漕ぎ出すことが出来た舟も、軽石にせき止められて身動きもできず、どこに流れて行ったのかも判らないのです。」と記している。

　垂水市海潟の菅原神社境内にある「桜嶋焼亡塔」には、碑文があり、この安永の大噴火について記されている。それによるとこの大噴火は七日七夜続き、救助された島民千五百余人の内、百七十四人が焼け死んだとある。

　この安永の大噴火以後、活火山桜島はしばしば噴火があったが、大正年間の大噴火により溶岩が流出して垂水と地続きとなった。またこの海潟地区からは眼前に昭和火口が見えており、その後も今日まで噴火は絶えまなく続いている。だがこの錦江湾にそびえる桜島の美しさはたとえようもなく、鹿児島が東洋のナポリといわれるのは、イタリアナポリ郊外にあるベスビアス火山の風景と類似しているところから名づけたものである。私はかつて鹿児島に居住していた時、紫原のマンションの部屋からみえる桜島を眺めて、その美しい山の姿に日々感動したものである。しかしこの桜島の噴火が人々に与える災害を知り、複雑な思いにかられた。だがこの災害の記録を残し、それを後世に伝えていこうとする瀬角君の取り組みは大切なことことであり、私は彼の努力に敬意を表したい。

　ところで今回当地に隠れ住んでいた宇喜多秀家の住居跡に行くことができた。秀家と言えば、豊臣政権下の五大老の一人として重職にあった人物であるが、関ヶ原の戦いの際、石田三成の西軍に参加したことにより、敗戦後敵中突破して薩摩に戻った島津義弘によってかくまわれていたのである。当時秀家は三十才を過ぎた年令であり、幼さな子二人いたのであるが、このことが徳川家康に伝わり処刑されるところを島津の必死の命ごいもあり、八丈島流しになった。秀家は当地で八十才まで生きたといわれている。この住居跡は、本道より深く入った奥地にあった。付近は草がはえ茂り、住居も砂石におおわれ、その跡かたも見当らないさまであった。

ところで桜島には古代から垂水方面にわたる渡し場があり、島民は生活に必要な水や物品をとりよせていたが、その一つ咲花平から瀬戸村をへて海潟に至るルートがあった。瀬角君はこの咲花平の名の由来を説明してくれたが、そこには島津氏が肝付《きもつき》氏を討伐した際、そこに立て籠っていた肝付勢が追い詰められて、崖の高みから押し落とされた武士たちが花が散るように見えたから咲花平となづけたという。ここにも歴史の悲話が伝えられている。この肝付の武士も小早川秀家も共に過した桜島にきて、そこにあわれな末路があったことを見聞し、これらのことが歴史の一こまとしていつまでも伝えられるよう願った。

桜島の見学をへて、そこから垂水に向った途中、桜島が見える場所に寄り、その姿を拝見したが、鹿児島側からみるのとはまたちがった美しさがあった。瀬角君は幼少の頃からいつもここで桜島をみて、時々噴煙をあげる山々が時には大爆発し、その姿をかえてしまうと共に、人の命をもうばうという事実に思いをはせていたとのことである。

私は桜島をみるたびに幼少の頃よく父母が歌っていた「鹿児島おはら節」にある、「花は霧島、煙草は国分、燃えてあがるは、おはらはあ桜島」の一句が浮かんできた。人々に大災害を与えるこの桜島の噴煙が、また人々の観光に寄与しているということについて今後も考えていきたいと思ったのである。垂水埠頭から鹿児島に向う舟が出る時、いつまでも手をふって送ってくれた瀬角君に感謝した。

（二〇一八年七月 記）

『平安書道会』見学記

九月末日、私は文化博物館で催されている「平安書道会」の「聚英展」を見学した。これはこの会の理事の一人小野雅韶さんの案内をみたからである。「平安書道会」といえば、今から五年前の冬、やはり小野さんの紹介で、書に関する講演をたのまれ「包世臣の書論」と題してお話したことがあった。これはたまたま書道の専門家でもないのに、中国の「書論」についての研究をしていたこともあったからである。包世臣と言えば、アヘン戦争の時期に生きた文人であるが、経世家であると共に書論家としても秀れていた。この包世臣が尊敬し、書道を学んだ文人が鄧石如であった。鄧石如は、篆隷のすばらしさを再現した人物であった。鄧石如は若年から各地を散策し、秦漢の頃の岸壁にかかれた篆隷の字体を学習した。かつて駒田信二先生を団長として水滸の旅に参加した時、団員の一人の書家の女性が、泰山の岸壁の側に坐り、いつまでもそこに書かれた字体を眺めていた姿を思い出す。

今回の「聚英展」に展示された作品には、会長の植田氏を始めとして唐詩の一節をとりあげたものが多かった。王維・白居易・魚玄機・劉禹錫・賈島・耿湋などの詩があったが、その他にも元人倪瓚《げいさん》・明人文徴明　清人袁枚の詩もあった。中でも会長の「餘韻嫋嫋」は、かの宋の蘇軾の名詩「赤壁賦」の一節であり、蘇軾がふなばたを手でうちながら歌う即興の詩に、洞簫（たてぶえ）を吹く友が歌のふしのままにあわせて吹くその音の余韻が細く長くひびいてとぎれなく続いているという言葉である。これに続いて蘇軾は、その音は、白居易が潯陽で出あった琵琶をひく婦人のように、弧舟にのる夫をなくした妻を泣かせているだろうと歌うが、ここには、はかない人生に対する思いが、洞簫にこめられている。会長がこの詩の一節を書にかかれた気持をおうかがいしたい。会長は精魂こめてこの字をお書きになったのであろう。

（二〇一八年九月　記）

付記

小野雅韶（道子）さんの御主人泰さんは京都の高校の世界史担当の教諭であるが、また内藤湖南研究会のメンバーでもあり、中国水利史の研究者でもある。私と泰さんとは研究会の場だけでなく日常的にもおつきあいをしている仲である。今回、雅韶さんがとりあげた耿湋は唐の代宗大暦年間に盧綸など十人の詩人と共に、「十才子」といわれたほどの人である。この「秋日」の詩にも「憂い來たりて誰と共ともに語らん」と何ともいえないわびしい心境がみられる。この詩が書になると一層その思いが伝わる気がする。

平安書道会会場にて、
小野雅韶先生とともに

あとがき

一九九七年三月、六十五才の春、鹿児島大学を定年退職した際に、それまでに私が勤務していた中学校や大学、それに鹿児島の南日本新聞等に掲載した記事を集めて「随想録」として公刊したが、今回その時に取りあげなかったものを補充すると共に、更に一九九八年四月以降から今日に至る約二十年に新たに経験したり思ったことを記事にしたものを選んで「ある歴史学者・教育者の人生―戦後七十年の歩み」と題して刊行した。私は鹿児島大学退職の際「随想録」を公刊したが、その時ごく親しい人に読んでいただくためであったが、今回は私の関係者だけでなく、できるだけ多くの人に読んでほしいと思ったからである。

鹿児島大学退職後、私は故郷京都に帰り、その年京都女子大学の非常勤講師をした後、一九九八年四月より追手門学院大学文学部教員として七年間（非常勤も含む）勤務し退職したが、その一方で谷川道雄先生の主催する「内藤湖南研究会」に参加し、先生が二〇一三年、亡くなられた後も、この会は現在でも続いている。その一方で私は奈良

立命かりがね会 新年会　くに荘にて　2018(平成30)年１月

で月一回開かれていた合唱会にも参加し、その縁で会員の岩野努氏からの要望もあって「漢詩を読む会」を開き、これを今日まで継続している。ところで私は京都大学文学部助手をしていた四十六才の秋、直腸癌を患い、大手術をしたが、幸運にもその後、鹿児島大学に勤務することができた。その後、京都に戻り七年間の追手門学院大学勤務中、七十才を過ぎた後、私の最愛の母と妻を共に次々になくし、私自身も腹部動脈瘤手術を二度にわたり行ない、更に右脳がつまっていて動脈硬化の徴候があるなど、精神的にも体力的にも耐えがたい状況が続いていた。その時私の高校時代の友人が七十才になった時に始めた「かりがね会」という会合が毎週一回、午後のコーヒーパーティ、それに続く夕食会があることを知り、それに参加することになった。この会はただ昔話をするだけでなく、今のことも語り、お互いの友好を高め合うものであった。この会は十五年たった現在も続いている。その間会員の中で死亡する者があったが、みんなが旧友の死をとむらうと共に、自らの生への営みを誓うのである。私自身、今八十六才を過ぎたが、谷川先生が始められた「内藤湖南研究会」「あしたの会」に引きつづき出席し、余暇として「漢詩の会」それに京都での合唱会「オリーブ」に参加している。それに年三回、鹿児島大学退職後、今日まで継続している上園正人氏の「中国近代史研究会」に出席し、中国資料購読や研究報告、それに漢詩鑑賞を行っている。鹿児島は、私にとって第二の故郷であり、赴任当時、ここで知り合った多くの友人と会うのが楽しみである。八十才を過ぎた頃から私は週三回か四回は健康食品を購入、更に近くのスーパーで魚・野菜中

朝の会　第56回例会　於河合塾京都校　2016年1月

心の食材を買い調理している。しかし何よりもみそ汁を毎日とっている。そして時には、かりがね会に参加し、みんなと夕食を共にしている。それから七十才を過ぎた頃からかかりつけの医者に行き、血液検査など健康チェックをしている。

私には一人息子誠がいる。誠は大学院英文科専攻で十九世紀のイギリスの文学を学び、最初はシャーロット・ブロンテ作の「ジェーン・エア」に関心をもっていた。それから大学院文化史学専攻では十九世紀から二十世紀にかけてのイギリスの社会史の研究を深め現在に至っている。誠は妻が亡くなった十年ほど前から自らの研究を一層深めるため、何度かロンドンに行き、資料研究に専念している。この息子と私は日々夕食後、お互いの研究のことだけでなく、政治から生活全般に至るまで論じ合う楽しみをもっている。

私にとっては、日々「これ新なり」の言葉があるが如く、何かを求めて毎日を生きている。

陶淵明の「時に及んでまさに勉励すべし、歳月人をま

第16回 鹿児島大学樟寿会総会・懇親会　平成30年11月17日

たず」が私の好きな言葉である。

本書刊行に際して朋友書店の土江社長と編集の石坪さんに大変お世話になり感謝致しております。

（二〇一八年 記）

1958年頃 中学教師時代

大谷敏夫博士　略歴

一九三二（昭和七）年二月一八日　京都市に生まれる
一九五〇（昭和二五）年　三月　京都私立立命館高等学校卒業
〃　四月　京都学芸大学第二社会学科入学
一九五四（昭和二九）年　三月　同校卒業
〃　四月　京都市立蜂ヶ岡中学校教諭（社会科）
一九五九（昭和三四）年　四月　京都大学文学部に内地留学（六〇年三月まで）
一九六六（昭和四一）年　三月　京都市立蜂ヶ岡中学校退職
〃　四月　京都大学大学院文学研究科修士課程入学（東洋史学専攻）
〃　四月　京都市立塔南高等学校非常勤講師（六七年三月まで）
一九六七（昭和四二）年　四月　京都私立華頂女子高等学校非常勤講師（七〇年三月まで）
一九六八（昭和四三）年　三月　京都大学大学院文学研究科修士課程修了
〃　四月　同大学院博士課程進学（東洋史学専攻）
一九七一（昭和四六）年　三月　同大学院博士課程単位取得退学
〃　四月　京都大学大学院文学研究科研修員（七三年三月まで）
京都女子大学文学部東洋史学科非常勤講師（八〇年三月まで）
近畿大学商経学部非常勤講師（七三年三月まで）
一九七三（昭和四八）年　四月　京都大学文学部助手（東洋史学）
〃　七月　国際東洋史学会パリ会議に参加、ヨーロッパ各地を訪問（ロンドン、ローマ、ミラノ、パリ、フランクフルト、アムステルダム）
一九七五（昭和五〇）年一一月　東洋史研究会報告「年羹堯断罪事件の背景」（於　京都大学）

一九七八（昭和五三）年　四月　京都教育大学第二社会学科非常勤講師（七九年三月まで）

〃　五月　人文地理学会報告「海国図史とその地理的資料」—瀛環志略との関連において—（於京都大学）

一九七九（昭和五四）年　三月　京都大学文学部助手退職

〃　四月　鹿児島大学法文学部助教授

〃　一〇月　京都大学学術訪問団の一員で、中国訪問（上海、長沙、岳陽、武漢、北京、南京）

一九八〇（昭和五五）年　七月　鹿児島大学法文学部教授

〃　八月　水滸の旅の訪問団の一員で、中国訪問（上海、済南、泰山、曲阜、開封、安陽）

〃　九月　京都大学文学部に内地留学（六ヶ月）

一九八二（昭和五七）年　七月　京都大学文学部東洋史学科非常勤講師

一九八三（昭和五八）年　三月　鹿児島大学教官・学生と市民による訪問団の一員で、中国訪問（上海、杭州、南昌、景徳鎮、厦門、福州）

〃　三月　谷川道雄　総合科研A「中国士大夫階級の地域社会との関係についての総合的研究」報告「清代郷紳の理念と現実—朋党・封建・井田論を中心として」（於京都大学）

一九八四（昭和五九）年　八月　シンポジウム「元明清期における国家支配と民衆像の再検討」報告、「清朝君主権と士大夫」（於 九州大学）

一九八五（昭和六〇）年　三月　堀川哲男　総合科研A「十世紀以降二十世紀初頭に至る中国権力構造に関する総合的研究」報告「陶澍・林則徐の江南統治策について」（於京都大学）

〃　七月　香川大学教育学部非常勤講師

〃　一一月　林則徐生誕二百周年記念学術研究会への参加で中国訪問（香港、広州、福州、長沙、武漢、西安、上海）報告「海国図志対幕末日本的影響」（於福州）

〃　京都大学史学研究会　評議員（一九九七年まで）

一九八六（昭和六一）年　三月　史跡調査及び故宮博物院資料調査のため台湾訪問（台北、台中、台南）

〃　六月　鹿児島大学史学会報告「林則徐研究の現状と課題」（於　鹿児島大学）
〃　七月　史跡調査及び故宮博物院資料調査のため台湾訪問（台北、台中、台南）
〃　九月　文部省在外研究員としてアメリカ合衆国ハーバード大学・東アジア研究所で二ケ月、その後、イギリス、ロンドン大学で一ヶ月　留学
一九八七（昭和六二）年　一月　九州大学文学部非常勤講師
一九八九（平成元）年　一月　京都大学文学部から論文「清代政治思想史研究」により学位・文学博士取得
〃　三月　科研C「清代における経世思想の総合的研究」
〃　一一月　東洋史研究会報告「清末の経世思想と経世学」（於　京都大学）
〃　一二月　富山大学人文学部非常勤講師
一九九〇（平成二）年　四月　東大中国学会（後、中国社会文化学会と改名）評議員（二〇〇二年まで）
〃　七月　香川大学教育学部非常勤講師
〃　一〇月　林則徐研究学術討論会（於　鹿児島大学）
一九九一（平成三）年　四月　鹿児島大学評議員（一九七年三月まで）
〃　一一月　東京大学文学部中国哲学科非常勤講師
一九九二（平成四）年　七月　島根大学法文学部非常勤講師
一九九三（平成五）年　五月　鹿児島大学鹿大史学会委員長（一九九五年五月まで）
一九九四（平成六）年　七月　山口大学人文学部非常勤講師
一九九五（平成七）年　七月　大分大学教育学部非常勤講師
〃　八月　史跡調査及び大英博物館・ロンドン大学にて資料調査のためイギリス訪問（ロンドン、ケンブリッジ）
一九九六（平成八）年　七月　史跡調査及び北京大学資料調査のため中国訪問（北京、瀋陽、大連）
一九九七（平成九）年　三月　鹿児島大学法文学部教授退官

〃　四月　京都女子大学文学部東洋史学科非常勤講師（一九九八年二月まで）
〃　五月　鹿児島大学名誉教授授与
一九九八（平成一〇）年　四月　追手門学院大学文学部教授
〃　九月　中国広東大学訪問
一九九九（平成一一）年　四月　追手門学院大学文学部自己評価委員（二〇〇二年三月まで）
〃　八月　妻と共にイタリア、フランス訪問
二〇〇〇（平成一二）年　八月　国際東洋学会出席のためカナダ、モントリオール訪問
〃　一〇月　追手門学院大学評議員（二〇〇一年三月まで）
二〇〇一（平成一三）年　四月　追手門学院大学人権委員会委員（二〇〇二年三月まで）
〃　八月　妻と共にドイツ、オーストリア訪問
二〇〇二（平成一四）年　三月　追手門学院大学文学部教授退職
〃　四月　追手門学院大学文学部非常勤講師
〃　一一月　中国武漢大学訪問「魏源と包世臣について」報告
二〇〇四（平成一六）年一〇月　中国上海師範大学訪問
二〇〇五（平成一七）年　三月　追手門学院大学文学部非常勤講師退職
〃　一〇月　妻と共に中国旅順、大連、瀋陽、ハルピン訪問
二〇〇六（平成一八）年　九月　妻と共にフィンランド、ノルウェー、スウェーデン訪問
二〇一二（平成二四）年　一月　平安書道会講演「包世臣の書論」
二〇一二（平成二四）年　七月　シンポジウム「現代中国農民運動の意義」報告、「清末江南基層社会と包世臣の農政観」（於　龍谷大学）
二〇一三（平成二五）年一一月　伊東貴之氏総会科研「東アジアの伝統的諸概念とその再検討の試み」報告、「清代思想史研究の動向」（於　国際日本文化研究センター）

大谷敏夫博士　著作目録

単　著

中国近代政治経済史　八千代出版　一九七二年　九月
清代政治思想史研究　汲古書院　一九九一年　二月
中国近代政治思想史概説　汲古書院　一九九三年　二月
清代政治思想と阿片戦争　同朋舎出版　一九九五年　二月
清代の政治と文化　朋友書店　二〇〇二年　三月
魏源と林則徐―清末開明官僚の行政と思想（世界史リブレット70）　山川出版社　二〇一五年　四月
清代の政治と思想　朋友書店　二〇一六年　八月

共　著

書学大系四五巻　鄧石如（「鄧石如概論」）　同朋舎出版　一九八四年一〇月
書学大系一七巻　包世臣（「包世臣釈文及び訓読、概観」）　同朋舎出版　一九八七年一〇月
アジアの歴史と文化4　中国史　近世II　同朋舎出版　一九九四年一一月
中国水利史の研究（「包世臣・魏源の漕運・水利策」）　国書刊行会　一九九五年　三月
月刊しにか6巻3号　特集　近代中国を動かした18人（「張之洞―科挙廃止と学校制度」）　大修館書店　一九九五年　三月
明清時代史の基本問題（「清代政治と政治思想史」）　汲古書院　一九九七年一〇月
内藤湖南の世界（「湖南の中国文化論と政治論」）　河合文化教育研究所　二〇〇一年　三月

翻　訳

中国書論大系第一五巻　清五（「安呉論書」）　二玄社　一九八三年一〇月
中国の歴史―古代から現代まで（J・K・フェアバンク著、太田秀夫氏との共訳）　ミネルヴァ書房　一九九六年　七月

その他辞典項目

中国思想辞典　研文出版　一九八四年　四月
中国書論大系第十四巻　清四　書人伝　二玄社　一九八六年　四月
〃　第十八巻　清八　書人伝　二玄社　一九九二年一一月
書道名言辞典　東京書籍　一九九〇年一〇月
中国文化史大事典　大修館書店　二〇一三年　五月

著者紹介

大谷敏夫（おおたに　としお）

一九三二年　京都市に生まれる。

一九七一年　京都大学大学院文学研究科東洋史学博士課程単位取得退学。京都大学文学部助手を経て、鹿児島大学法文学部教授、追手門学院大学文学部教授を歴任。

現在　鹿児島大学名誉教授、京都大学文学博士。

ある歴史学者・教育者の人生
―戦後七十年の歩み

二〇一九年一月二〇日　第一刷発行
定価二、五〇〇円（税別）

著　者　大　谷　敏　夫
発行者　土　江　洋　宇
発行所　朋　友　書　店
〒六〇六-八三一一　京都市左京区吉田神楽岡町八
電話（〇七五）七六一―一二八五
FAX（〇七五）七六一―八一五〇
E-mail:hoyu@hoyubook.co.jp

印刷所　株式会社 図書印刷 同　朋　舎
〒六〇〇-八八〇五　京都市下京区中堂寺鍵田町二

ISBN978-4-89281-173-9 C0023 ¥2500E